OEUVRES COMPLÈTES

DE M. LE VICOMTE

DE CHATEAUBRIAND.

TOME I.

DE L'IMPRIMERIE DE FÉLIX LOCQUIN,
RUE NOTRE-DAME-DES-VICTOIRES, n° 16.

ŒUVRES COMPLÈTES

DE M. LE VICOMTE

DE CHATEAUBRIAND,

MEMBRE DE L'ACADÉMIE FRANÇOISE

TOME PREMIER.

ESSAIS SUR LA VIE ET LES OUVRAGES DE M. DE CHATEAUBRIAND.

PARIS.

POURRAT FRERES, ÉDITEURS.

M. DCCC. XXXVII.

ESSAI

SUR

LA VIE ET LES OUVRAGES

DE M. DE CHATEAUBRIAND.

CHAPITRE PREMIER.

La vie et la gloire de M. de Châteaubriand appartiennent à la France, sa patrie; le monde entier s'en inquiète et s'en occupe. Après avoir joué dans le monde un rôle presque aussi grand que l'empereur Napoléon, voici que M. de Châteaubriand s'abandonne, lui aussi, à ses souvenirs et qu'il les résume lui-même, afin qu'un jour il ait un historien digne de lui. C'est un spectacle triste et grand à la fois, M. de Châteaubriand, cette imagination inépuisable, cette intelligence toute puissante, s'arrêtant tout à coup dans la double carrière politique et littéraire qu'il a parcourue avec tant de grandeur et d'éclat, vous le savez, et maintenant travaillant dans le silence et dans l'ombre à son dernier chef-d'œuvre. Mais un chef-d'œuvre étrange et solennel. Un livre testamentaire. Une histoire toute personnelle, qui sera en même temps l'histoire la plus animée et la plus complète du dix-neuvième siècle français. — Un poème. — Une élégie. — Une illustre oraison funèbre prononcée sur les débris de tant de grandeurs. — Toute la sagesse du philosophe, toute la prudence du politique, toute la résignation du chrétien, réunies à tout l'éclat poétique, à toute la majesté de la gloire. OEuvre magnifique, dont nous n'avons encore entendu que quelques retentissements vagues et lointains qui ont fait battre tous les cœurs. Cependant, pour se livrer tout entier à ce travail qui ne doit appartenir qu'à la postérité, M. de Châteaubriand s'efface comme on s'effacerait dans la mort. Si on le pouvait oublier, il ne demanderait pas mieux qu'on l'oubliât tout à fait, tant il est attentif à cette œuvre d'*outre-tombe*, tant il a mis sa gloire à venir au dessus de sa gloire présente! Bien volontiers assisterait-il comme l'empereur Charles-Quint à ses obsèques royales, pour s'abandonner ensuite plus librement à ce livre qui ne doit paraître, que lui mort. Et, chose étrange! déjà la France, en quelque sorte, a pris au mot son grand poète. Quand elle l'a vu bien décidé à ne pas rentrer dans cette carrière politique sur laquelle il a jeté les vifs reflets de sa vertu et de son génie; quand elle l'a vu descendre de cette tribune de la chambre des pairs qui le pleure et qui s'en souvient comme de son honneur impérissable; quand elle a vu ce beau génie, de tant d'audace, suivre pas à pas, dans les grands chemins qui mènent du ciel à l'abîme, Milton le chantre des anges révoltés; quand elle l'a vu s'entourer ainsi du triple rempart de son génie, de sa tristesse et de sa gloire, et ne plus demander qu'un peu d'ombre, un peu de repos, un peu de silence, la France a obéi cette fois encore à son poète. Elle l'a traité comme une gloire désormais consacrée; elle a recueilli avec un respect avide toutes les pages échappées à cette plume inspirée; elle a étudié les œuvres de M. de Châteaubriand comme autant de modèles, désormais vainqueurs, de goût, d'esprit, d'éloquence, de poésie; elle a fait pour lui ce qu'elle n'a fait que pour les génies d'élite, elle a placé ses œuvres sous le toit domestique et au même rang que les livres de Fénélon, entre Bossuet et Racine. M. de Châteaubriand, lui vivant, a été reconnu un auteur classique, arbitre suprême de la langue au dix-neuvième siècle.—Aussi a-t-on publié et publie-t-on encore tous les jours, sans fin et cesse et sans que jamais cette incroyable popularité ait été assouvie, et comme s'il était mort depuis cinquante ans, *les OEuvres complètes de M. de Châteaubriand.*

Cependant, à la tête de ces *OEuvres complètes* et pour accompagner le portrait de l'auteur, il était nécessaire d'écrire quelque biographie bien claire et bien nette où cette vie si remplie de nobles pensées, de chefs-d'œuvre et de travaux, fût racontée. S'il est vrai qu'en lisant avec soin les œuvres de M. de Châteaubriand on retrouve à chaque page quelque chose de sa vie, toujours faut-il reconnaître que ces fragments épars, incomplets, ces souvenirs brisés, ces récits brusquement interrompus ou jetés au bas d'une page sans que l'auteur y prît trop de garde, sont bien loin de former un corps d'ouvrage qui puisse satisfaire l'intérêt le moins passionné, la curiosité la moins avide. On peut dire aussi que, puisque enfin les mémoires de M. de Châteaubriand doivent paraître un jour, un jour viendra où toute biographie écrite d'une main étrangère sera inutile. A notre sens, ceci est une objection facile à détruire. D'abord, espérons-le, à moins que M. de Châteaubriand ne consente à nous donner, lui vivant, *ses mémoires*, les mémoires de M. de Châteaubriand ne paraîtront pas encore de si tôt, Dieu merci! tant il y a de jeunesse, de vigueur, de toute puissance dans ce noble esprit, tant il y a de force et d'énergie dans ce noble corps! Avez-vous jamais rencontré, descendant à pied les hauteurs de la rue d'Enfer, cet homme au regard plein de feu, au sourire triste, à la démarche ferme et égale, portant dans toute sa personne l'empreinte de la force, de l'intelligence et de la santé? A son aspect les cœurs battent d'enthousiasme, les têtes se découvrent en s'inclinant, chacun lui fait place; dans les rues qu'il parcourt, nul danger ne saurait l'atteindre, tout homme qui passe est son garde du corps. — Et quel est l'homme de trente ans assez sûr de sa vie pour se dire à lui-même : — *Je lirai un jour les Mémoires posthumes de cet homme!*

D'ailleurs ceci est encore à dire, même en faveur de la notice biographique la plus incomplète, c'est que même cette notice en dira souvent plus sur M. de Châteaubriand et sur ses ouvrages, que les mémoires même de M. de Châteaubriand. Tous ceux qui savent à quel point de vue se place l'illustre écrivain, peuvent bien prédire à coup sûr que dans les mémoires de sa vie il s'occupera beaucoup moins de lui-même que des autres ; que lui, Châteaubriand, ainsi jeté dans cette effroyable et sublime mêlée de passions, d'intérêts, de grandeurs subites et de décadences incroyables qu'on appelle la *révolution française*, il sera tout au plus un magnifique prétexte aux plus étonnants développements historiques. C'est ainsi que dans une simple biographie où nous emploierons un à un et avec une parcimonieuse prodigalité, tous les précieux matériaux qui sont à notre portée, il nous sera facile et doux de parler dans toutes sortes de détails du grand poète l'honneur de notre âge, et d'en parler *tout à notre aise*, comme dit Montaigne, et de raconter tout ce que nous avons appris de cette vie si remplie et si glorieuse.

Cet essai se composera donc tout à la fois des notions éparses que nous avons ramassées çà et là dans les œuvres de l'illustre écrivain, et en même temps des faibles données que nous avons recueillies sur ses mémoires. A tous ces précieux et inestimables fragments, nous ajouterons nos impressions personnelles. Nous rechercherons avec un pieux respect le philosophe chrétien qui, le premier en France, osa être chrétien malgré Voltaire; le politique honnête homme et loyal, qui marcha toujours le front haut et la conscience sans reproche, dans cet immense labyrinthe dont il a sauvé l'honneur; l'homme d'état qui le premier, quand l'empire fut à bout, expliqua à la France ses nouveaux devoirs et ses destinées nouvelles ; le grand orateur qui a créé l'éloquence de la tribune; l'ardent écrivain qui a élevé le journal à la dignité de l'éloquence écrite. Surtout, avant tout et toujours, nous nous occuperons de l'écrivain, du poète, de l'homme de lettres qui a donné la vie, le mouvement, la pensée à son siècle ; l'auteur d'*Atala*, de *René*, du *Génie du christianisme*, des *Martyrs*, le maître de ce siècle qui a produit Walter Scott, M. Guizot, lord Byron et M. de Lamartine. Et dans toutes ces diverses fortunes, **toujours** vous retrouverez l'homme de génie, toujours placé un peu plus haut que sa fortune.

Aussi voyez ce qui arrive aujourd'hui! Il est le seul homme que la France entière reconnaisse pour son maître et qu'elle loue d'une voix unanime. Seul, il lui a été permis impunément d'être vaincu dans l'arène politique et non seulement d'être vaincu, mais de riche devenir pauvre, de ministre d'état redevenir homme de lettres; de n'être plus rien que lui-même, dans cette France où il faut être soi d'abord et encore quelque chose, et tout cela sans rien perdre de sa popularité et de sa puissance! Au contraire, le dernier jour de juillet, quand cette grande révolution était à peine accomplie, le premier qui fut porté en triomphe dans ces murs soulevés, ce fut M. de Châteaubriand, ce fut le royaliste fidèle ! — Il est le seul homme que tous les partis ont également honoré, car il a tous les genres de courage et de loyauté. — Il est le seul homme que tous les partis invoquent dans leurs défaites, car il est le seul homme juste pour toutes les opinions et pour tous les hommes. — Et voilà pourtant la vie que nous avons à écrire, la vie de l'homme qui a vu et qui a écrit les plus grandes choses de ce temps-ci !

CHAPITRE II.

Nous avions bien raison de dire tout à l'heure que les mémoires de M. de Châteaubriand seraient plutôt un poème qu'une histoire. Celui qui fut toute sa vie un poète, un ambassadeur du roi, un chrétien, qui élevait en Italie un tombeau de marbre au Poussin, comment pourrait-il éviter la poésie en racontant cette vie si remplie? Trois magnifiques morceaux en prose annoncent dignement cette histoire posthume. Avant de jeter son regard sur le passé, le poète le plonge dans l'avenir; il écoute tous les bruits qui viennent de si loin, les espérances, les désespoirs, les extases de l'avenir; il raconte les progrès des sciences et des arts, et les progrès de l'intelligence humaine; il s'inquiète des moindres présages, il repasse en lui-même l'histoire de tous les peuples de l'Europe; puis, quand il a parcouru lentement, tristement, ce vaste horizon, il s'écrie d'un ton solennel et presque inspiré :

« L'Europe court à la démocratie. La France est-elle autre chose qu'une république entravée d'un directeur? Les peuples grandis sont hors de page : les princes en ont eu la garde-noble ; aujourd'hui les nations, arrivées à leur majorité, prétendent n'avoir plus besoin de tuteurs. Depuis David jusqu'à notre temps, les rois ont été appelés ; les nations semblent l'être à leur tour. Les courtes et petites exceptions des républiques grecque, carthaginoise, romaine, n'altèrent pas le fait politique général de l'antiquité, à savoir, l'état monachique normal de la société entière sur le globe. Maintenant la société quitte la monarchie, du moins la monarchie telle qu'on l'a connue jusqu'ici.

» Les symptômes de la transformation sociale abondent. En vain on s'efforce de reconstituer un parti pour le gouvernement absolu d'un seul : les principes élémentaires de ce gouvernement ne se retrouvent point ; les hommes sont aussi changés que les principes. Bien que les faits aient quelquefois l'air de se combattre, ils n'en concourent pas moins au même résultat, comme, dans une machine, des roues qui tournent en sens opposé produisent une action commune.

» Les souverains, se soumettant graduellement à des libertés nécessaires, descendant sans violence et sans secousse de leur piédestal, pouvaient transmettre à leurs fils, dans une période plus ou moins étendue, leur sceptre héréditaire réduit à des proportions mesurées par la loi. La France eût mieux agi pour son bonheur et son indépendance, en gardant un enfant qui n'aurait pu faire des journées de juillet une honteuse déception; mais personne n'a compris l'évènement. Les rois s'entêtent à garder ce qu'ils ne sauraient retenir; au lieu de glisser doucement sur le plan incliné, ils s'exposent à tomber dans le gouffre; au lieu de mourir de sa belle mort, pleine d'honneurs et de jours, la monarchie court risque d'être écorchée vive : un tragique mausolée ne renferme à Venise que la peau d'un illustre chef.

» Les pays les moins préparés aux institutions libérales, tels que le Portugal et l'Espagne, sont poussés à des mouvements constitutionnels. Dans ces pays, les idées dépassent les hommes. La France et l'Angleterre, comme deux énormes béliers, frappent à coups redoublés les remparts croulants de l'ancienne société. Les doctrines les plus hardies sur la propriété, l'égalité, la liberté, sont proclamées soir et matin à la face des monarques qui tremblent derrière une triple haie de soldats suspects. Le déluge de la démocratie les gagne; ils montent d'étage en étage, du rez-de-chaussée au comble de leurs palais, d'où ils se jetteront à la nage dans le flot qui les engloutira.

» La découverte de l'imprimerie a changé les

conditions sociales : la presse, machine qu'on ne peut plus briser, continuera à détruire l'ancien monde, jusqu'à ce qu'elle en ait formé un nouveau : c'est une voix calculée pour le forum général des peuples. L'imprimerie n'est que la parole écrite, première de toutes les puissances : la Parole a créé l'univers; malheureusement le Verbe dans l'homme participe de l'infirmité humaine ; il mêlera le mal au bien , tant que notre nature déchue n'aura pas recouvré sa pureté originelle.

» Ainsi, la transformation, amenée par l'âge du monde, aura lieu. Tout est calculé dans ce dessein; rien n'est possible maintenant hors la mort naturelle de la société, d'où sortira la renaissance. C'est impiété de lutter contre l'ange de Dieu ; de croire que nous arrêterons la Providence. Aperçue de cette hauteur, la révolution française n'est plus qu'un point de la révolution générale ; toutes les impatiences cessent ; tous les axiomes de l'ancienne politique deviennent inapplicables.

» Louis-Philippe a mûri d'un demi-siècle le fruit démocratique. La couche bourgeoise où s'est implanté le philippisme, moins labourée par la révolution que la couche militaire et la couche populaire, fournit encore quelque suc à la végétation du gouvernement du 7 août, mais elle sera tôt épuisée.

» Il y a des hommes religieux qui se révoltent à la seule supposition de la durée quelconque de

l'ordre de choses actuel. « Il est, disent-ils , des
» réactions inévitables, des réactions morales,
» enseignantes, magistrales, vengeresses. Si le
» monarque qui nous initia à la liberté a payé
» dans ses qualités le despotisme de Louis XIV et
» la corruption de Louis XV, peut-on croire que
» la dette contractée par *Égalité* à l'échafaud du
» roi innocent, ne sera pas acquittée ? *Égalité*,
» en perdant la vie, n'a rien expié : le pleur du
» dernier moment ne rachète personne ; larmes
» de la peur qui ne mouillent que la poitrine et
» ne tombent pas sur la conscience. Quoi ! la race
» d'Orléans pourrait régner au droit des crimes
» et des vices de ses aïeux ? Où serait donc la
» Providence ? Jamais plus effroyable tentation
» n'aurait ébranlé la vertu, accusé la justice
» éternelle, insulté l'existence de Dieu ! »

» J'ai entendu faire ces raisonnements, mais
faut-il en conclure que le sceptre du 9 août va
tout à l'heure se briser ? En s'élevant dans l'ordre
universel, le règne de Louis-Philippe n'est qu'une
apparente anomalie, qu'une infraction non réelle
aux lois de la morale et de l'équité : elles sont
violées, ces lois, dans un sens borné et relatif ;
elles sont observées dans un sens illimité et général.
D'une énormité consentie de Dieu, je tirerais
une conséquence plus haute, j'en déduirais
la preuve *chrétienne* de l'abolition de la royauté
en France ; c'est cette abolition même, et non un
châtiment individuel, qui serait l'expiation de la

mort de Louis XVI. Nul ne serait admis, après ce juste, à ceindre solidement le diadême : Napoléon l'a vu tomber de son front malgré ses victoires, Charles X malgré sa piété ! Pour achever de discréditer la couronne aux yeux des peuples, il aurait été permis au fils du régicide de se coucher un moment en faux roi dans le lit sanglant du martyr.

» Une raison prise dans la catégorie des choses humaines peut encore faire durer quelques instants de plus le gouvernement-sophisme, jailli du choc des pavés.

» Depuis quarante ans, tous les gouvernements n'ont péri en France que par leur faute : Louis XVI a pu vingt fois sauver sa couronne et sa vie; la république n'a succombé qu'à l'excès de ses crimes; Bonaparte pouvait établir sa dynastie et il s'est jeté en bas du haut de sa gloire; sans les ordonnances de juillet, le trône légitime serait encore debout. Mais le gouvernement actuel ne paraît pas devoir commettre la faute qui tue : son pouvoir ne sera jamais suicide ; toute son habileté est exclusivement employée à sa conservation : il est trop intelligent pour mourir d'une sottise, et il n'a pas en lui de quoi se rendre coupable des méprises du génie ou des faiblesses de la vertu.

» Mais après tout il faudra s'en aller : qu'est-ce que trois, quatre, six, dix, vingt années dans la vie d'un peuple? L'ancienne société périt avec la politique chrétienne, dont elle est sortie : à Rome, le règne de l'homme fut substitué à celui de la loi par César; on passa de la république à l'empire. La révolution se résume aujourd'hui en sens contraire; la loi détrône l'homme; on passe de la royauté à la république. L'ère des peuples est revenue; reste à savoir comment elle sera remplie.

» Il faudra d'abord que l'Europe se nivelle dans un même système; on ne peut supposer un gouvernement représentatif en France et des monarchies absolues autour de ce gouvernement. Pour arriver là, il est probable qu'on subira des guerres étrangères et qu'on traversera à l'intérieur une double anarchie morale et physique.

» Quand il ne s'agirait que de la seule propriété, n'y touchera-t-on point ? Restera-t-elle distribuée comme elle l'est. Une société où des individus ont deux millions de revenu, tandis que d'autres sont réduits à remplir leurs bouges de monceaux de pourriture pour y ramasser des vers (vers qui, vendus aux pêcheurs, sont le seul moyen d'existence de ces familles, elles-mêmes autochtones du fumier), une telle société peut-elle demeurer stationnaire sur de tels fondements au milieu du progrès des idées ?

» Mais si l'on touche à la propriété, il en résultera des bouleversements immenses qui ne s'accompliront pas sans effusion de sang; la loi du sang et du sacrifice est partout : Dieu a livré son fils aux clous de la croix, pour renouveler l'ordre de l'univers. Avant qu'un nouveau droit soit sorti de ce chaos, les astres se seront souvent levés et couchés. Dix-huit cents ans depuis l'ère chrétienne n'ont pas suffi à l'abolition de l'esclavage; il n'y a encore qu'une très petite partie accomplie de la mission évangélique.

» Ces calculs ne vont point à l'impatience des Français : jamais, dans les révolutions qu'ils ont faites, ils n'ont admis l'élément du temps, c'est pourquoi ils sont toujours ébahis des résultats contraires à leurs espérances. Tandis qu'ils bouleversent, le temps arrange; il met de l'ordre dans le désordre, rejette le fruit vert, détache le fruit mûr, sasse et crible les hommes, les mœurs et les idées.

» Quelle sera la société nouvelle ? Je l'ignore. Ses lois me sont inconnues; je ne la comprends pas plus que les anciens ne comprenaient la société sans esclaves produite par le christianisme. Comment les fortunes se nivelleront-elles, comment le salaire se balancera-t-il avec le travail, comment la femme parviendra-t-elle à l'émancipation légale? Je n'en sais rien. Jusqu'à présent la société a procédé par *agrégation* et par *famille*; quel aspect offrira-t-elle lorsqu'elle ne sera plus qu'*individuelle*, ainsi qu'elle tend à le devenir, ainsi qu'on la voit déjà se former aux Etats-Unis? Vraisemblablement *l'espèce humaine* s'agrandira, mais il est à craindre que *l'homme* ne diminue, que quelques facultés éminentes du génie ne se perdent, que l'imagination, la poésie, les arts, ne meurent dans les trous d'une société-ruche où chaque individu ne sera plus qu'une abeille, une roue dans une machine, un atome dans la matière organisée. Si la religion chrétienne s'éteignait, on arriverait par la liberté à la pétrification sociale où la Chine est arrivée par l'esclavage.

» La société moderne a mis dix siècles à se composer; maintenant elle se décompose. Les générations du moyen-âge étaient vigoureuses, parce qu'elles étaient dans la progression ascendante; nous, nous sommes débiles, parce que nous sommes dans la progression descendante. Ce monde décroissant ne reprendra de force que quand il aura atteint le dernier degré; alors il commencera à remonter vers une nouvelle vie. Je vois bien une population qui s'agite, qui proclame sa puissance, qui s'écrie : « Je veux ! je
» serai ! à moi l'avenir ! je découvre l'univers ! On
» n'avait rien vu avant moi; le monde m'atten-
» dait; je suis incomparable: Mes pères étaient
» des enfants et des idiots. »

» Les faits ont-ils répondu à ces magnifiques paroles ? Que d'espérances n'ont point été déçues en talents et en caractères ! Si vous en exceptez une trentaine d'hommes d'un mérite réel, quel troupeau de générations libertines, avortées, sans convictions, sans foi politique et religieuse, se précipitant sur l'argent et les places comme des pauvres sur une distribution gratuite ; troupeau qui ne reconnaît point de berger, qui court de la plaine à la montagne et de la montagne à la plaine, dédaignant l'expérience des vieux pâtres durcis au vent et au soleil ! Nous ne sommes que des générations de passage, intermédiaires, obscures, vouées à l'oubli, formant la chaîne pour atteindre les mains qui cueilleront l'avenir. . .

. . . .

» Respectant le malheur et me respectant moi-même ; respectant ce que j'ai servi, et ce que je continuerai de servir au prix du repos de mes vieux jours, je craindrais de prononcer vivant un mot qui pût blesser des infortunes ou même détruire des chimères. Mais quand je ne serai plus, mes sacrifices donneront à ma tombe le droit de dire la vérité. Mes devoirs seront changés ; l'intérêt de ma patrie l'emportera sur les engagements de l'honneur dont je serai délié. Aux Bourbons appartient ma vie ; à mon pays appartient ma mort. Prophète, en quittant le monde, je trace mes prédictions sur mes heures tombantes ; feuilles séchées et légères que le souffle de l'éternité aura bientôt emportées.

» S'il était vrai que les hautes races des rois, refusant de s'éclairer, approchassent du terme de leur puissance, ne serait-il pas mieux, dans leur intérêt historique, que par une fin digne de leur grandeur elles se retirassent dans la sainte nuit du passé avec les siècles? Prolonger sa vie au delà d'une éclatante illustration ne vaut rien; le monde se lasse de vous et de votre bruit; il vous en veut d'être toujours là pour l'entendre. Alexandre, César, Napoléon, ont disparu selon les règles de la gloire. Pour mourir beau, il faut mourir jeune; ne faites pas dire aux enfants du printemps: « Comment! c'est là cette renommée, cette per- » sonne, cette race, à qui le monde battait des » mains, dont on aurait payé un cheveu, un » sourire, un regard, du sacrifice de la vie! » Qu'il est triste de voir le vieux Louis XIV, étranger aux générations nouvelles, ne trouver plus auprès de lui, pour parler de son siècle, que le vieux duc de Villeroi! Ce fut une dernière victoire du grand Condé en radotage, d'avoir, au bord de sa fosse, rencontré Bossuet: l'orateur ranima les eaux muettes de Chantilly; avec l'enfance du vieillard, il repétrit son adolescence; il rebrunit les cheveux sur le front du vainqueur de Rocroi, en disant, lui Bossuet, un immortel adieu à ses cheveux blancs. Hommes qui aimez la gloire, soignez votre tombeau; couchez-vous-y bien; tâchez d'y faire bonne figure, car vous y resterez. »

Puis bientôt, ramenant sur lui-même ce regard perçant qui devine toutes choses, l'auteur nous raconte simplement comment il a écrit ses *Mémoires* : l'épigraphe de ses Mémoires est touchante :

Sicut nubes — quasi naves — velut umbra. — Elle a passé comme le nuage, comme le vaisseau emporté par le vent, elle a passé comme l'ombre! C'est ainsi qu'il est parlé de la gloire humaine dans le saint livre.

Paris, 1er décembre 1833.

PRÉFACE TESTAMENTAIRE.

« Comme il m'est impossible de prévoir le moment de ma fin ; comme à mon âge les jours accordés à l'homme ne sont que des jours de grace, ou plutôt de rigueur, je vais, dans la crainte d'être surpris, m'expliquer sur un travail destiné à tromper pour moi l'ennui de ces heures dernières et délaissées, que personne ne veut, et dont on ne sait que faire.

Les *Mémoires* à la tête desquels on lira cette préface embrassent ou embrasseront le cours entier de ma vie ; ils ont été commencés dès l'année 1811, et continués jusqu'à ce jour. Je raconte dans ce qui est achevé, et raconterai dans ce qui n'est encore qu'ébauché, mon enfance, mon éducation, ma jeunesse, mon entrée au service, mon arrivée à Paris, ma présentation à Louis XVI, les premières scènes de la révolution, mes voyages en Amérique, mon retour en Europe, mon émigration en Allemagne et en Angleterre, ma rentrée en France sous le consulat, mes occupations et mes ouvrages sous l'empire, ma course à Jérusalem, mes occupations et mes ouvrages sous la restauration, enfin l'histoire complète de cette restauration et de sa chute.

J'ai rencontré presque tous les hommes qui ont joué de mon temps un rôle grand ou petit à l'étranger et dans ma patrie, depuis Washington jusqu'à Napoléon, depuis Louis XVIII jusqu'à Alexandre, depuis Pie VII jusqu'à Grégoire XVI, depuis Fox, Burke, Pitt, Sheridan, Londonderry, Capo-d'Istrias, jusqu'à Malesherbes, Mirabeau, etc.; depuis Nelson, Bolivar, Méhémet, pacha d'Egypte, jusqu'à Suffren, Bougainville, Lapeyrouse, Moreau, etc. J'ai fait partie d'un triumvirat qui n'avait point eu d'exemple : trois poètes opposés d'intérêts et de nations se sont trouvés, presque à la fois, ministres des affaires étrangères, moi en France, M. Canning en Angleterre, M. Martinez de la Rosa en Espagne. J'ai traversé successivement les années vides de ma jeunesse, les années si remplies de l'ère républicaine, des fastes de Bonaparte et du règne de la légitimité.

J'ai exploré les mers de l'ancien et du Nouveau-Monde et foulé le sol des quatre parties de la terre. Après avoir campé sous la hutte de l'Iroquois et sous la tente de l'Arabe, dans les wigwuams des Hurons, dans les débris d'Athènes, de Jérusalem, de Memphis, de Carthage, de Grenade, chez le Grec, le Turc et le Maure, parmi les forêts et les ruines; après avoir revêtu la casaque de peau d'ours du sauvage et le cafetan de soie du Mameluck, après avoir subi la pauvreté, la faim, la soif et l'exil, je me suis assis, ministre et ambassadeur, brodé d'or, bariolé d'insignes et de rubans, à la table des rois, aux fêtes des princes et des princesses, pour retomber dans l'indigence et essayer de la prison.

J'ai été en relation avec une foule de personnages célèbres dans les armes, l'Eglise, la politique, la magistrature, les sciences et les arts. Je possède des matériaux immenses, plus de quatre mille lettres particulières, les correspondances diplomatiques de mes différentes ambassades, celles de mon passage au ministère des affaires étrangères, entre lesquelles se trouvent des pièces à moi particulières, uniques et inconnues. J'ai porté le mousquet du soldat, le bâton du voyageur, le bourdon du pèlerin : navigateur, mes destinées ont eu l'inconstance de ma voile; alcyon, j'ai fait mon nid sur les flots.

Je me suis mêlé de paix et de guerre; j'ai signé des traités, des protocoles, et publié chemin faisant de nombreux ouvrages. J'ai été initié à des secrets de partis, de cour et d'état : j'ai vu de près les plus rares malheurs, les plus hautes fortunes, les plus grandes renommées. J'ai assisté à des sièges, à des congrès, à des conclaves, à la réédification et à la démolition des trônes. J'ai fait de l'histoire, et je pouvais l'écrire. Et ma vie solitaire, rêveuse, poétique, marchait au travers de ce monde de réalités, de catastrophes, de tumulte, de bruit, avec les fils de mes songes, Chactas, René, Eudore, Aben-Hamet; avec les filles de mes chimères, Atala, Amélie, Blanca, Velléda, Cymodocée. En dedans et à côté de mon siècle, j'exerçais peut-être sur lui, sans le vouloir et sans le chercher, une triple influence religieuse, politique et littéraire.

Je n'ai plus autour de moi que quatre ou cinq contemporains d'une longue renommée. Alfieri, Canova et Monti ont disparu; de ses jours brillants, l'Italie ne conserve que Pindemonte et Manzoni; Pellico a usé ses belles années dans les cachots du Spielberg; les talents de la patrie de Dante sont condamnés au silence, ou forcés de languir en terre étrangère : lord Byron et M. Canning sont morts jeunes; Walter Scott nous a laissés; Goëthe nous a quittés rempli de gloire et d'années. La France n'a presque plus rien de son passé si riche; elle commence une autre ère : je reste pour enterrer mon siècle, comme le vieux prêtre qui, dans le sac de Béziers, devait sonner la cloche avant de tomber lui-même, lorsque le dernier citoyen aurait expiré.

Quant la mort baissera la toile entre moi et

le monde, on trouvera que mon drame se divise en trois actes.

» Depuis ma première jeunesse jusqu'en 1800, j'ai été soldat et voyageur; depuis 1800 jusqu'en 1814, sous le consulat et l'empire, ma vie a été littéraire; depuis la restauration jusqu'aujourd'hui, ma vie a été politique.

Dans mes trois carrières successives, je me suis toujours proposé une grande tâche : voyageur, j'ai aspiré à la découverte du monde polaire; littérateur, j'ai essayé de rétablir la religion sur ses ruines; homme d'état, je me suis efforcé de donner aux peuples le vrai système monarchique représentatif avec ses diverses libertés : j'ai du moins aidé à conquérir celle qui les vaut, les remplace, et tient lieu de toute constitution, la liberté de la presse. Si j'ai souvent échoué dans mes entreprises, il y a eu chez moi faillance de destinée. Les étrangers qui ont succédé dans leurs desseins furent servis par la fortune; ils avaient derrière eux des amis puissants et une patrie tranquille : je n'ai pas eu ce bonheur.

Des auteurs modernes français de ma date, je suis quasi le seul dont la vie ressemble à ses ouvrages : voyageur, soldat, poète, publiciste, c'est dans les bois que j'ai chanté les bois, sur les vaisseaux que j'ai peint la mer, dans les camps que j'ai parlé des armes, dans l'exil que j'ai appris l'exil, dans les cours, dans les affaires, dans les assemblées, que j'ai étudié les princes, la politique, les lois et l'histoire. Les orateurs de la Grèce et de Rome furent mêlés à la chose publique et en partagèrent le sort. Dans l'Italie et l'Espagne de la fin du moyen-âge et de la renaissance, les premiers génies des lettres et des arts participèrent au mouvement social. Quelles orageuses et belles vies que celles de Dante, de Tasse, de Camoëns, d'Ercilla, de Cervantes !

En France nos anciens poètes et nos anciens historiens chantaient et écrivaient au milieu des pélerinages et des combats : Thibault, comte de Champagne, Villehardouin, Joinville, empruntent les félicités de leur style des aventures de leur carrière ; Froissard va chercher l'histoire sur les grands chemins et l'apprend des chevaliers et des abbés, qu'il rencontre, avec lesquels il chevauche. Mais à compter du règne de François Ier, nos écrivains ont été des hommes isolés dont les talents pouvaient être l'expression de l'esprit, non des faits de leur époque. Si j'étais destiné à vivre, je représenterais dans ma personne, représentée dans mes mémoires, les principes, les idées, les évènemens, les catastrophes, l'épopée de mon temps, d'autant plus que j'ai vu finir et commencer un monde, et que les caractères opposés de cette fin et de ce commencement se trouvent mêlés dans mes opinions. Je me suis rencontré entre les deux siècles comme au confluent de deux fleuves ; j'ai plongé dans leurs eaux troublées, m'éloignant à regret du vieux rivage où j'étais né, et nageant avec espérance vers la rive inconnue où vont aborder les générations nouvelles.

Les *Mémoires*, divisés en livres et en parties, sont écrits à différentes dates et en différens lieux : ces sections amènent naturellement des espèces de prologues qui rappellent les accidents survenus depuis les dernières dates et peignent les lieux où je reprends le fil de ma narration. Les événements variés et les formes changeantes de ma vie entrent ainsi les uns dans les autres : il arrive que, dans les instants de mes prospérités, j'ai à parler du temps de mes misères, et que, dans mes jours de tribulation, je retrace mes jours de bonheur. Les divers sentiments de mes âges divers, ma jeunesse pénétrant dans ma vieillesse, la gravité de mes années d'expérience attristant mes années légères ; les rayons de mon soleil, depuis son aurore jusqu'à son couchant, se croisant et se confondant comme les reflets épars de mon existence, donnent une sorte d'unité indéfinissable à mon travail : mon berceau a de ma tombe, ma tombe a de mon berceau ; mes souffrances deviennent des plaisirs, mes plaisirs des douleurs, et l'on ne sait si ces *Mémoires* sont l'ouvrage d'une tête brune ou chenue.

Je ne dis point ceci pour me louer, car je ne sais si cela est bon, je dis ce qui est, ce qui est arrivé, sans que j'y songeasse, par l'inconstance même des tempêtes déchaînées contre ma barque et qui souvent ne m'ont laissé pour écrire tel ou tel fragment de ma vie que l'écueil de mon naufrage.

J'ai mis à composer ces *Mémoires* une prédilection toute paternelle ; je désirerais pouvoir ressusciter à l'heure des fantômes pour en corriger les épreuves : *les morts vont vite.*

Les notes qui accompagnent le texte sont de trois sortes : les premières, rejetées à la fin des volumes, comprennent les *éclaircissements et pièces justificatives ;* les secondes, au bas des pages, sont de l'époque même du texte ; les troisièmes, pareillement au bas des pages, ont été ajoutées depuis la composition de ce texte et portent la date du temps et du lieu où elles ont été écrites. Un an ou deux de solitude dans un coin de la terre suffiraient à l'achèvement de mes *Mémoires ;* mais je n'ai eu de repos que durant les neuf mois où j'ai dormi la vie dans le sein de ma mère : il est probable que je ne retrouverai ce repos avant-naître, que dans les entrailles de notre mère commune après-mourir.

Plusieurs de mes amis m'ont pressé de publier à présent une partie de mon histoire ; je n'ai pu me rendre à leur vœu. D'abord je serais, malgré moi, moins franc et moins véridique ; ensuite j'ai toujours supposé que j'écrivais assis dans mon cercueil. L'ouvrage a pris de là un certain caractère religieux que je ne lui pourrais ôter sans préjudice ; il m'en coûterait d'étouffer cette voix lointaine qui sort de la tombe et que l'on entend dans tout le cours du récit. On ne trouvera pas étrange que je garde quelques faiblesses, que je sois préoccupé de la fortune du pauvre orphelin, destiné à rester après moi sur la terre. Si j'ai assez souffert dans ce monde pour être dans l'autre une Ombre heureuse; un peu de lumière des Champs-Élysées, venant éclairer mon dernier tableau, servirait à rendre moins saillants les défauts du peintre : la vie me sied mal; la mort m'ira peut-être mieux. »

Quelle touchante tristesse! tristesse éloquente et passionnée à propos de l'avenir du monde, tristesse résignée et chrétienne quand il parle de lui-même! C'est ainsi que M. de Châteaubriand devait nous préparer, en effet, à la lecture de ses Mémoires. Toute cette préface testamentaire se termine par plusieurs lettres d'adieux à madame de Châteaubriand, à madame Récamier, la constante amie du poète, à M. Bertin l'aîné, juge excellent qui juge à la fois avec son esprit et avec son cœur, à qui M. de Châteaubriand peut dire ce que disait Horace à Tibulle :

Nostrorum sermonum candide judex,

enfin plusieurs lettres à ses compatriotes, où il est question d'élever une tombe dans une île de la Bretagne, sa bien aimée patrie, à l'auteur de *René* et des *Martyrs*.

Déjà, dans la préface générale de ses OEuvres, M. de Châteaubriand parle ainsi de ses *Mémoires:*

« Si j'avais été le maître de la fortune, je n'aurais jamais publié le recueil de mes ouvrages. L'avenir (supposé que l'avenir entende parler de moi) eût fait ce qu'il aurait voulu. Plus d'un quart de siècle passé sur mes premiers écrits sans les avoir étouffés, ne m'a pas fait présumer une immortalité que j'ambitionne peut-être moins qu'on ne le pense. C'est donc contre mon penchant naturel, et aux dépens de ce repos, dernier besoin de l'homme, que je donne aujourd'hui l'édition de mes OEuvres. Peu importe au public les motifs de ma détermination, il suffit qu'il sache (ce qui est la vérité) que ces motifs sont honorables.

J'ai entrepris les *Mémoires* de ma vie : cette vie a été fort agitée. J'ai traversé plusieurs fois les mers ; j'ai vécu dans la hutte des sauvages et dans le palais des rois, dans les camps et dans les cités. Voyageur aux champs de la Grèce, pélerin à Jérusalem, je me suis assis sur toutes sortes de ruines. J'ai vu passer le royaume de Louis XVI et l'empire de Buonaparte; j'ai partagé l'exil des Bourbons et j'ai annoncé leur retour. Deux poids qui semblent attachés à ma fortune la font successivement monter et descendre dans une proportion égale : on me prend, on me laisse; on me reprend dépouillé un jour, le lendemain on me jette un manteau, pour m'en dépouiller encore. Accoutumé à ces bourrasques, dans quelque port que j'arrive, je me regarde toujours comme un navigateur qui va bientôt remonter sur son vaisseau, et je ne fais à terre aucun établissement solide. Deux heures m'ont suffi pour quitter le ministère et pour remettre les clefs de l'hôtellerie à celui qui devait l'occuper.

Qu'il faille en gémir ou s'en féliciter, mes écrits ont teint de leur couleur grand nombre des écrits de mon temps. Mon nom, depuis vingt-cinq années, se trouve mêlé aux mouvements de l'ordre social : il s'attache au règne de Buonaparte, au rétablissement des autels, à celui de la monarchie légitime, à la fondation de la monarchie constitutionnelle. Les uns repoussent ma personne, mais prêchent mes doctrines, et s'emparent de ma politique en la dénaturant ; les autres s'arrangeraient de ma personne si je consentais à la séparer de mes principes. Les plus grandes affaires ont passé par mes mains. J'ai connu presque tous les rois, presque tous les hommes, ministres ou autres, qui ont joué un rôle de mon temps. Présenté à Louis XVI, j'ai vu Washington au début de ma carrière, et je suis retombé à la fin sur ce que je vois aujourd'hui. Plusieurs fois Bonaparte me menaça de sa colère et de sa puissance, et cependant il était entraîné par un secret penchant vers moi, comme je ressentais une involontaire admiration de ce qu'il y avait de grand en lui. J'aurais tout été dans son gouvernement si je l'avais voulu ; mais il m'a toujours manqué pour réussir une passion et un vice : l'ambition et l'hypocrisie.

De pareilles vicissitudes, qui me travaillèrent presque au sortir d'une enfance malheureuse, répandront peut-être quelque intérêt dans mes Mémoires. Les ouvrages que je publie seront comme les preuves et les pièces justificatives de ces Mémoires. On y pourra lire d'avance ce que j'ai été, car ils embrassent ma vie entière. Les lecteurs qui aiment ce genre d'études rapprocheront les productions de ma jeunesse de celles de l'âge où je suis parvenu : il y a toujours quelque chose à gagner à ces analyses de l'esprit humain.

Je crois ne me faire aucune illusion, et me juger avec impartialité. Il m'a paru, en relisant mes ouvrages pour les corriger, que deux sentiments y dominaient : l'amour d'une religion charitable et un attachement sincère aux libertés publiques. Dans l'*Essai historique* même, au milieu d'innombrables erreurs, on distingue ces deux sentiments. Si cette remarque est juste, si j'ai lutté, partout et en tout temps, en faveur de l'indépendance des hommes et des principes religieux, qu'ai-je à craindre de la postérité ? Elle pourra m'oublier, mais elle ne maudira pas ma mémoire.

Mes ouvrages, qui sont une histoire fidèle des trente prodigieuses années qui viennent de s'écouler, offrent encore auprès du passé des vues assez claires de l'avenir. J'ai beaucoup prédit, et il restera après moi des preuves irrécusables de ce que j'ai inutilement annoncé. Je n'ai point été aveugle sur les destinées futures de l'Europe ; je n'ai cessé de répéter à de vieux gouvernements, qui furent bons dans leur temps et qui eurent leur renommée, que force était pour eux de s'arrêter dans des monarchies constitutionnelles, ou d'aller se perdre dans la république. Le despotisme militaire, qu'ils pourraient secrètement désirer, n'aurait pas même aujourd'hui une existence de quelque durée.

L'Europe, pressée entre un nouveau monde tout républicain et un ancien empire tout militaire, lequel a tressailli subitement au milieu du repos des armes, cette Europe a plus que jamais besoin de comprendre sa position pour se sauver. Qu'aux fautes politiques intérieures on mêle les fautes politiques extérieures, et la décomposition s'achèvera plus vite : le coup de canon dont on refuse quelquefois d'appuyer une cause juste, tôt ou tard on est obligé de le tirer dans une cause déplorable.

Vingt-cinq années se sont écoulées depuis le commencement du siècle. Les hommes de vingt-cinq ans qui vont prendre nos places n'ont point connu le siècle dernier, n'ont point recueilli ses traditions, n'ont point sucé ses doctrines avec le lait, n'ont point été nourris sous l'ordre politique qui l'a régi; en un mot, ne sont point sortis des entrailles de l'ancienne monarchie; et n'attachent au passé que l'intérêt que l'on prend à l'histoire d'un peuple qui n'est plus. Les premiers regards de ces générations cherchèrent en vain la légitimité sur le trône, emportée qu'elle était déjà depuis sept années par la révolution. Le géant qui remplissait le vide immense que cette légitimité avait laissé après elle, d'une main touchait le bonnet de la liberté, de l'autre la couronne; il allait bientôt les mettre à la fois sur sa tête, et seul il était capable de porter ce double fardeau.

Ces enfants qui n'entendirent que le bruit des armes, qui ne virent que des palmes autour de leurs berceaux, échappèrent par leur âge à l'oppression de l'empire : ils n'eurent que des jeux de la victoire dont leurs pères portaient les chaînes. Race innocente et libre, ces enfants n'étaient pas nés quand la révolution commit ses forfaits ; ils n'étaient pas hommes quand la restauration multiplia ses fautes; ils n'ont pris aucun engagement avec nos crimes ou avec nos erreurs.

Combien il eût été facile de s'emparer de l'esprit d'une jeunesse sur laquelle des malheurs qu'elle n'a pas connus ont néanmoins répandu une ombre et quelque chose de grave? La restauration s'est contentée de donner à cette jeunesse sérieuse des représentations théâtrales des anciens jours, des imitations du passé qui ne sont plus le passé. Qu'a-t-on fait pour la race sur qui reposent aujourd'hui les destinées de la France ? Rien. S'est-on même aperçu qu'elle existait ? Non ; dans une lutte misérable d'ambitions vulgaires, on a laissé le monde s'arranger sans guide. Les débris du dix-huitième siècle, qui flottent épars dans le dix-neuvième, sont au moment de s'abîmer ; encore quelques années, et la société religieuse, philosophique et politique appartiendra à des fils étrangers aux mœurs de leurs aïeux. Les semences des idées nouvelles ont levé partout ; ce serait en vain qu'on les voudrait détruire : on pouvait cultiver la plante naissante, la dégager de son venin, lui faire porter un fruit salutaire ; il n'est donné à personne de l'arracher.

Une déplorable illusion est de supposer nos temps épuisés, parce qu'il ne semble plus possible qu'ils produisent encore, après avoir enfanté tant de choses. La faiblesse s'endort dans cette illusion ; la folie croit qu'elle peut surprendre le genre humain dans un moment de lassitude et le contraindre à rétrograder. Voyez pourtant ce qui arrive.

Quand on a vu la révolution française, dites-vous, que peut-il survenir qui soit digne d'occuper les yeux ? La plus vieille monarchie du monde renversée, l'Europe tour à tour conquise et conquérante, des crimes inouis, des malheurs affreux recouverts d'une gloire sans exemple : qu'y a-t-il après de pareils évènements ? Ce qu'il y a ? Portez vos regards au-delà des mers. L'Amérique entière sort républicaine de cette révolution que vous prétendiez finie ; et remplace un étonnant spectacle par un spectacle plus étonnant encore.

Et l'on croirait que le monde a pu changer

ainsi, sans que rien ait changé dans les idées des hommes! on croirait que les trente dernières années peuvent être regardées comme non avenues, que la société peut être rétablie telle qu'elle existait autrefois! Des souvenirs non partagés, de vains regrets, une génération expirante que le passé appelle, que le présent dévore, ne parviendront point à faire renaître ce qui est sans vie. Il y a des opinions qui périssent comme il y a des races qui s'éteignent, et les unes et les autres restent tout au plus un objet de curiosité et de recherche dans les champs de la mort. Que loin d'être arrivée au but, la société marche à des destinées nouvelles ; c'est ce qui me paraît incontestable. Mais laissons cet avenir plus ou moins éloigné à ses jeunes héritiers : le mien est trop rapproché de moi pour étendre mes regards au delà de l'horizon de ma tombe.

O France, *mon cher pays et mon premier amour!* un de vos fils, au bout de sa carrière, rassemble sous vos yeux les titres qu'il peut avoir à votre bienveillance maternelle. S'il ne peut plus rien pour vous, vous pouvez tout pour lui, en déclarant que son attachement à votre religion, à votre roi, à vos libertés, vous fut agréable. Illustre et belle patrie, je n'aurais désiré un peu de gloire que pour augmenter la tienne ! »

Ainsi nous sommes merveilleusement et tout d'abord préparés aux merveilleux récits qui vont venir. Il était impossible d'annoncer d'une façon plus modeste, et plus solennelle à la fois, une telle biographie qui est toute l'histoire de notre époque. Nul homme, en effet, de nos jours, ne représente mieux ce siècle, qui fut à la fois la république, l'empire et la vieille monarchie, que M. de Châteaubriand. Il est le plus grand par l'esprit, par le style, par la poésie, par le cœur ; je n'ai pas dit par le génie ; il n'est que le second dans le siècle : il faut laisser la première place à Bonaparte. Mais Bonaparte n'a pas écrit ses Mémoires. Nous avons de lui quelques paroles sur un rocher, et de ce côté-là de son histoire il est encore bien tranquille, car sa vie a été écrite dans toute l'Europe, avec le fer, avec le feu, avec le despotisme, avec la liberté, avec la gloire : sa vie est partout. Jusqu'à présent la vie de M. Châteaubriand n'est que dans ses ouvrages ; c'est là seulement qu'il faut la chercher. A qui sait lire dans ces grands livres où toute l'humanité est passée en revue, rien n'échappe de la vie de l'écrivain. Il est là tout entier. Là vous trouverez, si vous savez chercher, le voyageur, le sceptique, le croyant, le poète, le philosophe, le chrétien, le Français, le royaliste, l'homme de la liberté, le gentilhomme, le citoyen, le soldat, l'historien, l'homme des jours de lutte, le fidèle qui défend ses rois tombés, le ministre qui conseille les rois tout-puissants ; le jeune homme est là ; le vieillard est là encore : passions, plaisirs, rêves, espérances, désespoirs, songes d'été, l'âme, et l'esprit, et le cœur, tout l'homme, tout le poète, se retrouvent dans les œuvres de M. de Châteaubriand ; et il a dit une très belle chose et très-vraie quand il a dit : *Mes ouvrages sont les preuves et les pièces justificatives de mes Mémoires : on pourra lire à l'avance ce que j'ai été !* Il y avait donc bien long-temps que nous pensions à réunir page à page les Mémoires de M. de Châteaubriand, épars dans les vingt-deux volumes in-8° de ses OEuvres complètes ; car nous savions à l'avance tout ce qu'il y *avait à gagner dans ces analyses de l'esprit humain*, et de quel esprit !

Tout à coup le monde littéraire s'est ému à cette nouvelle : M. de Châteaubriand a terminé les Mémoires de sa vie ! Bien plus, le grand poète, à l'Abbaye-aux-Bois, sous le regard bienveillant et protecteur de madame Récamier, cette femme de tant d'esprit et de cœur, dont l'aimable et bienveillant souvenir se mêle à tous nos souvenirs poétiques depuis vingt ans au moins, M. de Châteaubriand fait la lecture de ses Mémoires ! Il a décidé qu'ils ne paraîtraient qu'après sa mort ; mais cependant, avant de mourir, il est bien aise de les évoquer devant lui les souvenirs de cette belle et grande vie, afin de bien s'assurer, par devant témoins, qu'il a été fidèle toujours à ces deux sentiments de son cœur : l'amour d'une religion charitable et un attachement sincère aux libertés publiques ! Donc il a invité à cette grande fête de la pensée ses amis, jeunes et vieux ; il a mis à nu devant eux son ame et son cœur; il a lu devant eux les confessions de sa vie ; M. de Châteaubriand a marché à la tête du dix-neuvième siècle qu'il a ouvert aussitôt après que J.-J. Rousseau eut fermé le dix-huitième siècle. O mon Dieu ! quelle histoire, quelle biographie, devant laquelle eût reculé Plutarque lui-même! Quel historien et pour quel héros! quel écrivain et pour quelle histoire ! Vous faites-vous bien l'idée d'une biographie dont le *Génie du Christianisme* et *les Martyrs* ne sont que des fragments épars et de *simples pièces justificatives?*

Vous pensez si les amis jeunes ou vieux de M. de Châteaubriand ont été exacts à ce rendez-vous suprême où il devait assister, lui vivant, au jugement le plus solennel qui attende le dix-neuvième siècle. Outre l'émotion bien naturelle dans une circonstance unique, se mêlait à cet empressement, cette ardente curiosité qui est la vie de notre époque. De nos jours, l'esprit humain ne veut plus attendre. Il veut tout apprendre, il veut tout savoir en vingt-quatre heures; on fait l'histoire en même temps qu'on l'écrit, heureux encore serons-nous, si, dans cette façon de marcher au pas de course, on n'écrit pas, avant peu, l'histoire avant que de la faire ! De nos jours, quel est l'homme assez peu connu pour n'avoir pas déjà écrit ses six volumes de *Mémoires?* Quiconque a tenu dans sa vie une plume, une épée, un éventail, qui s'est servi plus ou moins bien de ces trois armes redoutables, se croit parfaitement en droit de raconter à la postérité ses grands coups de plume ou d'épée ou ses petits coups d'éventail. Il n'est si petit capitaine, si mince diplomate, coquette si vieille, qui ne s'amuse à nous raconter ses aventures d'avant-garde, d'antichambre ou de boudoir. Nous avons eu les Mémoires du valet de chambre de l'empereur, de la femme de chambre de l'impératrice Joséphine, et nous ne nous en sommes pas étonnés. Notez bien cependant que ces écrivains de hasard, contrairement à leur mission historique, n'ont vu qu'un héros et une héroïne dans ces mêmes retraites accessibles seulement aux valets de chambre et dans lesquelles il n'y a plus de héros. Nous avons lu les Mémoires du cuisinier Carême, et nous avons jugé que ceux-là avaient un caractère d'authenticité naïve, que n'avaient pas les Mémoires de M. de Bourrienne. La plupart de ces mémoires étaient vides de sens, les plus curieux étaient tout remplis de calomnies. Cependant telle est notre insatiable curiosité de connaître et d'apprendre, que les esprits les plus délicats, les lecteurs les plus difficiles, se sont jetés avec fureur sur ces malicieux détails indigestes et mal apprêtés... sans en excepter les Mémoires du cuisinier Carême.

Vous comprenez donc quelle fut l'émotion de la France quand elle apprit que M. de Châteaubriand venait de lire confidentiellement, à un petit nombre d'élus, les mémoires de sa vie? Cette fois quelle devait être la curiosité de ce peuple athénien, qui s'en va sans cesse sur la place publique, demandant : — *Qu'y a-t-il de nouveau ?* Eh ! quoi de plus nouveau en effet que ceci ? — Le petit salon de l'Abbaye-aux-Bois qui s'éclaire, cette porte mystérieuse qui ne s'ouvre qu'à quelques voix connues, les fenêtres à demi voilées par les jasmins en fleurs. Calme et douce retraite, à la fois mondaine et sainte, mêlée de bruits et de silence, asile de la beauté où vient se reposer le plus grand génie de ce siècle, des plus nobles passions et des plus illustres travaux. Figurez-vous une société d'élite prêtant l'oreille à ces pages qu'à elle seule il lui sera donné d'entendre de la même voix qui les a dictées et dans ce frais salon doucement éclairé, vis-à-vis la Corinne de Gérard, et présidée par cette femme au regard si vif encore, au sourire si calme et si tranquille ! Puis enfin, le grand poëte de notre âge, le père illustre de René, de Chactas, d'Atala, d'Eudore, de Velléda, de Cymmodocée, de toutes les fééries, de tous les enthousiasmes, de toutes les croyances, de toutes les poésies de notre âge, ouvrant sans trembler ces pages immortelles qui ne verront le jour qu'après sa mort. —Cette voix si douce et si vibrante récitant, comme récite la conscience, toutes les phases de cette vie si exemplaire par la vertu, par le travail, par le génie.—Certes il y avait là de quoi porter envie à ces auditeurs passionnés et attentifs; certes il y avait là de quoi prêter l'oreille dans un saint recueillement. Aussi, toute affaire cessante, la France a-t-elle voulu savoir les moindres détails de cette lecture. —Combien de volumes? — Combien de pages? — Quels récits? — Quels héros? — Quelles joies? — Quelles tristesses? — Pas un détail n'était indifférent. La France voulait tout savoir, comme s'il se fût agi d'une bataille gagnée. En réunissant sans ordre et au hasard tous ces récits, on en a composé un volume. — Et cependant, quand ce volume fut composé, on ne parlait des mémoires de M. de Châteaubriand que depuis trois jours.

Mais ces mémoires étaient-ce bien des mémoires dans le sens que l'on donne à ce mot, tant prodigué, tant profané? Cette biographie de M. de Châteaubriand est-ce bien une biographie? Non. Les mémoires de M. de Châteaubriand sont tout simplement un vaste poème où s'entassent, dans tous les sens, tous les amours, toutes les haines, toutes les passions, toutes les prétentions, toutes les grandeurs, toutes les chutes de ce siècle. La république, l'empire, l'église, la monarchie, la constitution, les craintes et les espérances, le passé et l'avenir de la France moderne; voilà ce livre.

Dans ce magnifique poème, qui sera un jour l'épopée française, toutes les gloires se mêlent et se confondent, saint Louis et Bonaparte, la chevalerie et la vieille garde; toutes les libertés,

les franchises de Louis-le-Gros et la Charte de
Saint-Ouen ; toutes les histoires, Froissard et
l'abbé Raynal ; tous les orateurs, Bossuet et Fox ;
tous les courages, Duguesclin et Washington ;
toutes les poésies, le roi David et Milton ; c'est un
rêve, c'est un voyage, c'est une histoire, c'est un
poème, c'est René qui parle, c'est Aben-Hamet
qui raconte, c'est Eudore qui chante comme Homère, c'est le vieux Chactas qui évoque la sagesse
et les souvenirs des peuples. Amours, combats,
mystères, croyances, voilà ce livre. L'homme politique se résume dans cette histoire, le poëte y
chante comme chante le cygne qui va mourir.
— Et quoi qu'il fasse, quels que soient ses souvenirs, soyez assurés que toujours vous retrouverez le grand poète. — Dans le monde, loin du
monde, en Europe et en Amérique, dans les salons parisiens et dans les vieux palais de l'Italie,
à Londres et au fond de la Bretagne, qu'il parle
des hommes ou des femmes, des poètes ou des
guerriers, des rois ou des sujets, toujours vous
retrouverez l'écrivain qui anime toutes choses;
qui pousse au devant de son siècle toutes les
grandes et honorables passions, comme le consul
pousse les licteurs ; qui aime, qui se souvient, qui
prévoit, qui conseille, qui trace la route à l'avenir, témoin ce beau passage de *l'avenir du monde*,
que je vous citais plus haut.

Parmi les jeunes esprits que M. de Châteaubriand avait invités à la lecture de ses mémoires,

il y avait un homme jeune encore, plus allemand que français, d'une intelligence confuse mais sans bornes. En entendant M. de Châteaubriand raconter sa propre vie sous son point de vue le plus poétique, c'est-à-dire le plus réel, M. Edgar Quinet, s'est figuré sérieusement qu'il assistait à une contrefaçon poétique de la vie et des travaux de Napoléon : « Ce génie dont personne ne sa-
» vait le secret apparut en France au même mo-
» ment que l'empire. Cette voix devint en un
» instant aussi étrange que les évènements, et que
» les choses qui l'entouraient. Elle était comme
» eux pleine de surprise et d'une grandeur infinie.
» C'était à sa manière une phrase conquérante
» et altière dont le premier mot touchait aux Py-
» ramides et le dernier mot au Kremlin; qui
» courait d'un monde à l'autre, qui sans respirer
» s'en allait par des bonds de géant du Tage à
» l'Ebre, du Nil au Rhin, pour suivre la fortune
» de ce temps-là. Je ne sais si je m'égare, mais il
» me semble qu'il y a une foule de ressemblances
» entre la fantaisie de M. de Châteaubriand et la
» France sous l'empire; qui feront de lui à jamais
» le vrai poète de cette époque. Son imagination
» s'en va boire avec le cheval de Napoléon dans
» toutes les sources et hennir sur tous les som-
» mets; elle est à la fois triomphante et familière,
» elle est empereur et soldat. Tantôt, elle porte
» le manteau impérial, tantôt la cape grise. »

Et plus loin :

« Ces *Mémoires* n'expliquent pas seulement les
» ouvrages de M. de Châteaubriand ; ils seront le
» véritable poème héroïque des cinquante der-
» nières années qu'il a fallu à la révolution fran-
» çaise pour enterrer ses morts. Pendant que lui il
» poursuit son rêve de poète comme Roland pour-
» suit son Angélique, on entend de tous côtés des
» bruits d'armes, des duels de peuples, des trônes
» qui se relèvent et des trônes qui tombent, des
» rois qui chevauchent sans sceptre ni pages, des
» empires qui ont perdu leur empereur et qui
» crient : *Je me noie !* Une monarchie décapitée,
» une nation couronnée ; des merveilles faites
» seulement pour l'épopée ; une île qui sort de la
» mer pour porter un tombeau et ce tombeau se
» remplissant le même jour de toute la gloire du
» monde ; le même siècle changeant plusieurs
» fois d'idole et de nom, tous les serments épuisés
» et faussés, toutes les fortunes avortées et ba-
» fouées, les mêmes échafauds dressés pour des
» crimes contraires, la royauté et la démocratie
» buvant l'une après l'autre leur sang, comme
» Beaumanoir, pour étancher leur soif ; des chutes
» d'État qui toujours recommencent, la même
» pierre qui toujours croule et jamais ne s'arrête ;
» la grande église catholique toute vide et lé-
» zardée là-haut sur la colline ; des pouvoirs sur-
» gissant l'un après l'autre et condamnés dès

» qu'ils paraissent; la république, l'empire, la
» restauration, ayant à peine le temps de pro-
» noncer leur nom, et mourant dès qu'ils l'ont
» dit; une succession non interrompue de fan-
» tômes dont aucun ne peut voir son ombre ; des
» générations plus froides que la mort, et comme
» elle impuissantes; ce grand mot d'avenir ca-
» pable encore d'amuser et d'entraîner à son
» néant, à travers tous ces leurres, un seul homme,
» Napoléon, qui passe et repasse sans cesse, et
» fait sonner sous sa botte le vide de son siècle,
» et puis encore le doute qui s'ouvre après cela
» tout grand pour abîmer ce don Juan qu'on
» appelle le monde. A chacun de ces bruits le
» poëte accourt de quelque endroit qu'il soit. Pas
» un évènement n'arrive qu'il ne soit là, près le
» bord du chemin, pour le regarder passer. Une
» fois il quitte l'Amérique pour voir de plus près
» mourir un roi ; une autre fois il quitte ses il-
» lusions de parti pour voir un peuple naître.
» Ces grandes scènes sont liées entre elles par le
» fil de sa vie intime. Pour se reconnaître dans
» son chemin, il sème derrière lui ses rêveries,
» ses souvenirs et ses jours, un à un. De cela ré-
» sulte un ensemble où l'homme et l'humanité
» sont incessamment mêlés et où la vie palpite à
» chaque endroit. Des transitions se font là entre
» les évènements comme elles se font dans la na-
» ture. Entre deux monarchies qui croulent on
» entend l'oiseau babiller sur la porte de l'auberge.

» Le bœuf mugit dans l'abreuvoir ; l'étoile se
» lève ; la lune fait neiger ses songes floconneux
» par les vitres dans la voiture du voyageur. Cette
» vie de poète est elle-même un poème. Il vous
» eût été donné de choisir les évènements à votre
» fantaisie, que vous ne les eussiez pas si bien
» entrelacés et brouillés. Vous n'eussiez point
» trouvé de hasards plus romanesques, ni tant de
» voyages aventureux, ni tant de solitude, ni
» tant de foule, ni un berceau si beau, ni un cer-
» cueil si bien taillé d'avance pour le mort qui
» lui revient. Vous touchez à la fois à deux mon-
» des, à celui de la fantaisie et à celui de la réa-
» lité. Il y a des endroits qui sont écrits, il semble,
» par une fée de Bretagne, et qui confinent par
» un mot à une dépêche ministérielle ou à un
» mémoire politique. Vous heurtez incessamment
» le ciel et la terre. Vous frappez à la porte des
» rêves, et c'est la vie qui ouvre. Vous entrez
» dans la vie, et c'est le rêve encore qui reparaît.
» Vous suivez les affaires des rois, et vous en-
» tendez en même temps l'herbe qui point. Cette
» imagination fait et défait tout ce qu'elle veut ;
» d'une herbe elle fait un monde, d'un monde
» elle fait un rien. Elle rapetisse le grand, elle
» grandit le petit. L'hirondelle qui passe a sa
» becquée aussi bien que la monarchie qui tombe ;
» et il n'y a là tant de vie rassemblée que pour
» sentir sous toutes ces choses une même unité
» d'ennui et de néant. Si vous allez au fond, c'est

» encore là le grand René assis un peu plus bas
» sur le bord des espérances humaines. Son ame
» vide qui appelait la tempête a trouvé la tem-
» pête, qui ne l'a pas remplie. La feuille séchée
» du monde a roulé devant lui et l'a mené jus-
» qu'au bout de sa bruyère. Sa divination de va-
» gue douleur s'est trouvée accomplie et n'est pas
» encore contente. Cette plaie de génie que la
» vie lui a faite n'est pas guérie; seulement à son
» mal l'ironie s'est ajoutée : il siffle à présent sur
» sa peine comme il sifflait autrefois sur son vais-
» seau.

» Quand, en 1763, J.-J. Rousseau eut achevé la
» lecture de ses *Confessions*, il ajouta au manuscrit
» la note suivante: « J'achevai ainsi ma lecture, et
» tout le monde se tut. Madame d'Egmont fut la
» seule qui me parût émue : elle tressaillit visi-
» blement; mais elle se remit bien vite et garda
» le silence, ainsi que toute la compagnie. Tel fut
» le seul fruit que je tirai de cette lecture et de
» ma déclaration. »

» Je ne connais rien de plus triste que ces li-
» gnes. La vie intime de cet homme, dévoilée là
» tout entière, et qui n'arrache pas un soupir de
» cette assemblée, n'est-elle pas désespérante?
» On étouffe dans cette salle, entre ces mots sans
» échos, entre ces cris d'angoisse que ces murs
» rejettent, et l'on voudrait ouvrir la fenêtre pour
» appeler un autre siècle à les écouter. Il semble
» que chacun soit distrait là par une autre voix

» que par celle qu'il entend, que le pressentiment
» de la révolution qui frappe à la porte ait glacé
» d'avance tous les cœurs, et que chacun soit
» bien décidé à épargner ses larmes jusqu'à ce
» que le temps soit arrivé. Le dix-huitième siècle
» écoute là d'un œil sec les aventures et les mi-
» sères d'ouvrier. Il garde tous ses pleurs pour des
» misères prochaines de peuples et de rois.

» M. de Châteaubriand a été ici plus heureux
» que Rousseau. Il n'est pas un homme de ceux
» qui ont assisté à la lecture des Mémoires qui ne
» considère cette fête de l'imagination comme un
» évènement important dans sa vie. L'amie de
» madame de Staël, et de M. de Châteaubriand,
» celle qui a inspiré Canova, et que tous les poètes
» ont aimée, parce qu'elle est la poésie même,
» avait préparé cette fête. On arrivait au milieu
» du jour, et la lecture se prolongeait bien avant
» dans la soirée. On jouissait là, pendant des
» heures entières, du bonheur de se perdre dans
» une admiration sans bornes pour un génie qui
» étonnait toujours et semblait toujours avoir at-
» teint sa dernière limite. On se sentait frêle et
» mortel à côté d'un immortel écho, et cette im-
» pression n'était pas moins douce. Ces paroles,
» qui vivront quand personne ne vivra plus de
» ceux qui les entendaient, vous atteignaient par
» mille chemins, et vous auriez voulu y attacher
» à chacune votre ame tout entière pour renaître
» et durer avec elles. Jamais d'ailleurs l'écrivain

» n'avait atteint ce degré de puissance. Son âge
» mûr se retrempait dans son enfance; sa vieil-
» lesse et sa jeunesse se rejoignaient là dans une
» idéale beauté, et il semblait que cette fantaisie
» qui fit *Atala* et *René* recommençait incessam-
» ment de vivre pour la première fois. Et puis le
» lieu convenait à tout cela. Ces murs d'abbaye
» étaient faits pour recevoir cette confession de
» génie. On était là dans un lieu qui n'était ni le
» monde, ni la retraite, comme les choses qu'on
» entendait n'appartenaient ni à la vie ni à la
» mort. A mesure que le jour baissait, la Corinne
» du tableau de Gérard semblait laisser tomber
» sa harpe pour entendre un autre chant que le
» sien. Les femmes cachaient leurs larmes; les
» arbres soupiraient sous le vent dans le jardin.
» De temps à autre, à travers les frémissements
» et les surprises des assistants, la grande figure
» du poète se détachait dans l'ombre sur son récit,
» et l'horloge du couvent, qui sonnait l'heure,
» avait l'air de dire à chaque coup : « C'est pour
» vous, mais non pour lui. »

CHAPITRE III.

Ainsi donc, un homme se rencontrerait aujourd'hui assez hardi pour vouloir reconstruire, à l'aide de quelques faibles échos, les Mémoires de M. de Châteaubriand, que cet homme serait bientôt écrasé sous sa folle entreprise. Mais autant il serait difficile d'écrire le poème de M. de Châteaubriand, autant il est facile d'écrire sa vie, grace à d'admirables notes éparses çà et là dans ses livres, grace aussi à la lecture de ses Mémoires qui nous ont révélé plus d'une anecdote inconnue, plus d'une belle page inédite que vous retrouverez dans le cours de cet *Essai*.

Les Mémoires de M. de Châteaubriand renfermaient au mois d'avril 1834 plusieurs livres ; à savoir de 1811 à 1822 ; ces premiers livres contiennent les trente premières années de la vie du poète. La rédaction de ces premiers livres, souvent entreprise, souvent interrompue, remonte à l'année 1811. La seconde partie de ces Mémoires, commencée en 1833, comprend les deux voyages de M. de Châteaubriand à Prague et le voyage à Venise. A l'heure qu'il est, M. de Châteaubriand a mis la dernière main à la dernière partie de sa narration. Là il est parlé du roi exilé, du jeune Henri; des longues années écoulées entre le mois de juillet mil huit cent trente et le voyage de M. de Châteaubriand à Prague.

Ainsi M. de Châteaubriand a déjà écrit le commencement et la fin de son poème. (Les belles pages, ce voyage à Prague! sincères et touchantes lamentations sur toutes les misères de cet exil. Quel exil! quel abandon! Que ces châteaux sont déserts! que ces salles sont vastes et froides! On a peur rien qu'à parcourir ces longs corridors sombres, éclairés par une lampe vacillante comme dans la chambre d'un malade, ces salles des gardes sans gardes, ces chambres sans lit, asiles de rois sans royaume.) L'Europe et la restauration, ces trente années si remplies de gloire, de travaux et de danger, se placeront naturellement entre le *Génie du Christianisme* et la révolution de juillet. — Quel monument élevé à la gloire de la France! le *Génie du Christianisme*, les *Martyrs*, l'*Itinéraire*, la *Monarchie selon la charte*, les *Études historiques*, et enfin les *Mémoires*, cercle immense dans lequel seront renfermés tous ces chefs-d'œuvre élevés par le génie, comme sont enfermés dans leur verte forêt les palais de Fontainebleau.

Il y a, à quelques lieues de Paris, trois lieues au plus, loin de la grande route, loin du bruit, loin des hommes, sous de vieux arbres, entre deux rochers tapissés de verdure, une fraîche vallée pleine d'ombre et de silence; cette vallée a été découverte par M. de Châteaubriand, tout comme les bois de Montmorenci ont été découverts par Jean-Jacques Rousseau. Dans cette vallée, son amour, près d'Aulnay, M. de Châteaubriand avait choisi une grande place au fond des bois, et là, de retour de l'Orient, il s'était bâti une maison modeste, et il s'était planté un grand jardin tout rempli des arbustes qu'il avait rapportés de ses voyages. Sous ce toit, sous ces ombrages naissans, sur ces vieux gazons, heureux et tranquille comme il ne l'a jamais été, M. de Châteaubriand a écrit l'*Itinéraire*, le *Génie du Christianisme*, les *Martyrs*; là aussi, par une prévision digne d'un tel génie, il a commencé ses Mémoires. Il a pensé que maintenant qu'il avait à lui autant d'ombre, autant de repos qu'il en pouvait avoir et qu'il en aurait jamais, c'était l'heure de commencer à raconter sa vie, et qu'il fallait se rappeler les premiers jours de sa jeunesse avant de quitter la poésie, sa douce compagne, pour les affaires, qui n'ont été pour M. de Châteaubriand que de la poésie occupée. Il sentait confusément que Dieu ne lui avait pas donné toute cette intelligence éloquente, uniquement pour écrire des poèmes, mais encore pour mener des hommes. Il prévoyait que le jour allait venir où il ne s'appartiendrait plus à lui-même, mais bien à la France, à laquelle lui seul il pouvait donner quelques indices de sa nouvelle destinée royaliste et chrétienne. Il a donc commencé les Mémoires de sa vie par un beau jour de printemps ; et, de ce souffle printanier, de ces fleurs à peine écloses, de ce léger bruit des feuilles naissantes, de ces doux gazouillements dans l'arbre, de tous ces heureux frémissements de la terre qui s'épanouit au soleil, vous sentez déjà quelque chose dans ces précieuses pages des *Mémoires*.

François Auguste de Châteaubriand naquit en 1769 dans le château de Combourg en Bretagne, d'une famille noble, des anciens Châteaubriand de Beaufort, qui se rattachent aux premiers comtes, depuis ducs de Bretagne. M. de Châteaubriand raconte sa généalogie, il la discute, et il ajoute avec une bonne foi pleine d'esprit : « N'est-ce pas
» là d'étranges détails, des prétentions mal
» sonnantes dans un temps ou l'on ne veut que
» personne soit le fils de son père ? Voilà bien
» des vanités, à une époque de progrès, de
» révolutions. » Eh pourquoi donc M. de Châteaubriand priverait-il d'un pareil descendant les anciens comtes de Bretagne ? La noblesse lui va bien ; il est bon qu'en philosophie et en poésie quelques unes des vieilles races de la

France éclatent de temps à autre, et viennent jeter leur éclat sur les philosophes et les poètes. Et puis ce grand nom de M. de Châteaubriand n'a pas été sans influence sur son génie. Sous ce nom-là il y a quelque chose de solennel. On a trouvé en Europe, quand la révolution française eut porté son sanglant niveau sur les plus hautes têtes, quand les plus grands seigneurs de France eurent brisé leurs armoiries, qu'il y avait du courage et de la hardiesse à ce jeune gentilhomme de venir ainsi revendiquer, à lui tout seul, son nom et ses aïeux. Cela fut d'un bon exemple d'ailleurs, pendant l'émigration, de voir ce hardi jeune homme affronter sans peur le nouveau maître du monde, et parler, sous le vainqueur d'Austerlitz, de saint Louis et des croisades. A la place de M. de Châteaubriand, un poète d'un nom obscur eût été moins écouté sans doute, car il eût parlé avec moins d'autorité et moins de conviction.

D'ailleurs de pareils courages ne s'improvisent pas. Il y a des héros qui ont eu besoin, avant de se révéler au monde, de tout le travail de plusieurs générations. Il fallait, en effet, non seulement un grand courage, mais encore une bien sévère éducation, pour entreprendre comme M. de Châteaubriand, quand les doctrines du roi-Voltaire, que dis-je! du dieu-Voltaire, étaient à leur apogée, cette croisade poétique en faveur du christianisme et de l'autorité. Faites que M. de Châteaubriand ne soit pas un gentilhomme, donnez-lui une origine moins illustre, qui donc voudra prêter l'oreille aux accents de ce premier venu chrétien? qui donc voudra ajouter foi à cette contre-révolution religieuse et royaliste, partie d'un homme du peuple? — Ce nom de Châteaubriand remonte bien haut dans notre histoire. Il en est parlé dans les chansons de nos vieux trouvères. Au seizième siècle, ce siècle de la poésie et de la beauté, de l'esprit et du courage et de tous les beaux arts, Françoise de Châteaubriand règne un instant sous le nom de François Ier, et ce fut là la plus belle époque de ce règne. Clément Marot, qui le premier trouva chez nous la langue poétique, fut le poète de cette belle Châteaubriand, et il a écrit son épitaphe. Quand la duchesse d'Etampes se mit à attaquer le cœur du roi, il y eut un instant de rivalité entre ces deux femmes; mais bientôt Françoise de Châteaubriand céda la place. Elle eût rougi de la disputer plus long-temps à une pareille rivale. Brantôme raconte ainsi la retraite de Françoise de Châteaubriand :

« J'ai ouï conter, et le tiens de bon lieu, que lorsque le roi François Ier eut laissé madame de Châteaubriand, sa maîtresse fort favorite, pour prendre madame d'Etampes..., madame d'Etampes pria le roi de retirer de ladite dame de Châteaubriand tous les plus beaux joyaux qu'il lui avait donnés, non pour le prix et la valeur, car pour lors les pierreries n'avaient la vogue qu'elles ont eue depuis, mais pour l'amour des belles devises qui étaient mises, engravées et empreintes, lesquelles la reine de Navarre, sa sœur, avait faites et composées, car elle était très bonne maîtresse. »

Le roi fut assez faible pour envoyer en effet redemander ces bijoux à la comtesse ; mais, ajoute Brantôme, « elle fit la malade sur le coup, et le remit dans trois jours à venir ». Dans ce temps-là elle fit fondre tous ces ornements, et les donna en lingots au gentilhomme quand il revint :

« Portez cela au roi, et dites-lui que puisqu'il lui a plu me révoquer ce qu'il m'avait donné si libéralement, je le lui rends et je le lui renvoie en lingots d'or. Quant aux devises, je les ai si bien empreintes et colloquées dans ma pensée, et les y tiens si chères, que je n'ai pu souffrir que personne en disposât, en jouît, et en eût le plaisir que moi-même. »

Pauvre et noble femme! Elle mourut de mort violente et pour satisfaire à l'honneur offensé de son mari, le comte de Châteaubriand.

Depuis ce temps d'une funeste influence, cette race de vieux gentilshommes bretons disparaît et s'efface de la scène du monde. On eût dit à les voir s'ensevelir ainsi dans l'oubli, que le nom de Châteaubriand devait, avant de reparaître au jour, perdre tout à fait ses souvenirs de galanteries, de grâce, d'élégantes faiblesses. Le sang de la comtesse de Châteaubriand n'avait-il donc pas assez expié l'amour de François Ier ? Quoi qu'il en soit, ce nom-là disparaît de nos annales. Sous Henri IV, les Châteaubriand se battent en soldats obscurs; sous Louis XIV, les Châteaubriand évitent les regards du roi; sous Louis XV, la tristesse de cette maison redouble et s'augmente, en raison de toute cette folle joie qui agite le royaume. Ainsi, pendant trois règnes, les sires de Châteaubriand expient en silence et dans la solitude les élégantes faiblesses de leur aïeule. Point de bruit, point d'éclat, point de fêtes; on dirait qu'ils ont renoncé même à l'avenir! Enfin, vers les derniers jours du siècle passé, naquit, dans la retraite austère du château de Combourg, le glorieux enfant à qui il devait être permis de rendre à tout son lustre, à tout son éclat primitif, à toute sa chaste antiquité, le grand nom de Châteaubriand!

Le père de M. de Châteaubriand, semblable à ses ancêtres, était un gentilhomme austère et triste, tout rempli de sévères projets pour la grandeur de sa famille. Depuis si long-temps qu'il est mort, M. de Châteaubriand voit encore son noble père, et il nous le montre tel qu'il l'a vu. Son visage est austère, ses yeux glauques brillent cachés sous ses épais sourcils. Il est silencieux, il vit seul même au milieu de sa famille; du reste élégant gentilhomme, généreux, hospitalier, brave, et, quand lui vient un hôte, allant le recevoir tête nue, sur le perron de son château. Sa famille l'aimait avec un respect mêlé de terreur. — La mère de notre grand poète, bonne et douce femme, respectait son mari comme si son mari eût été son père. Elle descendait d'une jeune élève de madame de Maintenon, et elle avait conservé naturellement et sans efforts toutes les élégantes traditions du grand siècle. Ainsi, dans ce vieux château de Combourg il y avait à la fois l'austérité des vieux gentilshommes de France, et toutes les grâces sévères de la cour du vieux roi ; l'or et le fer, le courage et la bonté, habitaient ces vieilles murailles battues des vents. Madame de Chateaubriand, dans sa tristesse pleine de charme, dans sa résignation sans contrainte, avait en elle-même quelque chose de poétique, et ce quelque chose de l'ame maternelle n'a pas peu contribué à la vocation de son fils.

M. de Châteaubriand était le dernier né de dix enfans, dont six vécurent, quatre sœurs et un frère, l'aîné de tous. Cet aîné s'appelait le comte de Combourg, il était destiné à être conseiller au parlement de Rennes, le chevalier (M. de Châteaubriand) était destiné à la marine en sa qualité de cadet breton. On mit le petit chevalier en nourrice dans un petit village appelé Placouet. Cette nourrice, bonne femme, préférait son nourrisson à ses autres enfans. La bonne femme a son nom et sa place dans les Mémoires de M. de Châteaubriand, où elle occupe une place touchante, et voilà ce qui s'appelle récompenser en roi !

Plus tard, quand l'enfant quitta le toit rustique de sa nourrice pour le château paternel, il s'attacha à la quatrième de ses sœurs, parce qu'elle était la moins aimée de la famille. C'était une pauvre ame négligée et souffrante dans un corps malade. Elle avait grandi trop vite, corps et ame, les caresses de son père lui avaient manqué. Le petit François, voyant cette pauvre sœur, maigre, pâle, mal vêtue, malheureuse, se mit à l'aimer de tout son cœur. Elle cependant, tout étonnée d'être aimée, adopta ce frère plus jeune qu'elle. Elle lui fit partager ses plaisirs, ses sentiments, ses souffrances, ses rêves. Elle lui apprit à aimer de toute la mélancolie de son ame le bruit de la mer, le coucher du soleil, la tempête qui gronde, l'oiseau qui chante. Elle l'enveloppa fraternellement dans cette tristesse précoce qui devait être le génie de son frère. Maintenant laissez grandir ces deux enfants : celui-ci, quand il sera reconnu un poète, ne démentira pas les espérances de sa sœur. Cette sœur sera sa muse, et quand l'œuvre de ces deux ames sera doublement accomplie, il y aura de l'immortalité pour elle et de l'immortalité pour lui.

Ainsi il grandissait sérieusement. Il n'avait aucune des joies de l'enfance; son père le traitait comme un homme. Un des grands plaisirs de notre enfant, en ce temps-là, c'était d'aller visiter sa grand'mère maternelle. La vieille dame habitait un hameau voisin avec une sœur à elle, non mariée, qui s'appelait mademoiselle de Boistilleul. Ces dames avaient pour voisines trois vieilles filles nobles qui venaient chaque jour faire la partie de quadrille. Un coup donné contre la plaque de la cheminée était le signal de ce divertissement quotidien. M. de Châteaubriand n'a rien oublié de ces détails, ni le grand fauteuil, ni l'horloge, ni les tapisseries, ni les habits de ces dames. Il se rappelle comment il les a vues mourir l'une après l'autre, tranquillement, chastement, saintement; comment le quadrille de l'aïeule finit par devenir impossible, faute de partenaires. Et que de fois depuis ce temps a-t-il parlé avec un profond sentiment de pitié et de regret, *des sociétés qui se sont formées et dissoutes* autour de lui !

Cependant, non loin de cette maison si calme, si vieille, si recueillie, retentissait de joyeuses fanfares, le château de Marchoix. A Marchoix, l'oncle de M. de Châteaubriand menait bonne et joyeuse vie. C'étaient des festins, c'étaient des fêtes, c'étaient des chasses sans fin dans la forêt; mais l'enfant n'obtenait que rarement la permission d'aller chez son oncle. Le reste du temps il le passait sur le bord de la mer, jouant avec les vagues et avec les enfants, et déjà ne cédant le pas qu'après avoir disputé la victoire. Les jours de fête, il allait à la cathédrale et il chantait l'office divin avec sa petite voix effilée. Le jour tombait au milieu des prières, chacun allumait sa petite bougie à côté de son livre d'heures, et les hymnes recommençaient de plus belle.... C'étaient là ses plaisirs !

« Je voyais, dit-il, les cieux ouverts, les anges offrant notre encens et nos vœux à l'Éternel; je courbais mon front, et il n'était point chargé de ces ennuis qui pèsent si horriblement, qu'on est tenté de ne plus relever la tête lorsqu'on l'a inclinée au pied des autels.

» Élevé comme le compagnon des vents et des flots, ces flots, ces vents, cette solitude, qui furent mes premiers maîtres, convenaient peut-être mieux à la nature de mon esprit et à l'indépendance de mon caractère. Peut-être dois-je à cette éducation sauvage quelque vertu que j'aurais ignorée : la vérité est qu'aucun système d'éducation n'est en soi préférable à un autre. Dieu fait bien ce qu'il fait; c'est sa providence qui nous dirige, lorsqu'elle nous appelle à jouer un rôle sur la scène du monde. »

Quant au château de Combourg que le père de M. de Châteaubriand avait acheté du maréchal de Duras, vous connaissez déjà le château de Combourg; vous l'avez vu bien désolé et déjà abandonné pour jamais, dans *René :* « J'arrivai au château par la longue avenue de sapins, je traversai à pied les cours désertes; je m'arrêtai à regarder les fenêtres fermées ou à demi brisées, le chardon qui croissait au pied des murs, les feuilles qui jonchaient le seuil des portes et le perron solitaire, où j'avais vu si souvent mon père et ses fidèles serviteurs. Les marbres étaient déjà couverts de mousse; le violier jaune croissait entre leurs pierres disjointes et tremblantes; un gardien inconnu m'ouvrit brusquement les portes....

» Couvrant un moment mes yeux de mon mouchoir, j'entrai sous le toit de mes ancêtres; je parcourus les appartements sonores, où l'on n'entendait que le bruit de mes pas. Les chambres étaient à peine éclairées par une faible lumière qui pénétrait entre les volets fermés. Je visitai celle où ma mère avait quitté la vie, celle où se retirait mon père, celle où j'avais dormi dans mon berceau, celle enfin où l'amitié avait reçu mes premiers vœux dans le sein d'une sœur. Partout les salles étaient détendues, et l'araignée filait ses toiles dans les corniches abandonnées. Je sortis précipitamment de ces lieux, je m'en éloignai à grands pas; sans oser tourner la tête. Qu'ils sont doux, mais qu'ils sont rapides; les moments que les frères et les sœurs passent dans la société de leurs vieux parents! »

M. de Châteaubriand n'aurait pas écrit les Mémoires de sa jeunesse qu'on les aurait retrouvés dans *René* : « Mon humeur était impétueuse, mon caractère inégal; tour à tour bruyant et joyeux, silencieux et triste, je rassemblais autour de moi mes jeunes compagnons, puis je les abandonnais tout à coup pour contempler la nue fugitive ou entendre la pluie tomber sur le feuillage. »

Ce que l'auteur dit à peine dans *René*, mais ce qu'il dit très bien dans ses Mémoires, c'est le respect mêlé de terreur que lui inspirait son père. Son père, comme nous le disions tout à l'heure, était un homme de haute taille, d'une physionomie sombre et sévère, imposant de toutes les manières ; son pas retentissait, sa voix était solennelle, son regard étincelait. Pendant le jour, le jeune François de Châteaubriand aimait mieux faire un long circuit que de passer devant son père ; et la nuit venue, dans ce château désert, *situé au milieu des forêts, dans une contrée reculée,* toute cette famille se réunissait dans une vaste salle, la mère et les deux jeunes enfants blottis sous l'immense cheminée, et le père enveloppé dans son manteau, qui se promenait de long en large sans rien dire. A mesure que leur seigneur et maître s'éloignait du coin où ils étaient blottis, la conversation entre la mère et les enfants devenait de plus en plus animée ; plus les pas du seigneur allaient en s'affaiblissant, et plus les voix enfantines prenaient le dessus ; mais tout à coup le vieux comte se retournait, il revenait de la porte à la cheminée ; alors tout d'un coup aussi la conversation baissait peu à peu ; plus il avançait, et plus les voix faiblissaient. Quelquefois il s'arrêtait devant la cheminée : on n'entendait pas un souffle ; et alors, avec sa grosse voix, il demandait : *Que dit-on ?* On répondait par le silence le plus profond ; il reprenait sa promenade, et la veillée se passait ainsi dans ces alternatives de causeries et de silence.

Onze heures venues, le vieux seigneur remontait dans sa chambre; on prêtait encore l'oreille et on l'entendait marcher là-haut : son pied faisait gémir les vieilles solives; puis enfin tout se taisait, et alors la mère, le fils, la sœur, poussaient un petit cri de joie; les deux enfants se livraient à mille jeux folâtres; ou bien, ce qui était plus amusant encore, ils se racontaient des histoires de revenants. Parmi ces histoires, il y en a une que M. de Châteaubriand raconte dans ses Mémoires, et qui sera un jour citée comme un modèle de narration.

Voici quelques lambeaux de cette histoire, voici le pâle squelette du revenant de M. de Châteaubriand.

La nuit, à minuit, un vieux moine, dans sa cellule, entend frapper à sa porte. Une voix plaintive l'appelle; le moine hésite à ouvrir. A la fin il se lève, il ouvre : c'est un pélerin qui demande l'hospitalité. Le moine donne un lit au pélerin et il se rejette sur le sien; mais à peine est-il endormi que tout à coup il voit le pélerin au bord de sa couche et qui lui fait signe de le suivre. Ils sortent ensemble. La porte de l'église s'ouvre et se referme derrière eux. Le prêtre à l'autel célébrait les saints mystères. Arrivé au pied de l'autel, le pélerin ôte son capuchon, et montre au moine une tête de mort. « Tu m'as donné une place à tes côtés, dit le pélerin; à mon tour, je te donne une place sur mon lit de cendres ! »

Vous sentez combien c'étaient là de délicieuses

terreurs, et comme à ces récits la sœur se pressait contre le frère et le frère contre la sœur ! Rien n'est touchant comme les pages de M. de Chateaubriand sur cette belle, intelligente et jeune sœur Lucile ! Toute l'enfance du poète s'est passée aux côtés de sa sœur; ils ont eu l'un et l'autre les mêmes chagrins, les mêmes plaisirs, les mêmes terreurs, les mêmes désespoirs, les mêmes espérances.

« Timide et contraint devant mon père, je ne trouvais l'aise et le contentement que devant ma sœur. Une douce conformité de mœurs et de goûts m'unissait étroitement à cette sœur, elle était un peu plus âgée que moi. Nous aimions à gravir les coteaux ensemble, à parcourir les bois à la chute des feuilles ; promenades dont le souvenir remplit encore mon ame de délices. O illusions de l'enfance et de la patrie, ne perdez-vous jamais vos douceurs !

» Tantôt nous marchions en silence, prêtant l'oreille au mugissement de l'automne ou au bruit des feuilles séchées que nous traînions tristement sous nos pas ; tantôt, dans nos jeux innocents, nous poursuivions l'hirondelle dans la prairie, l'arc-en-ciel sur les collines pluvieuses ; quelquefois aussi nous murmurions des vers que nous inspirait le spectacle de la nature.

» Nous avions tous les deux un peu de tristesse au fond du cœur : nous tenions cela de Dieu ou de notre mère ! »

Cependant cette sainte et poétique tristesse ne

s'est pas encore tellement emparée de cette ame si jeune, que cette âme n'ait ses éclairs de joie, ses moments d'enthousiasme et de bonheur. Dans tous ces détails de famille, si remplis d'une naïveté touchante, plusieurs détails vous font doucement sourire, car ils ne peuvent être que les souvenirs d'un enfant heureux. Quelquefois aussi, même dans ces moments de bonheur et d'enthousiasme, le poète se montre, et alors déjà dans ce ravissement d'une idée nouvellement épanouie, se manifeste la poésie. Le malheur n'est pas la seule muse qu'il invoque. S'il aime à entendre gronder la mer, il se plaît aussi à la voir doucement agitée par le vent; s'il affronte avec respect les orages des hivers, il salue avec reconnaissance les brises du printemps. Dans les premiers livres de son histoire, sa glorieuse patrie, sa chère et bien aimée Bretagne, éclate de toutes parts. Il l'appelle *sa* Bretagne avec un généreux orgueil. Il en sait toutes les bruyères, il en dit toutes les antiquités vénérables, il se livre en liberté à toutes ses tendresses pour ses bruyères maternelles; il dit comme disait Du Guesclin cet autre Breton, qui désirait *qu'on couchât par écrit ses prouesses afin de participer au chapel de lauriers de dame triomphe, si tout entier ne le pouvait avoir.* Encore aujourd'hui, entendez-le parler dans ses *Mémoires* du seul printemps qui lui fasse battre le cœur, du printemps de la Bretagne :

« Le printemps en Bretagne est plus doux

qu'aux environs de Paris et fleurit trois semaines plus tôt. Les cinq oiseaux qui l'annoncent, l'hirondelle, le loriot, le coucou, la caille et le rossignol arrivent avec de tièdes brises qui hébergent dans les golfes de la péninsule Armoricaine. La terre se couvre de marguerites, de pensées, de jonquilles, de narcisses, de hyacinthes, de renoncules, d'anémones, comme les espaces abandonnés qui environnent Saint-Jean de Latran et Sainte-Croix de Jérusalem à Rome. Des clairières se panachent d'élégantes et hautes fougères; des champs de genêts et d'ajoncs resplendissent de fleurs qu'on prendrait pour des papillons d'or posés sur des arbustes verts et bleuâtres. Les haies, au long desquelles abondent la fraise, la framboise et la violette, sont décorées d'églantiers, d'aubépine blanche et rose, de boules de neige, de chèvre-feuille, de convolvulus, de buis, de lierre à baies écarlates; de ronces dont les rejets brunis et courbés portent des feuilles et des fruits magnifiques. Tout fourmille d'abeilles et d'oiseaux : les essaims et les nids arrêtent les enfants à chaque pas. Le myrte et le laurier croissent en pleine terre; la figue mûrit comme en Provence. Chaque pommier, avec ses roses carminées, ressemble à un gros bouquet de fiancée de village.

» L'aspect du pays, entrecoupé de fossés boisés, est celui d'une continuelle forêt, et rappelle l'Angleterre. Des vallons étroits et profonds où coulent, parmi des saulaies et des chenevières, de petites rivières non navigables, présentent des perspectives riantes et solitaires. Les futaies à fond de bruyères et à cépées de houx, habitées par des sabotiers, des charbonniers et des verriers tenant du gentilhomme, du commerçant et du sauvage; les landes nues, les plateaux pelés, les champs rougeâtres de sarrasin qui séparent ces vallons entre eux, en font mieux sentir la fraîcheur et l'agrément. Sur les côtes se succèdent des tours à fanaux, des clochers de la renaissance, des vigies, des ouvrages romains, des monuments druidiques, des ruines de châteaux : la mer borde le tout.

» Entre la mer et la terre s'étendent des campagnes pélagiennes, frontière indécise des deux éléments : l'alouette des champs y vole avec l'alouette marine ; la charrue et la barque, à un jet de pierre l'une de l'autre, sillonnent la terre et les eaux. Des sables de diverses couleurs, des bancs variés de coquillages, des fucus, des varecs, des goémons, des franges d'une écume argentée ; dessinent la lisière blonde ou verte des blés : j'ai vu dans l'île de Céos un bas-relief antique qui représentait les Néréides attachant des festons au bas de la robe de Cérès.

» Dans les paysages intérieurs du continent, le plan terrestre et le plan céleste se regardent immobiles; dans les vues maritimes, le roulant azur des flots est renfermé sous l'azur fixe du firmament. De là un contraste frappant : l'hiver, du haut des falaises, le tableau est de deux couleurs tranchées ; la neige, qui blanchit la terre, noircit la mer.

» Pour jouir d'un rare spectacle il faut voir en Bretagne le soleil, et surtout la lune, se lever sur les forêts et se coucher sur l'Océan.

» Etablie, par Dieu, gouvernante de l'abîme, la lune a ses nuages, ses vapeurs, ses longs rayons ; ses ombres portées comme le soleil, mais comme lui elle ne se retire pas solitaire ; un cortège d'étoiles l'accompagne. A mesure qu'elle descend au bout du ciel, elle accroît son silence, qu'elle communique à la mer. Bientôt elle touche à l'horizon, l'intersecte, ne montre plus que la moitié de son front, qui s'assoupit, s'incline et disparaît dans la molle intumescence d'un lit de vagues. Les astres voisins de leur reine, avant de plonger à sa suite au sein de l'onde, s'arrêtent un moment suspendus sur la cime des flots et des écueils ; phares éternels d'une terre inconnue ! La lune n'est pas plutôt couchée qu'un souffle venant du large, brise l'image des constellations, comme on éteint des flambeaux après une solennité. »

Quand vint l'âge des études réglées, l'enfant fut arraché à ses chères bruyères et au grand mail où si souvent il s'était promené avec sa sœur Lucile. Au collège la rêverie s'empare de plus belle de ce vif esprit et de ce jeune cœur. Je ne sais quelle voix invisible parlait à son ame et

quels concerts il entendait dans les cieux, mais il
vivait bien peu sur la terre. Les livres, les gram-
maires, les dictionnaires, tous les rudiments de
la science, lui causaient un effroi invincible. Il ne
comprenait rien à ces études sans charmes auxquelles on voulait le soumettre, lui, enfant habitué à parler de sa voix naïve et pure, au nuage
qui passe, à la mer qui gronde, au zéphyr qui
murmure, au printemps qui chante, à toute
cette belle, puissante, grondeuse et musicale nature qui l'entourait avec amour de ses bruits et
de ses silences les plus solennels. Il ne peut rien
comprendre à ces leçons vulgaires qui tombent
du haut d'une chaire pédante et ennuyée. Dans
le collège même il vivait déjà hors du collège,
comme plus tard dans le monde il devait vivre
hors du monde. Il se réfugiait contre l'ennui dans
le sein de l'amitié. Déjà son goût et son esprit se
portaient sur les plus belles choses qu'il choisis-
sait au hasard, guidé qu'il était par un instinct
merveilleux. Il devina l'antiquité avant même de
savoir ce que ce pouvait être. On lui faisait étudier l'arithmétique de Bezout, et contre M. Bezout
dont il voulait se défaire à tout prix, il appela à
son aide les vers d'Horace. Il faut dire aussi qu'en
même temps qu'il épelait les odes d'Horace il lisait assidument le *livre des confessions mal faites*.
Singulier hasard et qui dut jeter plus d'une fois
ce jeune esprit dans des transes terribles. Ici toutes
les joies profanes de l'antiquité, les vices éclatans

et par conséquent pardonnés, l'amour, les héros, la liberté, les faciles préceptes d'Epicure, développés avec un esprit déjà français. Dans l'autre livre, l'autorité chrétienne dans ce qu'elle a de plus impitoyable ; ici le paradis mythologique, plus loin l'enfer chrétien. Il fallait que cet enfant eût déjà un bon sens exquis pour résister à ce double assaut de deux croyances ainsi réduites à leur plus simple expression. Bien plus, il profite de cette lutte dangereuse, il mêle si bien les épitres d'Horace et le *Traité des confessions mal faites*, qu'il finit par en tirer je ne sais quelle admirable conclusion qui représente à merveille toutes les hésitations de son ame. Il unit par un lien de fer et de fleurs, dont lui seul il avait le secret, les vices, les passions, les amours, les gracieuses nudités de l'antiquité profane, à toutes les austérités chrétiennes. Vous le voyez, déjà même au collège il se préparait sans le savoir à ce grand poème des *Martyrs*, où toutes les croyances se disputent le monde. « Si j'ai peint plus tard avec vérité les entraînements de mon cœur mêlés aux syndérèses chrétiennes, je l'ai dû à cette double connaissance simultanée. »

D'autres livres bientôt vinrent prendre leur place dans cette mêlée poétique et chrétienne, entre autres le quatrième livre de l'Enéide et les sermons de Massillon. Il se passionnait pour Didon, pour *la Pécheresse* ou l'*Enfant prodigue*. Il mêlait ainsi, sans fin et sans cesse, le sacré et le profane, confondant dans son cœur et dans son admiration tous les génies, tous les amours, toutes les douleurs.

M. de Châteaubriand se rappelle en même temps tous ses jeunes camarades de collège, espiègles compagnons de sa douzième année ; hélas ! bien peu ont vécu assez de temps pour devenir des hommes. Ils sont morts emportés par l'orage. L'un d'eux surtout, le plus brave, le plus hardi de tous, Gesril. C'était un enfant plein de cœur et de feu. Il était toujours le premier et le dernier à la bataille. A dix ans c'était déjà un chef de parti dans le collège. Nul n'osait désobéir à Gesril : c'était un héros. Il se comportait déjà comme un héros qu'il était. Pauvre Gesril ! c'est le même qui est mort à Quiberon de la mort de Régulus et de d'Assas, mort inconnue jusqu'alors, faute d'un historien et d'un poète, mais qui va tenir sa place dans l'histoire, grace à M. de Châteaubriand. Gesril était un soldat vendéen, il était officier de marine à Quiberon ; il fut pris et fait prisonnier sur sa parole. Cependant les Anglais, qui ne savaient rien de la capitulation fatale, continuaient le feu et s'approchaient imprudemment. Gesril se jette à la mer, il s'approche du vaisseau anglais, il lui apprend que l'armée vendéenne a mis bas les armes, qu'il faut s'éloigner. En vain du vaisseau anglais on jette une corde à Gesril : « Je suis prisonnier sur parole ! » s'écria-t-il du milieu des flots ; en même temps il revint au rivage, où il eut l'honneur d'être fusillé avec M. de Sombreuil.

En écoutant ces tristes récits, on est tenté de s'écrier avec M. de Châteaubriand : — « Hélas ! allons-nous-en, avant d'avoir vu fuir nos amis et ces ames que le poète trouvait seules dignes de la vie ! *Vitâ dignior œtas.* Ce qui enchante dans l'âge des liaisons, devient dans l'âge délaissé un objet de souffrance et de regrets. On ne souhaite plus le retour des mois livrés à la terreur ; on le craint plutôt. Les oiseaux, les fleurs, une belle soirée de la fin d'avril, une belle nuit lunaire commencée le soir avec le premier rossignol, achevée le matin avec la première hirondelle, ces choses qui donnent le besoin et le désir du bonheur, vous tuent. »

Le collège de Dol ne laisse pas d'autre souvenir à M. de Châteaubriand. Voici cependant une historiette assez gaie de sa première enfance, et je suis bien confus de la façon dont je vais la conter.

Entre autres défenses du collège, il était expressément défendu de dénicher les nids d'oiseaux. Un jour, pendant la promenade, les joyeux condisciples découvrent au sommet d'un grand arbre un nid de pies ; la mère attentive était au sommet de l'arbre qui veillait sur sa couvée. Comment faire pour parvenir au nid tant défendu et tant convoité ? Les jeunes écoliers se montrent le nid du regard et du geste. Qui montera là-haut le premier ? Est-ce toi, Louis ? Est-ce toi, Victor ? Est-ce toi, François ? — Ce sera moi, dit François, voyant que tous les autres hésitent; ce sera moi! et aussitôt le voilà qui grimpe. Il grimpe; il s'accroche aux branches, il monte ; il monte encore, il monte toujours; il ne se voit pas monter ; il entend d'en bas qu'on l'applaudit et qu'on l'admire ; il monte toujours. A la fin il est près du nid; la pauvre mère, forcée dans sa retraite, s'envole à regret; le petit François plonge la main dans le nid. — Pas d'oiseaux! mais de petits œufs mollement étendus sur le duvet, et chauds encore ! Lui, qui ne veut pas redescendre de l'arbre les mains vides, s'empare des œufs et les cache dans son sein. Alors il se met à redescendre. Il était plus difficile de descendre qu'il n'avait été facile de monter; les branches plient, les branches cassent, son pied glisse, il s'écorche le visage et les mains; il arrive ainsi, tant bien que mal, à un certain endroit où l'arbre, se divisant en deux, formait une fourche; il tombe à cheval sur cette fourche, où il reprend haleine, jambe de ci, jambe de là.

Comme il était ainsi à cheval, reprenant haleine et cherchant à se laisser couler jusqu'à terre, il entend soudain crier ses condisciples : « Voici le maître! voici le maître! » Et en effet le maître paraissait au loin, et chacun de prendre sa volée comme la pie, et François de Châteaubriand de rester là-haut tout seul, à califourchon sur son arbre. Un seul de ses condisciples était resté au pied de l'arbre, et lui disait : « Sauve-toi, François ! laisse-toi couler de l'arbre, François ! prends-le à bras-le-corps, François ! » Peut-être ce camarade si fidèle au malheur n'était-il autre que ce digne Gesril. Pauvre Gesril !

Ainsi fit François. Il prit l'arbre entre ses deux mains, et il se laissa glisser du haut en bas de l'écorce raboteuse ; il arriva ainsi jusqu'à terre, quelque peu froissé, il est vrai ; mais qu'importe ? le maître n'a rien vu. Il reprend donc sa course, il rejoint ses camarades ; le maître le voit venir et le regarde. O désespoir ! ô accident imprévu ! les œufs, les maudits œufs se sont cassés dans la poitrine du petit François ; son gilet a changé de couleur ; la pie s'est vengée ; ses œufs crient vengeance. Le maître, espèce de Breton à tête dure, déclare à François de Châteaubriand qu'il aura le fouet. On rentre au collège ; vous pouvez penser si l'on rentre tristement.

A peine rentré, le maître fait appeler François de Châteaubriand dans sa chambre afin qu'il ait à subir sa peine. Alors le petit François, le cœur oppressé, les yeux pleins de larmes, les mains jointes, prie et supplie qu'on lui épargne cette ignominie. — Il demande une autre peine. — La prison, — le pain sec, — les *pensum*, — deux cents vers d'Horace à apprendre par cœur. — Vains efforts ! le maître l'a dit, François aura le fouet ! En même temps le maître s'approchait pour donner le fouet à François; mais celui-ci, voyant sa prière inutile, prend son parti sur le champ comme un vrai gentilhomme; il s'adosse contre le mur, et quand son bourreau s'approche, il se défend à coups de pied et à coups de poing; il mord, il frappe, il crie, il égratigne, il s'enfuit, il se cache sous le lit, il se retranche derrière les meubles; un jeune lion n'eût pas mieux fait. A la fin, de guerre lasse, on lui cède; il remporte la victoire bien mieux et bien plus chastement que le petit Jean-Jacques en pareille occasion.

Après dix mois passés dans ces études et dans ces promenades, tour à tour rêveur et colère, emporté et patient, étudiant à ses heures, mais étudiant seul, rêvant déjà, et déjà modulant cette phrase savante et cadencée qui est peut-être mieux qu'une poésie, poésie dont il avait déjà la conscience en son ame, et qu'il a trouvée plus tard, lui le premier, lui tout seul, à la grande admiration de la France, il revenait passer ses vacances à Combourg. Il revoyait le vieux château que frappait la mer, il embrassait sa mère, il se remettait à trembler devant son père, il parlait avec sa jeune sœur, il travaillait avec elle; ils prêtaient l'oreille au bruit confus de la forêt et de la mer. Puis soudain, ces beaux jours de vacances, de liberté et de vagues causeries étaient bientôt passés. Il fallait rentrer au collège. Un jour, on le fit changer de collège. Il passa de Dol à Rennes. Dans cette maison de Rennes, le premier écolier qui lui tendit les bras s'appelait Moreau. Et voyez l'étrange chose ! la petite chambre occupée par le chevalier de Châteaubriand avait été occupée par le chevalier de Parny. Quelle incroyable association ! Celui-ci qui est le poète des sens, celui-là le poète chaste et chrétien ; celui-ci qui n'a pas pu être sérieux une heure, même au plus terrible moment de notre histoire ; celui-là qui a été le guide de l'Europe ; en un mot l'auteur du *Génie du Christianisme*, et le rimeur sans pitié qui, dépassant tout d'un coup les licences les plus incroyables de Voltaire, devait vomir un jour cet horrible poème de la *Guerre des Dieux* sur l'autel des furies !

Sorti du collège de Rennes, le chevalier de Châteaubriand fut envoyé à Brest pour y étudier la construction des vaisseaux. Mais à Brest, au milieu des constructions navales, il ne vit encore que la mer. Toute science acquise lui faisait peur. Il évitait les maîtres. Il voulait être à lui seul son maître et son disciple. Que lui importait la quille de ce vaisseau en construction ? Ce qu'il voulait connaître, c'étaient les terres, c'étaient les cieux, c'étaient les hommes qui se cachaient là-bas dans un lointain qui lui était inconnu. Sa pensée et son espérance l'emportaient au delà des mers. Il se trompait lui-même chaque jour. Chaque jour il remontait sur un frêle esquif jusqu'à un certain coude, le torrent qui se jette dans le port. Et là, seul dans une étroite vallée entre la mer et le ciel,

il s'imaginait qu'il venait de découvrir un monde.
Il saluait avec des larmes le navire qui s'éloignait
du port, et son cœur tressaillait du coup de canon
des adieux. Ainsi le voyageur se révélait ; mais
il y avait trop d'impatience et d'exaltation dans
cette ame pour que le jeune chevalier devînt jamais un marin.

Puis tout d'un coup le sentiment de l'infini
s'emparant tout à fait de ce cœur malade, François de Châteaubriand revient à Combourg ; et
il déclare qu'il renonce à la marine. Cette fois il
veut être homme d'église. Son père l'envoie à
Dinan pour commencer ses études ecclésiastiques.
Mais Dinan était près de Combourg ; mais à Combourg vivait sa sœur Lucile devenue chanoinesse;
mais ce jeune homme, tout rempli de son vague
instinct poétique, revenait sans cesse dans ces
vieux murs, sous ces beaux ombrages, dans cette
rustique maison dont le silence n'était troublé
que par quelques voyageurs, hôtes d'un jour, qui
venaient à cheval, et qui racontaient, celui-ci ses
guerres dans le Hanovre, celui-là ses entreprises
commerciales, cet autre ses voyages, presque tous
leurs malheurs. L'hôte était logé dans le grand lit
d'honneur de la tour du nord. A dix heures toute
la maison rentrait dans le silence. Seulement quelquefois, et quand leur seigneur et maître était
couché, la mère et les deux enfants, François et Lucile, se racontaient encore tout bas quelques unes
de ces merveilleuses histoires que M. de Château-

briand raconte dans ce vieux français des légendes qui ajoute tant d'intérêt à la fiction et même à la vérité.

Lui, cependant, il avait pour l'habiter, un donjon à part où il était le maître, où il vivait seul. Quand je dis seul, je me trompe. Une jeune et blanche sylphide, chaste enfant de ses rêves, habitait ce donjon avec lui. Quel est le poète de dix-huit ans qui n'a pas eu sa sylphide, jeune, belle, transparente, éclatante? être à part qui n'a pas de nom, forme idéale; harmonie suave qui a son écho dans le cœur! Celle-là, il l'avait composée des éléments les plus purs ; il lui avait donné un nom, une forme, un visage ; il avait composé pour elle un langage tout exprès qu'elle seule savait parler, que lui seul il pouvait comprendre. Il la suivait sur les monts, dans la plaine, sur le rivage ; il la suivait quelquefois dans le ciel. Il la reconnaissait à son regard, à son sourire, au pli de sa robe de nuages, elle était sa vie peut-être. Elle était mieux que cela, elle était son idée de gloire. — « Elle était pour moi la vertu lorsqu'elle accom-
» plit les plus nobles sacrifices ! le génie lorsqu'il
» enfante la pensée la plus rare ! » Quelquefois, à force de la suivre ainsi constamment, l'image remontait vers le ciel d'où elle était descendue, et alors il se demandait avec joie, avec espérance, s'il n'allait pas mourir. Mourir! en effet, cela est si facile! Pourquoi donc attendre l'avenir? pourquoi donc se fatiguer ainsi à poursuivre l'idéal?

pourquoi perdre ainsi son amour à aimer une ombre vaine? En même temps il regardait autour de lui, et il trouvait qu'en vieillissant son père était devenu encore plus rigide et plus austère; — que le château n'avait jamais été si triste, sa mère si malheureuse, sa sœur Lucile si craintive. — Mourons donc ! Et le voilà qui dit adieu une dernière fois à sa mère, à sa sœur, au grand mail, à la sylphide invisible, à son père lui-même : il sort du château pour n'y plus rentrer, c'en est fait, notre stoïcien met trois balles dans son fusil; c'en est fait, il va mourir (mourir, pourquoi ?), quand heureusement passe un des gardes du château en chantant un refrain à boire. Le chevalier n'osa pas se tuer devant ce garde, il rentra dans son donjon, où il tomba malade d'une maladie que l'on croyait mortelle. « L'idée de n'être plus me
» saisissait le cœur à la façon d'une joie subite ;
» dans les erreurs qui ont égaré ma jeunesse, j'ai
» souvent souhaité de ne pas survivre à l'idée du
» bonheur. » Et encore à ce propos vous rappelez-vous ces pages touchantes ?

« Amélie se jetant dans mes bras me dit: Ingrat, tu veux mourir, et ta sœur existe ! tu soupçonnes son cœur ! ne t'explique point, ne t'excuse pas ; je sais tout ; j'ai tout compris, comme si j'avais été avec toi. Est-ce moi que l'on trompe, moi qui ai vu naître tes premiers sentiments? Voilà ton malheureux caractère, il ne peut supporter les dégoûts, les injustices. Jure, tandis que je te presse sur mon cœur, jure que c'est la dernière fois que tu te livreras à tes folies; fais le serment de ne jamais attenter à tes jours.

« En prononçant ces mots, Amélie me regardait avec compassion et tendresse et couvrait mon front de ses baisers : c'était presque une mère, c'était quelque chose de plus tendre. Hélas! mon cœur se rouvrit à toutes les joies ; comme un enfant, je ne demandai qu'à être consolé ; je cédai à l'empire d'Amélie ; elle exigea un serment solennel; je le fis sans hésiter, ne soupçonnant même pas que je pusse être malheureux.

» Nous fûmes plus d'un mois à nous accoutumer à l'enchantement d'être ensemble. Quand le matin, au lieu de me trouver seul, j'entendais la voix de ma sœur, j'éprouvais un tressaillement de joie et de bonheur. Amélie avait reçu de la nature quelque chose de divin ; son ame avait les mêmes graces innocentes que son corps; la douceur de ses sentimens était infinie ; il n'y avait rien que d'un peu rêveur dans son esprit ; on eût dit que son cœur, sa pensée et sa voix soupiraient comme de concert; elle tenait de la femme la timidité et l'amour, et de l'ange la pureté et la mélodie.

» L'hiver finissait, lorsque je m'aperçus qu'Amélie perdait le repos et la santé qu'elle commençait à me rendre; elle maigrissait; ses yeux se creusaient; sa démarche était languissante et sa voix troublée. Un jour je la surpris tout en larmes au pied d'un crucifix. Le monde, la solitude, mon absence, ma présence, la nuit, le jour, tout l'alarmait. D'involontaires soupirs venaient expirer sur ses lèvres; tantôt elle soutenait sans se fatiguer une longue course; tantôt elle se traînait à peine; elle prenait et laissait son ouvrage, ouvrait un livre sans pouvoir lire, commençait une phrase qu'elle n'achevait pas, fondait tout à coup en pleurs, et se retirait pour prier.

» En vain je cherchais à découvrir son secret. Quand je l'interrogeais, en la pressant dans mes bras, elle me répondait avec un sourire qu'elle était comme moi, qu'elle ne savait pas ce qu'elle avait. »

Quelles souffrances inconnues! il les a toutes transportées dans ce roman de René, qui est une histoire cependant. A la fin il fut sauvé. Il s'était couché un homme d'église; il se leva un soldat. Ce fut alors un autre apprentissage à faire.—*Une!* —*deux! — présentez arme! — portez arme!* et jamais *feu!* Quand il sut le métier, marcher au pas, aller, venir, nettoyer son fusil, blanchir sa buffleterie, noircir sa giberne, on le fit monter en grade. Il devint caporal, puis sergent, puis enfin sous-lieutenant au régiment de Navarre. Alors, ma foi, ce fut à lui à enseigner aux autres ce qu'il savait : — *Une! — deux! — tire à droite! — tire à gauche! — En avant! marche! — fixe! — droite! — gauche! — portez arme! — arme au bras!* Tout ceci se passait à Dieppe, où il était en garnison; les galets de la mer lui servaient de champ de ba-

T. I. 6

taille : il devint ainsi, comme disait son colonel, *un officier tout à fait accompli.*

Quand cette nouvelle éducation du jeune de Châteaubriand fut achevée, et cela se fit promptement, son père l'envoya à Paris pour chercher fortune. Il fit donc encore une fois ses adieux au château de Combourg, à sa mère, à sa sœur ; puis il partit dans une voiture de poste, tête à tête avec une dame qu'il devait accompagner jusqu'à Paris. Mais, comme dit M. de Châteaubriand, *laissons parler ses Mémoires :*

« Je n'ai revu Combourg que trois fois : à la mort de mon père, toute la famille se trouva réunie au château pour se dire adieu. Deux ans plus tard, j'accompagnai ma mère à Combourg ; elle voulait meubler le vieux manoir; mon frère y devait amener ma belle-sœur : mon frère ne vint point en Bretagne, et bientôt il monta sur l'échafaud avec la jeune femme[1] pour qui ma mère avait préparé le lit nuptial; enfin je pris le chemin de Combourg en arrivant au port, lorsque je me décidai à passer en Amérique.

» Après seize années d'absence, prêt à quitter le sol natal pour les ruines de la Grèce, j'allai embrasser au milieu des landes de ma pauvre Bretagne ce qui me restait de ma famille ; mais je n'eus pas le courage d'entreprendre le pèlerinage

---

[1] Mademoiselle de Rosambo, petite-fille de M. de Malhesherbes, exécutée avec son mari le même jour que son illustre aïeul.

des champs paternels. C'est dans les bruyères de Combourg que je suis devenu le peu que je suis; c'est là que j'ai vu se réunir et se disperser ma famille. De dix enfans que nous avons été, nous ne restons plus que quatre. Ma mère est morte de douleur, les cendres de mon père ont été jetées au vent.

» Si mes ouvrages me survivent, si je devais laisser un nom, peut-être un jour, guidé par ces Mémoires, le voyageur s'arrêtera un moment aux lieux que j'ai décrits. Il pourrait reconnaître le château, mais il chercherait en vain le grand *mail* ou le grand bois; il a été abattu; le berceau de mes songes a disparu comme les songes. Demeuré seul debout sur son rocher; l'antique donjon semble regretter les chênes qui l'environnaient et le protégeaient contre les tempêtes. Isolé comme lui, j'ai vu, comme lui, tomber autour de moi la famille qui embellissait mes jours et me prêtait son abri; grace au ciel, ma vie n'est pas bâtie sur la terre aussi solidement que les tours où j'ai passé ma jeunesse! »

CHAPITRE IV.

A QUINZE ans, le jeune François de Châteaubriand faisait des vers. « J'ai longtemps fait des vers avant de descendre à la prose. Ce n'était qu'avec regret que M. de Fontanes m'avait vu renoncer aux Muses ; moi-même je ne les ai quittées que pour exprimer plus rapidement des vérités que je croyais utiles..... Les Muses furent l'objet du culte de ma jeunesse ; ensuite je continuai d'écrire en prose, avec un penchant égal, sur des sujets d'imagination, d'histoire, de politique et même de finances. De grands poètes ont été souvent de grands écrivains en prose ; qui peut le plus peut le moins. »

Parmi les premiers vers de M. de Châteaubriand (il avait quinze ans), nous avons retenu plusieurs élégies que nul poète ne désavouerait :

LE SOIR, AU BORD DE LA MER.

Les bois épais, les sirtes mornes, nues,
Mêlent leurs bords dans les ombres chenues.
En scintillant dans le zénith d'azur,
On voit percer l'étoile solitaire ;
A l'occident, séparé de la terre,
L'écueil blanchit sous un horizon pur,
Tandis qu'au nord, sur les mers cristallines,
Flotte la nue aux vapeurs purpurines.
D'un carmin vif les monts sont dessinés,
Du vent du soir se meurt la voix plaintive,
Et mollement l'un sur l'autre enchaînés,
Les flots calmés expirent sur la rive.

Tout est grandeur, pompe, mystère, amour,
Et la nature aux derniers feux du jour,
Avec ses monts, ses forêts magnifiques,
Son plan sublime et son ordre éternel,
S'élève ainsi qu'un temple solennel,
Resplendissant de ses beautés antiques.

Le sanctuaire où le dieu s'introduit
Semble voilé par une sainte nuit.
Mais dans les airs la coupole hardie,
Des arts divins gracieuse harmonie,
Offre un contour peint des fraîches couleurs
De l'arc-en-ciel, de l'aurore et des fleurs.

Toute la France a répété comme un chant national cette plaintive romance, qu'on prendrait pour une belle page détachée par le vent d'automne des Mémoires de M. de Châteaubriand :

Ma sœur, te souvient-il encore
Du château que baignait la Dore,

Te souvient-il de notre mère....
Et nous baisions ses blancs cheveux,
Tous deux !

Oui, certes, il y avait un poète, et un grand poète encore dans ce jeune homme; mais, quand il entra dans ce monde déjà miné de toutes parts, était-ce bien le temps de faire des vers? La poésie est la langue des nations heureuses, le loisir des peuples qui n'ont plus qu'à chanter. La prose est la langue des affaires ; elle se mêle à toutes les nécessités humaines ; elle parle vite et haut, elle est à la portée de toutes les intelligences, les plus médiocres et les plus vastes. Il était impossible à un homme du génie de M. de Châteaubriand, en voyant ainsi s'avancer une révolution qui devait dévorer autant d'éloquence et d'idées qu'elle devait répandre de sang, de s'obstiner à écrire en vers. C'eût été vouloir se condamner, de gaîté de cœur, au rôle subalterne et si spirituellement rempli de l'abbé Delille; bien plus encore, c'eût été se condamner à n'être pas utile à la société. Cependant laissons notre jeune poète s'habituer aux hommes et deviner peu à peu ce monde dans lequel il vient d'entrer. En ce moment solennel de l'histoire de l'Europe, il y avait en France deux sous-lieutenants qui portaient, chacun dans sa giberne, celui-ci Arcole, Marengo, Austerlitz, celui-là *René*, *Atala*, *les Martyrs*; mais encore faut-il bien qu'ils aient le temps l'un et l'autre de mettre la main à leur giberne. Revenons donc à notre jeune sous-lieutenant.

Nous l'avons laissé dans une voiture de voyage tête-à-tête avec une belle dame, allant à Paris pour la première fois, innocent et timide jeune homme, qui ne se doutait guère des mœurs qu'il allait voir; si timide, en effet, que, dans toute sa longue route, sa compagne de voyage, qui croyait voyager avec un militaire, ne trouva pas même un écolier. Aussi à peine fut-elle arrivée qu'elle fit au jeune sous-lieutenant une très froide et très moqueuse révérence, laquelle révérence avait l'air de dire : *Laisse les dames et étudie les mathématiques!* Mais quel est le beau et honnête jeune homme qui, au moins une fois dans sa vie, n'ait pas été salué ainsi !

Paris, sur les jeunes gens qui y entrent pour la première fois, produit ordinairement deux effets tout contraires. Le jeune officier, timide et rêveur qu'il était, avait été obligé, lui aussi, en entrant dans la grande ville, de dire adieu à ses beaux rêves. Adieu ma poésie ! Songez donc qu'il était logé rue du Mail, à l'hôtel de l'Europe, dans une triste petite chambre, au troisième étage, tout seul dans cette immense foule ! Heureusement, au moment de son plus grand isolement, il vit entrer son frère aîné, qui l'embrassa tendrement, et qui le présenta sur le champ à sa famille et à ses amis, à M. de Malesherbes et aux gens de lettres, à Paris et à Versailles, à la ville et à la cour.

M. de Malesherbes est le premier homme qui ait accueilli, qui ait compris le jeune François de Châteaubriand. Depuis ce temps M. de Châteaubriand a voué à M. de Malesherbes une reconnaissance égale au respect qu'il avait pour ses vertus. « L'alliance qui unissait sa famille à la mienne me procurait souvent le bonheur d'approcher de lui. Il me semblait que je devenais plus fort et plus libre en présence de cet homme vertueux, qui, au milieu de la corruption des cours, avait su conserver, dans un rang élevé, l'intégrité du cœur et le courage du patriote. Je me rappellerai long-temps la dernière entrevue que j'eus avec lui. C'était un matin ; je le trouvai par hasard seul chez sa petite fille. Il se mit à me parler de Rousseau avec une émotion que je ne partageais que trop. Je n'oublierai jamais le vénérable vieillard voulant bien condescendre à me donner des conseils, me disant : « J'ai tort de vous entretenir de ces choses-là ; je devrais plutôt vous engager à modérer cette chaleur d'ame qui a fait tant de mal à notre ami. J'ai été comme vous, l'injustice me révoltait ; j'ai fait autant de bien que j'ai pu, sans compter sur la reconnaissance des hommes. Vous êtes jeune, vous verrez bien des choses ; moi, j'ai peu de temps à vivre. » Je supprime ce que l'épanchement d'une conversation intime et l'indulgence de son caractère lui faisaient ajouter ; le déchirement de cœur que j'éprouvai en le quittant me sembla dès lors un pressentiment que je ne le reverrais jamais.

» M. de Malesherbes aurait été grand si sa santé épuisée ne l'avait empêché de le paraître. Ce qu'il y avait de très étonnant en lui, c'était l'énergie avec laquelle il s'exprimait dans une vieillesse avancée. Si vous le voyiez assis sans parler, avec des yeux un peu enfoncés, ses sourcils grisonnants et son air de bonté, vous l'eussiez pris pour un de ces augustes personnages peints de la main de Lesueur. Mais venait-on à toucher les cordes sensibles, il se levait comme l'éclair ; ses yeux à l'instant s'ouvraient et s'agrandissaient. Aux paroles chaudes qui sortaient de sa bouche et à son air pensif et animé, il vous aurait semblé voir un jeune homme dans toute l'effervescence de l'âge ; mais à sa tête chauve, à ses mots un peu confus, faute de dents pour les prononcer, vous reconnaissiez le septuagénaire. Ce contraste redoublait le charme que l'on trouvait dans sa conversation, comme on aime les feux qui brûlent au milieu des neiges de l'hiver.

» M. de Malesherbes a rempli l'Europe du bruit de son nom ; mais le défenseur de Louis XVI n'a pas été moins admirable aux autres époques de sa vie que dans les derniers temps qui l'ont si glorieusement couronnée. Patron des gens de lettres, le monde lui doit l'*Émile*, et l'on sait que c'est le seul homme de cour, le maréchal de Luxembourg excepté, que Jean-Jacques ait sincèrement aimé. Plus d'une fois il brisa les portes des bastilles; lui seul refusa de plier son caractère au vice des grands, et sortit pur des places où tant d'autres avaient laissé leur vertu. Quelques uns lui ont reproché de donner dans ce qu'on appelle *les principes du jour*. Si par principes du jour on appelle haine des abus, M. de Malesherbes fût certainement coupable. Quant à moi, j'avouerai que s'il n'eût été qu'un bon et franc gentilhomme, prêt à se sacrifier pour le roi son maître, et à en appeler à son épée plutôt qu'à sa religion, je l'eusse sincèrement estimé; mais j'aurais laissé à d'autres le soin de faire son éloge. »

Des graves salons de M. de Malesherbes le jeune homme courut bien vite aux endroits moins réservés où se tenaient les gens de lettres de ce temps-là. Chose étrange! autant il avait été à l'aise tout d'abord avec le saint vieillard, autant il fut timide et tremblant devant quelques renommées littéraires que plus tard il appréciait à leur juste et misérable valeur. Ce n'est pas sans sourire quelque peu qu'on retrouve dans l'*Essai sur les révolutions*, les traces vives encore du premier enthousiasme de l'auteur, enthousiasme qui s'est singulièrement modifié depuis, sinon tout à fait effacé. Que de grands hommes il a vus en ce temps-là! M. de Fontanes, le duc de Nivernais, le chevalier Bertin, M. Lebrun, le chevalier de Parny, qui n'était encore qu'un poète amoureux d'une Eléonore en l'air; Chamfort, qu'il compare aux sages de la Grèce,

Chamfort dont l'*œil bleu lançait l'éclair;* Flins surtout, M. Flins je ne sais qui, je ne sais quoi, un grand poète de l'heure présente, qu'il appelle le *célèbre* Flins. Rien n'est charmant comme cette peinture littéraire dans ces Mémoires. « Epimé-
» nide, s'écrie-t-il, a payé son tribut à M. Flins
» en lui fournissant le sujet de sa comédie. »
M. de Châteaubriand a fait là un excellent commentaire à cette excellente note, à propos de son admiration pour ce même M. Flins. « Ne croirait-on pas, dit-il, lire une de ces apostrophes grotesques que Diderot introduisait dans l'Histoire des deux Indes sous le nom de l'abbé Raynal. — « O rivage d'Ajinga, tu n'es rien, mais tu as donné naissance à Élisa ! »

De la ville il passe à la cour. Il fallait absolument présenter ce jeune gentilhomme à la cour. Or, pour être présenté, il fallait être militaire, et tout au moins capitaine. Son frère, qui n'était pas militaire, n'avait pas pu monter dans les carrosses du roi ; il était nécessaire qu'au moins un homme de son nom y montât, ainsi le voulait l'honneur de la famille. Cependant François de Châteaubriand n'était que sous-lieutenont d'infanterie dans le régiment de Navarre ; on le fit capitaine de cavalerie, et sous ce titre il vit le roi Louis XVI face à face. Il eut les honneurs de la cour.

« Louis XVI était d'une taille avantageuse ; il avait les épaules larges, le ventre prédominant ;

il marchait en roulant d'une jambe sur l'autre. Sa vue était courte, ses yeux à demi fermés, sa bouche grande, sa voix creuse et vulgaire. Il riait volontiers aux éclats ; son air annonçait la gaîté, non peut-être cette gaîté qui vient d'un esprit supérieur, mais cette joie cordiale de l'honnête homme, qui naît d'une conscience sans reproche. Il n'était pas sans connaissances, surtout en géographie ; au reste, il avait ses faiblesses comme les autres hommes. Il aimait, par exemple, à jouer des tours à ses pages, à guetter à cinq heures du matin, au travers des fenêtres du palais, les seigneurs de sa cour qui sortaient des appartements. Si à la chasse vous passiez entre le cerf et lui, il était sujet à des emportements, comme je l'ai éprouvé moi-même. Un jour qu'il faisait une chaleur étouffante, un vieux gentilhomme de ses écuries qui l'avait suivi à la chasse, se trouvant fatigué, descendit de cheval et, s'étendant sur le dos, s'endormit à l'ombre. Louis vint à passer par là ; il aperçut le bonhomme, trouva plaisant de le réveiller. Il descend donc lui-même de cheval, et, sans avoir l'intention de blesser cet ancien serviteur, lui laisse tomber une pierre assez lourde sur la poitrine. Celui-ci se réveille, et dans le premier moment de la douleur et de la colère, il s'écrie : — Ah ! je vous reconnais bien là ; voilà comment vous étiez dans votre enfance ; vous êtes un tyran, un homme cruel, une bête féroce ! Et il se mit à accabler le roi d'injures. Sa Majesté regagna vite son cheval, moitié riant, moitié fâché d'avoir fait mal à cet homme, qu'il aimait beaucoup, et disant en s'en allant : — Oh! il se fâche, il se fâche, il se fâche ! »

Sans doute vous êtes curieux de savoir comment le jeune sous-lieutenant d'infanterie, capitaine de cavalerie, apprit à ses dépens que le roi s'emportait quand on passait entre le cerf et lui. L'histoire est charmante racontée dans les Mémoires; elle est si amusante et si bien racontée, que vous la lirez même ici avec plaisir. Donc, après avoir été présenté à la cour, le jeune François de Châteaubriand reçut quelque temps après une invitation du premier gentilhomme pour se rendre à la chasse du roi.

Vous jugez si la cour parut belle à ce jeune homme ! Rien n'est admirable comme le château de Versailles qui se dresse au son du cor. Le soleil prend un air de fête, les chevaux hennissent, les pages caracolent, les dames, les chevaliers, les grands seigneurs, le roi, les gardes, que sais-je? On monte en voiture, dans les *voitures de la cour*, et l'on part pour la forêt de Saint-Germain. L'usage était que chacun de la chasse du roi montât les chevaux du roi. On donna à notre capitaine de cavalerie une jument appelée *l'Heureuse*, qui n'avait ni bouche ni éperon. Aussitôt la chasse commence, la meute aboie et le cor retentit. La jument *l'Heureuse*, hors d'elle-même, ne se contient plus ; elle se précipite, rapide comme l'éclair ; elle renverse tout sur son passage, hommes et femmes ; elle va, elle va, elle va ! On avait bien averti le jeune homme de ne jamais se trouver entre le roi et la bête, où gare les boutades du roi ! Mais son cheval n'écoutait rien ; quand à un certain carrefour il entend un coup de feu ; la jument s'arrête, le cavalier descend de cheval, il ôte son chapeau, et à vingt pas de là il aperçoit le roi, un fusil à la main, qui venait d'abattre le cerf. — Il n'est pas allé bien loin, dit le roi en montrant le cerf étendu. En même temps toute la cour arrivait, et vous jugerez de l'étonnement et de l'admiration générale quand on vit le nouveau venu tête à tête avec le roi, et qui avait l'air de faire la conversation avec Sa Majesté !

Le roi parti, et le chevalier de Châteaubriand resté seul avec d'autres chasseurs, on voulut plaisanter le capitaine de cavalerie, qui s'était laissé emporter par son cheval. Un chêne était là renversé, tout touffu, tout branchu ; Châteaubriand propose de le sauter à cheval, le tronc et les branches ; mais son défi ne fut pas accepté, et il revint avec les honneurs de la journée. Voilà toute l'histoire du jeune courtisan. Il se trouva tout d'abord peu d'aptitude à ce métier. « Mon caractère était si antipathique avec la cour, j'avais un tel mépris pour certaines gens à qui je le cachais si peu, je me souciais si peu encore de ce qu'on appelait *parvenir*, que j'étais comme les confidents dans les tragédies, qui entrent, sortent, regardent et se taisent. »

Cela fait il quitta la cour pour la ville, les courtisans pour les poètes, le roi pour la poésie. Un secret pressentiment l'avertissait que la vie, l'activité, le mouvement, n'étaient plus à Versailles, et que son jour à lui n'était pas venu d'aller au devant de la royauté. Il s'approcha donc des hommes qui tenaient en main la renommée, avec plus de respect qu'il n'avait fait même pour le roi Louis XVI. Et ainsi, après les avoir bien adorés ces hommes illustres, après les avoir écoutés bouche béante, après avoir été docile à leurs avis, à leurs conseils, il en obtint par grace singulière la faveur d'insérer des vers dans l'*Almanach des Muses*. Comme il dut bénir ce jour-là Ginguené, Lebrun, Chamfort, La Harpe, Parny, poète et créole, à qui il ne fallait que le ciel de l'Inde, une fontaine, un palmier, une femme, et dont la pensée n'était interrompue que par ces plaisirs qui se changeaient en gloire; Delisle de Sales *qui faisait en Allemagne ces remontes d'idées*, et surtout le célèbre de Flins! Laissons-le parler lui-même. Après avoir passé en revue les diverses sociétés de Paris, les acteurs, les théâtres, les belles dames qui faisaient la mode et défaisaient les mœurs, il parle enfin de son premier essai littéraire :

« On me demandera : Et l'histoire de votre présentation que devint-elle? — Elle resta là.

— Vous ne chassâtes donc plus avec le roi après avoir monté dans les carrosses? — Pas plus qu'avec l'empereur de la Chine. — Vous ne retournâtes donc plus à la cour? — J'allai deux fois jusqu'à Sèvres et revins à Paris. — Vous ne tirâtes donc aucun parti de votre position et de celle de votre frère? — Aucun. — Que faisiez-vous donc? — Je m'ennuyais. — Ainsi vous ne vous sentiez aucune ambition? — Si fait : à force d'intrigues et de soucis, je parvins, par la protection de Delisle de Sales, à la gloire de faire insérer dans l'*Almanach des Muses* une idylle (*l'Amour de la Campagne*) dont l'apparition me pensa faire mourir de crainte et d'espérance.

Or voici ces vers publiés dans *l'Almanach des Muses*, sous la page 205, avec les deux initiales F. C. « Ces vers, dit M. de Châteaubriand, composés à une époque où Dorat avait gâté le goût des jeunes poètes, n'ont rien de maniéré, quoique la langue y soit quelquefois fortement invertie ; ils sont d'ailleurs coupés avec une liberté de césure que l'on ne se permettait guère alors. Les rimes sont soignées, les mètres variés, quoique disposés à se former en dix syllabes. On retrouve dans ces essais de ma muse des descriptions que j'ai transportées depuis dans ma prose. »

L'AMOUR DE LA CAMPAGNE.

Que de ces prés l'émail plaît à mon cœur!
Que de ces bois l'ombrage m'intéresse!
Quand je quittai cette onde enchanteresse,
L'hiver régnait dans toute sa fureur.
Et cependant, mes yeux demandaient ce rivage;
Et cependant d'ennuis, de chagrins dévoré,
Au milieu des palais, d'hommes froids entouré,
Je regrettais partout mes amis du village.
Mais le printemps me rend mes champs et mes beaux jours :
Vous m'allez voir encore, ô verdoyantes plaines!
Assis nonchalamment auprès de vos fontaines,
Un Tibulle à la main, me nourrissant d'amours.
Fleuve de ces vallons, là, suivant tes détours,
J'irai seul et content gravir ce mont paisible;
Souvent tu me verras, inquiet et sensible,
Arrêté sur tes bords en regardant ton cours.
J'y veux terminer ma carrière;
Rentré dans la nuit des tombeaux
Mon ombre encor, tranquille et solitaire,
Dans les forêts cherchera le repos.
Au séjour des grandeurs mon nom mourra sans gloire,
Mais il vivra long-temps sous les toits de roseaux;
Mais, d'âge en âge, en gardant leurs troupeaux,
Des bergers attendris feront ma courte histoire :
« Notre ami, diront-ils, naquit sous ce berceau;
» Il commença sa vie à l'ombre de ces chênes;
» Il la passa couché près de cette eau,
» Et sous les fleurs sa tombe est dans ces plaines. »

Mais il y avait trop d'avenir et trop de poésie dans ce jeune homme pour qu'il s'ennuyât long-temps à cette petite gloire. La révolution française faisait déjà un si grand bruit dans le monde, qu'elle dominait les voix les plus hautes, celle de Mirabeau lui-même; 1789 arrivait, qui devait emporter tous les faiseurs d'élégies ? Ce fut alors que M. de Châteaubriand regarda enfin notre histoire face à face ; et que vit-il ? La vieille monarchie féodale écrasée par six cents ans d'autorité et de toute-puissance ; la grandeur de Louis XIV, qu'on disait immortelle comme le soleil, ne passant pas un siècle et demi ; ici l'oreiller souillé de Louis XV ; plus loin, dans un nuage sanglant, l'échafaud de Louis XVI.

Pauvre société française, si grande, si belle, si dévouée, si pleine d'esprit et de courage, à quel abîme elle marchait ! On avait été chercher ses maîtres dans les antichambres du duc de Choiseul, à la ruelle de madame de Pompadour, dans la garde-robe de madame du Barry. Tout ce malheureux royaume, si bien réglé par le grand roi, était sens dessus dessous, dans le pêle-mêle le plus épouvantable. Nul n'était à sa place ; et à la place de chacun, nul ne faisait ce qu'il devait faire. Le grand seigneur jetait çà et là la révolte et la désobéissance, sous prétexte qu'il était philosophe ; le financier faisait des lois ; l'homme d'état menait la guerre ; les femmes régnaient partout ; l'église, éperdue et confondue, ne savait que s'abandonner aux larmes et à la débauche : c'étaient de tristes pensées, des misères, des banqueroutes, des imprévoyances sans fin et sans cesse.

Cependant au dessous, ou ce qui est plus vrai, au dessus du gouvernement, se débattaient, dans un champ clos qu'on appelait l'Encyclopédie, les plus grandes idées de liberté et d'avenir, afin sans doute que si la société française disparaissait un instant, elle ne fût pas morte à tout jamais; mais au contraire qu'elle pût renaître plus puissante et plus forte, relevée et sauvée par ces mêmes idées. Dans ce chaos d'une société qui se fonde et d'une société qui se meurt, que pouvait faire Louis XVI, ce roi honnête homme ? attendre et souffrir et courber la tête.

« C'est entre les fonts baptismaux de Clovis et l'échafaud de Louis XVI qu'il faut placer le grand empire chrétien des Français. La même religion était debout aux deux barrières qui marquent les deux extrémités de cette longue arène. *Doux Sicambre, incline le col, adore ce que tu as brûlé, brûle ce que tu as adoré*, dit le prêtre qui administrait à Clovis le baptême d'eau. *Fils de saint Louis, montez au ciel*, dit le prêtre qui assistait Louis XVI au baptême de sang.

» Alors le vieux monde fut submergé. Quand les flots de l'anarchie se retirèrent, Napoléon parut à l'entrée d'un nouvel univers, comme ces géants que l'histoire profane et sacrée nous a peints au berceau de la société, et qui se montrèrent à la terre après le déluge. »

Ainsi, quand éclata tout à fait la révolution française, le jeune François de Châteaubriand la vit arriver sans pâlir. Il se dit à lui-même que c'était l'heure d'avoir du sang-froid, et qu'un jour viendrait où il aurait le temps de pleurer sur Louis XVI, ce malheureux roi qui ne doit guère aller plus loin que son cerf blessé à mort. Maintenant laissez-lui regarder ceux qui viennent, Mirabeau, par exemple. Car il a vu Mirabeau, car il a entendu à la tribune ce redoutable bégaiement qui devenait peu à peu cette grande éloquence que vous savez. Il a vu Mirabeau à la taverne, où il parlait de ses amours avec un si mélancolique sourire. Ce doit être une belle chose le Mirabeau de M. de Châteaubriand, vu par lui et peint par lui ! Et vous sentez si Mirabeau aimait à se communiquer à cette jeune âme si vive, servie par un regard si brûlant ! Ils dînaient souvent ensemble ; et un jour, au sortir du dîner, Mirabeau, qui parlait de ses collègues, appuyant ses deux grosses mains sur les épaules du jeune homme, lui disait : — *Ils ne me pardonneront jamais ma supériorité.*

Il a donc vu commencer cette révolution qui devait faire le tour du globe ; il a vu 89 qui devait être 93 ; il a vu Versailles croulant et la Bastille croulante ; il a vu les orateurs commencer et les rois finir ; il a vu le dix-huitième siècle, ce beau siècle encore tout ému sous le regard de Voltaire, de J.-J. Rousseau et de Diderot, passer de l'éloquence écrite à l'éloquence parlée, de la tragédie au pamphlet, du livre au journal. Il a vu comment tombe une société caduque, et comment elle se couche au cercueil toute morte et toute fardée, comme une vieille et spirituelle courtisane perdue d'esprit, d'orgueil, de bienveillance et d'amour. Il a entendu le peuple venir, et la grande voix du peuple qui ne sait pas parler en français, qui ne parle aucune langue, et qui ne sait qu'un mot dans toutes les langues : Liberté ! Il a vu que le velours du trône était tout usé, et que sous ce velours usé se trouve une planche rude et sanglante, la planche de l'échafaud. Il a vu venir, un jour, de Versailles à Paris, dans une voiture traînée, pressée, poussée, couverte de boue par la multitude, quelque chose qui ressemblait à un homme, à une femme, à un enfant : c'étaient ceux qu'on appelait hier le roi, la reine et le dauphin. Il a vu, chose horrible ! les premières têtes coupées, sanglant trophée au bout d'une pique, vacillante manifestation des fureurs populaires; il a vu tout cela, lui qui était venu pour voir de près cette France poétique et royale, cette France de Louis XIV et de Bossuet ; cette France de Pascal et de Condé ; la patrie des belles femmes et des nobles chevaliers ; la riante et magique patrie du beau langage ; malheureuse terre qui allait appartenir à Danton et à Marat !

Aussi vous jugez s'il eut peur ! vous jugez s'il recula épouvanté ! vous jugez si cela lui parut horrible, un jour qu'il était à une des fenêtres de son hôtel, de voir passer sous son regard le regard d'une tête coupée, de sentir ce froid et pâle visage contre son pâle visage ! A cette vue, Châteaubriand, oubliant toute prudence, se met à crier :

Au meurtre ! L'éloquence lui vint à ce jeune homme, du haut de cette fenêtre d'hôtellerie, pour défendre la royauté de Louis XVI, comme elle lui est venue après tant de révolutions, à la tribune de la Chambre des Pairs, pour dire un dernier adieu à la royauté de Charles X, élégie touchante et noble, par laquelle le pair de France nous a fait ses adieux ! Ce jour-là peu s'en fallut que le peuple irrité de ce cri d'humanité ne portât au bout d'une autre pique la tête même du jeune François de Châteaubriand. Le peuple se pressa avec force contre la porte de l'hôtel, et il se mettait en mesure de l'enfoncer, quand une foule vint qui chassa cette foule ; car en ce temps-là la foule succédait à la foule, la fureur à la fureur, les têtes coupées aux têtes coupées ; il n'y avait d'immobile que l'échafaud, il n'y avait de stable que le bourreau.

Hors de lui, il allait s'épouvanter auprès de M. de Malesherbes, le noble et courageux gentilhomme qui garda son sang-froid jusqu'aux portes du Temple, celui-là même qu'on a tué après le roi comme le plus vertueux et le plus brave dans cette France, afin de ne plus laisser d'espoir à personne. M. de Malesherbes, qui savait mieux ce que c'était qu'une révolution que personne au monde, eut pitié sans doute de ce tout jeune homme qui allait être égorgé comme d'autres malheureux, par hasard. Il le poussa donc hors de France sous un noble prétexte. M. de Malesherbes aimait beaucoup la géographie. Il y avait toujours sur la table de son cabinet quelque carte déployée. — Si j'étais à votre place, disait Malesherbes, et il disait cela sans soupirer, si j'étais à votre place, j'irais en Amérique, j'y tenterais quelque grande entreprise, je voyagerais dix ans. Dix ans ! Le noble vieillard ne disait pas assez.

A ce conseil voilà François de Châteaubriand qui s'anime. Il y avait une grande idée qui le poussait là-bas.

En effet, pendant que la France s'entredéchire, ne pourrait-il pas, lui aussi, trouver un monde ? Ah ! ce monde qu'il était venu chercher du fond de sa province, où est-il ? Il est exposé à toutes sortes de misères. Plus de poésie, plus d'amour, plus rien que des affaires, plus rien que des orages. Seulement, parfois encore, il s'arrête avec ravissement devant quelques belles têtes souriantes, les belles nièces de Grétry qu'il voit avec la foule dans le jardin des Tuileries ; madame de Buffon si jolie, qui attend à la porte d'un club, dans le phaëton du duc d'Orléans ; madame de Genlis déjà possédée de cette inquiétude maladive qui a fait le malheur de sa vie, et quelques autres imprudentes et malheureuses femmes qui ne savaient rien prévoir.

Il partit donc, ainsi que le voulait M. Malesherbes. Mais avant de quitter la France il voulut revoir le château de Combourg. Les Etats de

Bretagne étaient assemblés, et déjà le peuple furieux voulait enfoncer les portes et violer le sanctuaire vénéré de la justice. Il n'y avait plus d'autorité nulle part en France, et il fallait certes que la révolte parlât bien haut pour être entendue du château de Combourg. Pour dire un dernier adieu à sa mère, il fallut que François de Châteaubriand, soutenu par plusieurs gentilshommes, se fît jour l'épée à la main, à travers tout ce peuple, non sans y laisser plusieurs des leurs. A ce moment l'inquiétude vous saisit, et une inquiétude horrible. Vous tremblez pour les jours du poète. S'il allait ne plus partir ! s'il allait être arrêté comme suspect ! s'il attendait encore de plus mauvais jours ! s'il voulait savoir le dernier mot de Robespierre, de Marat, de Danton, dont il fait déjà des portraits si terribles ! Cette partie des Mémoires est empreinte de la terreur d'un drame. Vous entendez dans le lointain les premiers cris, les premières orgies de cette époque qui va être 93. La terreur commence sourde, mais implacable. Qu'attend donc ce jeune homme pour partir ? qu'il parte donc ! Enfin le voilà qui embrasse une dernière fois sa mère. Le jour de ce départ est une date certaine dans l'histoire, Mirabeau était mort depuis deux jours. *Adieu donc la patrie !* comme dit lord Byron.

CHAPITRE V.

Ici il devient très facile d'écrire cette partie de la vie de M. de Châteaubriand, c'est le poème de sa vie, lui-même il en a écrit déjà des chapitres admirables. Le voilà enfin qui pénètre dans le Nouveau-Monde, aussi glorieux que Christophe Colomb, car lui aussi il a des mondes à découvrir. Déjà lui tendent leurs mains suppliantes en lui disant : —*Viens à nous, notre père,* les belles filles de ses rêves, Atala, René, Chactas, les Natchez, illustre famille, illustres malheurs qui invoquent un poète. C'est seulement quand il aura touché le vaisseau qui l'emporte hors de nos crises politiques, que M. de Châteaubriand va connaître son génie. Le voilà parti enfin, soyez loué, mon Dieu, qui ne voulez pas qu'il meure celui-là sur l'échafaud d'André Chénier, de Charlotte Corday, de madame Elisabeth, du roi et de la reine de France! Il va, dit-il, *déterminer par terre la grande question du passage de la mer du Sud par le nord.* Sait-il bien lui-même où Dieu le mène? Nous allons découvrir mieux qu'un passage, soyez-en sûrs, nous allons trouver un grand poète. A chacun son œuvre : à Colomb, à Pizarre, à Cortès, au capitaine Cook, à Magellan, à tous les autres hardis navigateurs pour qui la terre, la mer et les étoiles du ciel, n'ont pas de secrets, les découvertes, les passages, les terres nouvelles, les étoiles inconnues dans le ciel; à l'Américain les cités qu'il a élevées dans le désert, les lois qu'il s'est données lui-même, les révolutions que nous lui envoyons toutes faites par nos grands seigneurs, et qu'il nous renvoie par l'entremise du peuple, couvées, augmentées, agrandies, plus terribles! Mais à notre poète qui s'en va à la recherche d'une patrie, les déserts et les riches forêts de l'Amérique; à lui les grands fleuves, les arbres fleuris; les chants mélancoliques dans les grands bois tout neufs, le bruit de la cataracte écumante; à lui le désert; à lui le sauvage dans le désert; à lui Chactas; à lui Atala; à lui sa poésie, sa parole cadencée, son profond et mélancolique regard vers cette terre qui l'étonne! En faire un simple voyageur, un vulgaire chercheur de mondes, lui! Il est mieux qu'un voyageur, il est un grand poète. Qu'a-t-il besoin de passage par le nord? Toute

cette terre ; il la connaît et l'aime, il la sait déjà
par cœur, il l'a vue depuis sa création ; c'est son
bien, c'est sa terre, c'est son poème, c'est son livre,
c'est la chaste passion de sa jeunesse, ce sera le
souvenir charmant de son âge mûr, le regret touchant de sa vieillesse ! Soyez donc bien tranquilles
seulement et laissez-le partir ! Le voyageur fera
bientôt place au poète ! Sa grande idée de découvertes fera bientôt place à la fantaisie ! Et voilà
justement ce qui lui arrive ! A peine a-t-il touché
la mer, à peine a-t-il vu le ciel, le soleil, l'étoile
de la mer, que le voilà qui s'abandonne à ses
adorables caprices ; il décrit le bruit, le vent,
l'eau et le calme ; il admire toutes choses, le matelot au haut du mât, et au dessus du matelot
l'hirondelle voyageuse qui se repose : rien ne lui
échappe. Ce vif regard que vous savez embrasse
l'immensité de la mer et du ciel ; quant à la terre,
elle est bien loin. Y a-t-il une terre ? C'est à peine
si on le sait. D'ailleurs, ne la retrouvera-t-il pas
toujours ?

Ces impressions de la mer se retrouvent partout
dans les ouvrages de M. de Châteaubriand. Dans
le Génie du Christianisme, dans *les Natchez*, dans
l'Itinéraire, dans *ses Mémoires* surtout, tant sont
vifs ses souvenirs. Comme il se complaît à parler
du désert de l'Océan ! « Me trouver au milieu de
la mer, c'était n'avoir pas quitté ma patrie ; c'était,
pour ainsi dire, être porté dans mes premiers
voyages par ma nourrice, par la confidente de mes

premiers plaisirs. C'est à moi surtout que s'appliquent ces vers de Lucrèce :

> *Tum porrò puer, ut sævis projectus ab undis*
> *Navita......*

» Elevé comme le compagnon des vents et des flots, ces flots, ces vents, cette solitude, qui furent mes premiers maîtres, conviennent peut-être mieux à la nature de mon esprit et à l'indépendance de mon caractère; peut-être dois-je à cette éducation sauvage quelque vertu que j'aurais ignorée : la vérité est qu'aucun système d'éducation n'est en soi préférable à un autre. Dieu fait bien ce qu'il fait; c'est sa providence qui nous dirige, lorsqu'elle nous appelle à jouer un rôle sur la scène du monde. »

En partant il fit encore ses derniers adieux à Combourg :

> Le temps m'appelle, il faut finir ces vers.
> A ce penser, défaillait mon courage.
> Je vous salue, ô vallons que je perds !
> Écoutez-moi : c'est mon dernier hommage.
> Loin, loin d'ici, sur la terre égaré,
> Je vais traîner une importune vie ;
> Mais quelque part que j'habite ignoré,
> Ne craignez point qu'un ami vous oublie.
> Oui, j'aimerai ce rivage enchanteur,
> Ces monts déserts qui remplissaient mon cœu
> Et de silence et de mélancolie ;
> Surtout ces bois chers à ma rêverie,
> Où je voyais de buisson en buisson
> Voler sans bruit un couple solitaire,

Dont j'entendais sous l'orme héréditaire,
Seul, attendri, la dernière chanson.
Simples oiseaux, retiendrez-vous la mienne ?
Parmi ces bois, ah! qu'il vous en souvienne.
En te quittant je chante tes attraits,
Bois adoré! de ton maître fidèle
Si les talents égalaient les regrets,
Ces derniers vers n'auraient point de modèle.
Mais aux pinceaux de la nature épris
La gloire échappe et n'en est point le prix.
Ma muse est simple, et rougissante et nue.
Je dois mourir, ainsi que l'humble fleur
Qui passe à l'ombre, et seulement connue
De ces ruisseaux qui faisaient son bonheur.

Cependant, voulez-vous ? suivons-le dans ses voyages, tout cela ressemble à un poème épique qui serait pensé par le Tasse et qui serait écrit par Sterne. « Je ne prétendais à rien moins, nous dit-il, qu'à découvrir le passage au nord-ouest de l'Amérique, en retrouvant la mer Polaire, vue par Hearne en 1772, aperçue plus à l'ouest en 1789 par Mackensie, reconnue par le capitaine Parry, qui s'en approcha en 1819 à travers le détroit de Lancastre, et en 1821, à l'extrémité du détroit de *l'Heela* et de *la Fury;* enfin le capitaine Franklin, après avoir descendu successivement la rivière de Hearne en 1821, et celle de Mackensie en 1826, vient d'explorer les bords de cet océan, qu'environne une ceinture de glaces, et qui jusqu'à présent a repoussé tous les vaisseaux.

» Aujourd'hui, que j'approche de la fin de ma carrière, je ne puis m'empêcher, en jetant un regard sur le passé, de songer combien cette carrière eût été changée pour moi, si j'avais rempli le but de mon voyage. Perdu dans ces mers sauvages, sur ces grèves hyperboréennes où aucun homme n'a imprimé ses pas, les années de discorde qui ont écrasé tant de générations avec tant de bruit, seraient tombées sur ma tête en silence : le monde aurait changé, moi absent. Il est probable que je n'aurais jamais eu le malheur d'écrire; mon nom serait demeuré inconnu, ou il s'y fût attaché une de ces renommées paisibles qui ne soulèvent point l'envie, et qui annoncent moins de gloire que de bonheur. Qui sait même si j'aurais repassé l'Atlantique, si je ne me serais pas fixé dans les solitudes par moi découvertes, comme un conquérant au milieu de ses conquêtes? Il est vrai que je n'aurais pas figuré au congrès de Vérone, et qu'on ne m'eût pas appelé *Monseigneur* dans l'hôtellerie des affaires étrangères, rue des Capucines, à Paris.

» Tout cela est fort indifférent au terme de la route : quelle que soit la diversité des chemins, les voyageurs arrivent au commun rendez-vous; ils y parviennent tous également fatigués; car ici-bas, depuis le commencement jusqu'à la fin de la course, on ne s'assied pas une seule fois pour se reposer : comme les Juifs au festin de la Pâque, on assiste au banquet de la vie à la hâte, debout, les reins ceints d'une corde, les souliers aux pieds, et le bâton à la main. »

Ainsi parle-t-il lui-même de sa gloire, mais,

pauvre gloire humaine! que voulez-vous qu'on en pense, puisque celui-là lui-même, pour qui la gloire humaine n'a pas eu de réserve, en fait si peu de cas?

Plus loin il résume ainsi en quelques lignes cette première partie de sa vie, que nous avons eu bien de la peine à raconter en plusieurs chapitres.

« Maintenant, je prierai encore le lecteur de rappeler dans sa mémoire divers passages de la préface générale de mes *OEuvres complètes*, et de la préface de l'*Essai historique*, où j'ai raconté quelques particularités de ma vie. Destiné par mon père à la marine, et par ma mère à l'état ecclésiastique, ayant choisi moi-même le service de terre, j'avais été présenté à Louis XVI ; afin de jouir des honneurs de la Cour et de *monter dans les carrosses*, pour parler le langage du temps, il fallait avoir au moins le rang de capitaine de cavalerie; j'étais ainsi capitaine de cavalerie de droit, et sous-lieutenant d'infanterie de fait, dans le régiment de Navarre. Les soldats de ce régiment, dont le marquis de Mortemar était colonel, s'étant insurgés comme les autres, je me trouvai dégagé de tout lien vers la fin de 1790. Quand je quittai la France, au commencement de 1791, la révolution marchait à grands pas : les principes sur lesquels elle se fondait étaient les miens, mais je détestais les violences qui l'avaient déjà déshonorée : c'était avec joie que j'allais chercher une indépendance plus conforme à mes goûts, plus sympathique à mon caractère.

» A cette même époque le mouvement de l'émigration s'accroissait; mais comme on ne se battait pas, aucun sentiment d'honneur ne me forçait, contre le penchant de ma raison, à me jeter dans la folie de Coblentz. Une émigration plus raisonnable se dirigeait vers les rives de l'Ohio; une terre de liberté offrait son asile à ceux qui fuyaient la liberté de leur patrie. Rien ne prouve mieux le haut prix des institutions généreuses que cet exil volontaire des partisans du pouvoir absolu dans un monde républicain.

» Au printemps de 1791, je dis adieu à ma respectable et digne mère, et je m'embarquai à Saint-Malo : je portais au général Washington une lettre de recommandation du marquis de La Rouairie. Celui-ci avait fait la guerre de l'Indépendance en Amérique; il ne tarda pas à devenir célèbre en France par la conspiration royaliste à laquelle il donna son nom. J'avais pour compagnons de voyage de jeunes séminaristes de Saint-Sulpice, que leur supérieur, homme de mérite, conduisait à Baltimore. Nous mîmes à la voile : au bout de quarante-huit heures nous perdîmes la terre de vue, et nous entrâmes dans l'Atlantique. »

Moment solennel ! Quitter la terre, ne voir bientôt plus que l'eau et le ciel, dire adieu à tous les bruits du rivage, à tous les mouvements des hommes! A plusieurs reprises, et toujours avec un égal succès, M. de Châteaubriand a retracé ces sentiments; dans le *Génie du Christianisme*, dans *les Natchez*, dans l'*Itinéraire*, vous retrouvez d'admirables peintures de ce qu'il appelle les *déserts de l'Océan*. Voici à ce sujet de belles pages tirées de cette histoire d'outre tombe :

« Il y a vingt-deux ans que j'esquissais, à Londres, *les Natchez* et *Atala* : j'en suis précisément, dans mes Mémoires, à l'époque de mes voyages en Amérique. Cela se rejoint à merveille. Supprimons ces vingt-deux ans, comme ils sont en effet supprimés dans ma vie, et partons pour les forêts du Nouveau-Monde; le récit de mon ambassade viendra à sa date, quand il plaira à Dieu. Mais pour peu que je reste ici quelques mois, j'aurai le loisir d'arriver de la cataracte de Niagara à l'armée des princes en Allemagne, et de l'armée des princes à ma retraite en Angleterre. L'ambassadeur du roi de France pourra raconter l'histoire de l'émigré français dans le lieu même où celui-ci était exilé. Il s'agit d'abord de mers et de vaisseaux : ne suis-je pas bien placé à Londres pour parler de ces choses-là?

» Vous avez vu que je me suis embarqué à Saint-Malo. Nous sortîmes de la Manche, et l'immense houle venant de l'ouest nous annonça notre entrée dans l'Atlantique.

» Il est difficile aux personnes qui n'ont jamais

navigué de se faire une idée des sentiments qu'on éprouve, lorsqu'on n'aperçoit de toutes parts que la face sérieuse et menaçante de l'abime. Il y a dans la vie périlleuse d'un marin une indépendance qui tient de l'absence de la terre : on laisse sur le rivage les passions des hommes; entre le monde que l'on quitte et celui que l'on cherche, on n'a pour amour et pour patrie que l'élément sur lequel on est porté. Plus de devoirs à remplir, plus de visites à rendre, plus de journaux, plus de politique. La langue même du matelot n'est pas la langue ordinaire; c'est une langue telle que la parlent l'océan et le ciel, le calme et la tempête. Vous habitez un univers d'eau parmi des créatures dont le vêtement, les goûts, les manières, le visage, ne ressemblent point aux peuples autocthones; elles ont la rudesse du loup marin et la légèreté de l'oiseau. On ne voit point sur leur front les soucis de la société; les rides qui le traversent ressemblent aux plissures de la voile diminuée, et sont moins creusées par l'âge que par la bise, ainsi que dans les flots. La peau imprégnée de sel de ces créatures est rouge et rigide comme la surface de l'écuéil battu de la lame.

» Les matelots se passionnent pour leur navire; ils pleurent de regret en le quittant, de tendresse en le retrouvant. Ils ne peuvent rester dans leur famille; après avoir juré cent fois qu'ils ne s'exposeraient plus à la mer, il leur est impossible de s'en passer, comme un jeune homme ne se peut arracher des bras d'une maîtresse orageuse et infidèle.

» Dans les docks de Londres et de Plymouth, il n'est pas rare de trouver des *sailors* nés sur des vaisseaux : depuis leur enfance jusqu'à leur vieillesse, ils ne sont jamais descendus au rivage; ils n'ont vu la terre que du bord de leur berceau flottant; spectateurs du monde où ils ne sont point entrés. Dans cette vie réduite à un si petit espace, sous les nuages et sur les abîmes, tout s'anime pour le marinier : une ancre, une voile, un mât, un canon, sont des personnages qu'on affectionne et qui ont chacun leur histoire.

» La voile fut déchirée sur la côte du Labrador; le maître voilier lui mit la pièce que vous voyez.

» L'ancre sauva le vaisseau quand il eut chassé sur ses autres ancres, au milieu des coraux des îles Sandwich.

» Le mât fut rompu dans une bourrasque au cap de Bonne-Espérance : il n'était que d'un seul jet; il est beaucoup plus fort depuis qu'il est composé de deux pièces.

» Le canon est le seul qui ne fut pas démonté au combat de la Chesapeak.

» Les nouvelles du bord sont des plus intéressantes : on vient de jeter le loch; le navire file dix nœuds.

» Le ciel est clair à midi : on a pris hauteur; on est à telle latitude.

» On a fait le point : il y a tant de lieues gagnées en bonne route.

» La déclinaison de l'aiguille est de tant de degrés : on s'est élevé au nord.

» Le sable des sabliers passe mal : on aura de la pluie.

» On a remarqué des procellaria dans le sillage du vaisseau : on essuiera un grain.

» Des poissons volants se sont montrés au sud : le temps va calmir.

» Un éclairci s'est formé à l'ouest dans les nuages : c'est le pied du vent ; demain le vent soufflera de ce côté.

» L'eau a changé de couleur ; on a vu flotter du bois et des goëmons ; on a aperçu des mouettes et des canards ; un petit oiseau est venu se percher sur les vergues : il faut mettre le cap en dehors, car on approche de terre, et il n'est pas bon de l'accoster la nuit.

» Dans l'épinette il y a un coq favori et pour ainsi dire sacré, qui survit à tous les autres ; il est fameux pour avoir chanté pendant un combat, comme dans la cour d'une ferme au milieu de ses poules.

» Sur les ponts habite un chat : peau verdâtre zébrée, queue pelée, moustaches de crin, ferme sur ses pates, opposant le contre-poids au tangage et le balancier au roulis ; il a fait deux fois le tour du monde, et s'est sauvé d'un naufrage sur un tonneau. Les mousses donnent au coq du biscuit trempé dans du vin, le matou a le privilège de dormir, quand il lui plaît, dans le vitchoura du second capitaine.

» Le vieux matelot ressemble au vieux laboureur; leurs moissons sont différentes, il est vrai. Le matelot a mené une vie errante, le laboureur n'a jamais quitté son champ; mais ils connaissent également les étoiles et prédisent l'avenir en creusant leurs sillons : à l'un l'alouette, le rouge-gorge, le rossignol; à l'autre la procellaria, le courlis, l'alcyon, leurs prophètes. Ils se retirent le soir, celui-ci dans sa cabine, celui-là dans sa chaumière; frêles demeures où l'ouragan qui les ébranle n'agite point des consciences tranquilles. »

> If the wind tempestuous blowing,
> Still no danger they desery :
> The guiltless heart its boon bestowing,
> Sooth them with its *lolly boy*, *lolly boy*, etc., etc.

« Si le vent souffle orageux, tranquilles ils
» n'aperçoivent aucun danger. Le cœur inno-
» cent, en leur versant son baume, les berce avec
» ses *dodo, l'enfant do; dodo, l'enfant do*, etc. »

». Le matelot ne sait où la mort le prendra, à quel bord il laissera sa vie, casaque usée : peut-être, quand il aura mêlé au vent son dernier soupir, sera-t-il lancé au sein des flots, attaché sur deux avirons pour continuer son voyage; peut-être sommeillera-t-il enterré dans un îlot désert que l'on ne retrouvera jamais, ainsi qu'il a dormi isolé dans son hamac au milieu de l'Océan.

» Le vaisseau seul est un spectacle : sensible au plus léger mouvement du gouvernail, hippogriffe ou coursier ailé, il obéit à la main du pilote, comme un cheval à la main du cavalier. L'élégance des mâts et des cordages, la légèreté des matelots qui voltigent sur les vergues, les différents aspects dans lesquels se présente le bâtiment, soit qu'il vogue penché par un autan contraire, soit qu'il fuie droit devant un aquilon favorable, font de cette machine savante une des merveilles du génie de l'homme. Tantôt la lame et son écume brise et rejaillit contre la carène; tantôt l'onde paisible se divise sans résistance devant la proue. Les pavillons, les flammes, les voiles, achèvent la beauté de ce palais de Neptune ; les plus basses voiles, déployées dans leur largeur, s'arrondissent comme de vastes cylindres ; les plus hautes, comprimées dans leur milieu, ressemblent aux mamelles d'une Sirène. Animé d'un souffle impétueux, le navire avec sa quille, comme avec le soc d'une charrue, laboure à grand bruit le champ des mers.

» Sur ce chemin de l'Océan, le long duquel on n'aperçoit ni arbres, ni villages, ni villes, ni tours, ni clochers, ni tombeaux; sur cette route sans colonne, sans pierres milliaires, qui n'a pour bornes que les vagues, pour relais que les vents, pour flambeaux que les astres, la plus belle des aventures, quand on n'est pas en quête de terres et de mers inconnues, est la rencontre de deux vaisseaux. On se découvre mutuellement à l'horizon; on se dirige les uns vers les autres. Les équipages et les passagers s'empressent sur le pont. Les bâtiments s'approchent, hissent leur pavillon, carguent à demi leurs voiles, se mettent en travers. Quand tout est silence, les capitaines, placés sur le gaillard d'arrière, se hèlent avec le porte-voix : « Le nom du navire? de quel port? le nom du capitaine? d'où vient-il, combien de jours de traversée? la latitude et la longitude? à Dieu va! » On lâche les ris, la voile retombe. Les matelots et les passagers des deux vaisseaux se regardent fuir sans mot dire; les uns vont chercher le soleil de l'Asie, les autres le soleil de l'Europe, qui les verront également mourir. Le temps emporte et sépare les voyageurs sur la terre plus promptement encore que le vent ne les emporte et ne les sépare sur l'Océan; on se fait un signe de loin : *à Dieu va!* Le port commun est l'éternité.

» Et si le vaisseau rencontré était celui de Cook ou de Lapeyrouse?

» Le maître de l'équipage de mon vaisseau malouin était un ancien subrécargue appelé Pierre Villeneuve, et dont le nom seul me plaisait à cause de la bonne Villeneuve [1]. Il avait servi dans

---

[1] C'est le nom de la nourrice de M. de Châteaubriand.

l'Inde sous le bailli de Suffren, et en Amérique sous le comte d'Estaing; il s'était trouvé à une multitude d'affaires. Appuyé sur l'avant du vaisseau auprès du beaupré, de même qu'un vétéran assis sous la treille de son petit jardin dans le fossé des Invalides, Pierre, en mâchant une chique de tabac qui lui enflait la joue comme une fluxion, me peignait le moment du branle-bas, l'effet des détonations de l'artillerie sous les ponts, le ravage des boulets dans leurs ricochets contre les affûts, les canons, les pièces de charpente. Je le faisais jaser des Indiens, des nègres, des colons; je lui demandais comment étaient habillés les peuples, comment les arbres faits, quelle couleur avaient la terre et le ciel, quel goût les fruits, si les ananas étaient meilleurs que les pêches, les palmiers plus beaux que les chênes? Il m'expliquait tout cela par des comparaisons prises des choses que je connaissais : le palmier était un grand chou, la robe d'un Indien celle de ma grand'mère; les chameaux ressemblaient à un âne bossu; tous les peuples de l'Orient, et notamment les Chinois, étaient des poltrons et des voleurs. Villeneuve était de Bretagne et nous ne manquions pas de finir par l'éloge de l'incomparable beauté de notre patrie.

» Le son de la cloche interrompait nos conversations; il réglait les quarts, l'heure de l'habillement, celle de la revue, celle des repas. Le matin à un signal, l'équipage, rangé sur le pont, dépouillait la chemise bleue pour en revêtir une autre qui séchait dans les haubans. La chemise quittée était immédiatement lavée dans des baquets.

» Aux repas de midi et du soir les matelots, assis en rond autour des gamelles, plongeaient l'un après l'autre, régulièrement et sans fraude, leur cuiller d'étain dans la soupe flottante au roulis. Ceux qui n'avaient pas faim vendaient, pour un morceau de tabac ou pour un verre d'eau-de-vie, leur portion de biscuit et de viande salée à leurs camarades. Les passagers mangeaient dans la chambre du capitaine. Quand il faisait beau, on tendait une voile sur l'arrière du vaisseau, et l'on dînait à la vue d'une mer bleue tachetée çà et là de marques blanches par les écorchures de la brise.

» Enveloppé de mon manteau, je me couchais la nuit sur le tillac. Mes regards contemplaient les étoiles au dessus de ma tête. La voile enflée me renvoyait la fraîcheur de la brise qui me berçait sous le dôme céleste : à demi assoupi et poussé par le vent, je changeais de ciel en changeant de rêve.

» Les passagers à bord d'un vaisseau offrent une société différente de celle de l'équipage : ils appartiennent à un autre élément; leurs destinées sont de la terre. Les uns courent chercher la fortune, les autres le repos; ceux-là retournent à leur patrie, ceux-ci la quittent; d'autres naviguent pour s'instruire des mœurs des peuples, pour étudier les sciences et les arts. On a le loisir de se connaître dans cette hôtellerie qui voyage avec le voyageur, d'apprendre mainte aventure, de concevoir des antipathies, de contracter des amitiés. Quand vont et viennent ces jeunes femmes nées du sang anglais et du sang indien, joignant à la beauté de Clarisse la délicatesse de Sacontala, alors se forment des chaînes que nouent et dénouent les vents parfumés de Ceylan, douces comme eux, comme eux légères. . . . . »

Et plus loin, car nous citons tout ce que nous pouvons citer de ce livre inédit, et qui, Dieu nous exauce ! paraîtra si tard :

RELACHE A L'ÎLE SAINT-PIERRE DE TERRE-NEUVE.

« Le gouverneur logeait dans le fort à l'extrémité de la ville. Je dînai deux ou trois fois chez cet officier, d'une grande obligeance et d'une extrême politesse. Il cultivait sous un bastion quelques légumes d'Europe. Après le dîner, il me montrait ce qu'il appelait son jardin. Une odeur fine et suave d'héliotrope s'exhalait d'un petit carré de fèves en fleurs; elle ne nous était apportée ni par une brise de la patrie ni par un souffle d'amour, mais par un vent sauvage de Terre-Neuve, sans relations avec la plante exilée, sans sympathie de réminiscence et de volupté. Dans ce parfum chargé d'aurore, de culture et de monde, il y avait toutes les mélancolies des regrets, de l'absence et de la jeunesse.

» Nous allions ensuite causer au pied du mât du pavillon, planté au haut du fort. Le nouveau drapeau français flottait sur notre tête, tandis que, comme les femmes de Virgile, nous regardions la mer qui nous séparait de la terre natale : *flentes*. — Le gouverneur était inquiet; il appartenait à l'opinion battue : il s'ennuyait d'ailleurs sur ce rocher, retraite convenable à un songe-creux de mon espèce, mais rude séjour pour un homme occupé d'affaires, ou ne portant point en lui cette passion qui remplit tout et fait disparaître le reste du monde. Mon hôte s'enquérait de la révolution; je lui demandais des nouvelles du passage au nord-ouest. Il était à l'avant-garde du désert, mais il ne savait rien des Esquimaux, et ne recevait du Canada que des perdrix.

» J'étais allé seul un matin au morne oriental, pour voir se lever le soleil du côté de la France. Je m'assis au ressaut d'un rocher, les pieds pendans sur la vague qui déferlait au bas de la falaise. Une jeune marinière parut dans les déclivités supérieures; elle avait les jambes nues quoiqu'il fît froid, et marchait parmi la rosée. Ses cheveux noirs passaient en touffes sous le mouchoir des Indes dont sa tête était entortillée; par-dessus ce mouchoir elle portait un chapeau de roseaux du pays, en forme de nef ou de berceau; un bouquet de bruyères lilas sortait de son sein que modelait l'entoilage blanc de sa chemise. De temps en temps elle se baissait pour cueillir les feuilles d'une plante aromatique qu'on appelle dans l'île *thé naturel.* D'une main elle mettait ces feuilles dans un panier qu'elle tenait de l'autre main. Elle m'aperçut : sans être effrayée elle se vint asseoir à mon côté, posa son panier près d'elle et se mit, comme moi, les jambes ballantes sur la mer, à regarder le soleil.

» Nous restâmes quelques minutes sans parler, et sans oser nous tourner l'un vers l'autre ; enfin, je fus le plus courageux, et je dis : « Que cueillez-vous là ? » Elle leva sur moi de grands yeux noirs, timides et fiers, et me répondit : « Je cueillais du thé. » Elle me présenta son panier. « Vous portez ce thé à votre père et à votre mère ? — Mon père est à la pêche avec Guillaumy. — Que faites-vous l'hiver dans l'île ? — Nous tressons des filets ; le dimanche nous allons à la messe et aux vêpres, ou nous chantons des cantiques, et puis nous jouons sur la neige et nous voyons les garçons chasser les ours blancs. — Votre père va bientôt revenir ? — Oh ! non ; le capitaine mène le navire à Gênes avec Guillaumy. — Mais Guillaumy reviendra ? — Oh ! oui, à la saison prochaine, au retour des pêcheurs. Il m'apportera dans sa pacotille un corset de soie rayée, un jupon de mousseline et un collier noir. — Et vous serez parée pour le vent, la montagne et la mer. Voulez-vous que je vous envoie d'Amérique un corset, un jupon et un collier ? — Oh ! non. »

» Elle se leva, prit son panier et se précipita par un sentier rapide le long d'une sapinière. Elle chantait d'une voix sonore un cantique des missions :

> Tout brûlant d'une ardeur immortelle,
> C'est vers Dieu que tendent mes désirs.

» Elle faisait envoler sur sa route des mouettes et de beaux oiseaux marins appelés aigrettes, à cause du panache de leur tête; elle avait l'air d'être de leur troupe. Arrivée à la mer, elle sauta dans un bateau, déploya la voile et s'assit au gouvernail; on l'eût prise pour la Fortune; elle s'éloigna de moi.

» *Oh! oui! Oh! non! Guillaumy!* l'image du jeune matelot sur une vergue, au milieu des vents, changeait en terre de délices l'affreux rocher de Saint-Pierre.

> » L'isoli de fortuna, ora vedete. »

Peu s'en fallut cependant que dès le commencement de son voyage ce jeune homme, qui portait une des gloires de la France et sa gloire la plus incontestable, ne fût arrêté à tout jamais par la mort.

« La chaleur nous accablait; le vaisseau, dans un calme plat, sans voile, et trop chargé de ses mâts, était tourmenté par le roulis. Brûlé sur le pont et fatigué du mouvement, je voulus me baigner, et quoique nous n'eussions point de chaloupe dehors, je me jetai du mât de beaupré à la mer. Tout alla d'abord à merveille, et plusieurs passagers m'imitèrent. Je nageais sans regarder le vaisseau; mais quand je vins à tourner la tête, je m'aperçus que le courant l'avait déjà entraîné bien loin. L'équipage était accouru sur le pont; on avait filé un grelin aux autres nageurs. Des requins se montraient dans les eaux du navire, et on leur tirait du bord des coups de fusil pour les écarter. La houle était si grosse qu'elle retardait mon retour et épuisait mes forces. J'avais un abîme au dessous de moi, et les requins pouvaient à tout moment m'emporter un bras ou une jambe. Sur le bâtiment, on s'efforçait de mettre un canot à la mer; mais il fallait établir un palan, et cela prenait un temps considérable.

» Par le plus grand bonheur, une brise presque insensible se leva : le vaisseau, gouvernant un peu, se rapprocha de moi ; je pus m'emparer du bout de la corde; mais les compagnons de ma témérité s'étaient accrochés à cette corde ; et quand on nous attira au flanc du bâtiment, me trouvant à l'extrémité de la file, ils pesaient sur moi de tout leur poids. On nous repêcha ainsi un à un, ce qui fut long. Les roulis continuaient; à chacun d'eux nous plongions de dix ou douze pieds dans la vague, ou nous étions suspendus en l'air à un même nombre de pieds, comme des poissons au bout d'une ligne. A la dernière immersion, je me sentis prêt à m'évanouir ; un roulis de plus, et c'en était fait. Enfin on me hissa sur le pont à demi mort : si je m'étais noyé, le bon débarras pour moi et pour les autres! »

Nous disons nous au contraire : Si un pareil homme s'était noyé, c'en était fait de la fortune poétique de la France ; mais de pareils hommes ne se noient pas. Témoin César sur cette frêle barque qui portait sa fortune.

Quelques jours après cet accident, qui pouvait être si funeste, le vaisseau entra dans la baie de Chesapeak. On juge de l'admiration du poète à l'aspect de ce continent ignoré du reste du monde pendant tant de siècles ! Que de choses cet admirable coup d'œil put embrasser à l'aspect de ce monde nouveau, si long-temps ignoré du vieux monde ! Quel spectacle, en effet, tout rempli de grandeur ! Les premiers habitans de l'Amérique à peu près anéantis ; la domination de Christophe Colomb s'emparant au nom de l'Europe de cet univers que l'Europe ne devait pas garder ; la vieille société périssant dans la jeune Amérique ; une république naissant comme pour servir de modèle aux républiques à venir ; Washington habitant une ville florissante à cette même place achetée à quelques sauvages par Guillaume Penn ; les Etats-Unis renvoyant à la France une liberté que la France les avait aidés à conquérir !

En même temps il posait le pied sur ces rivages déjà fiers de leurs conquêtes si récentes. Partout se mêlaient, sans se confondre encore, les élémens divers dont cette terre allait être formée : les blancs et les noirs ; les oiseaux moqueurs de l'Amérique et les troupeaux de l'Angleterre ; les plantations de tabac et les prairies artificielles. De la baie de Chesapeak le vaisseau se porta vers Baltimore. Là M. de Châteaubriand dit adieu à ses compagnons de voyage qu'il ne devait plus revoir, et seul il s'embarqua dans les grands chemins du Nouveau-Monde.

Mais avant de le suivre, comme nous allons faire, dans cette périlleuse entreprise, entendons-le nous raconter lui-même un épisode de son voyage, raconté avec cette grace que nous retrouvons à chaque page de ses *Mémoires*.

Il faut vous parler auparavant d'un jeune homme, M. T., qui tient une assez bonne place dans les souvenirs de M. de Châteaubriand. « M. T. était né d'une mère écossaise et d'un père anglais. Il servait dans l'artillerie où son mérite l'eut fait bientôt distinguer. Peintre, musicien, mathématicien, parlant plusieurs langues, il réunissait aux avantages d'une taille élevée et d'une figure charmante, les talens utiles et ceux qui nous font rechercher dans la société.

» M. N., supérieur de Saint...., étant venu à Londres en 1790, pour ses affaires, fit la connaissance de T. A l'esprit rusé d'un vieux prêtre, M. N. joignait une chaleur d'ame qui fait aisément des prosélytes parmi des hommes d'une imagination aussi vive que celle de T. Il fut donc résolu que celui-ci passerait à Paris, renverrait de là sa commission au duc de Richmond, embrasserait la religion romaine, et, entrant dans les ordres, suivrait M. N. en Amérique. La chose fut exécutée; et T., en dépit des lettres de sa mère, qui lui tiraient des larmes, s'embarqua pour le Nouveau-Monde.

» Un de ces hasards qui décident de notre destinée m'amena sur le même vaisseau où se trouvait ce jeune homme. Je ne fus pas long-temps sans découvrir cette ame, si mal assortie avec celles qui l'environnaient; et j'avoue que je ne pouvais cesser de m'étonner de la chance singulière qui jetait un Anglais, riche et bien né, parmi une troupe de prêtres catholiques. T., de son côté, s'aperçut que je l'entendais : il me recherchait, mais il craignait M. N., qui marquait de moi une juste défiance, et redoutait une trop grande intimité entre moi et son disciple.

» Cependant notre voyage se prolongeait, et nous n'avions pu encore nous ouvrir l'un à l'autre. Une nuit enfin nous restâmes seuls sur le gaillard, et T. me conta son histoire. Je lui représentai que, s'il croyait la religion romaine meilleure que la protestante, je n'avais rien à dire à cet égard; mais que d'abandonner sa patrie, sa famille, sa fortune, pour aller courir à l'autre bout du monde avec un séminaire de prêtres, me paraissait une insigne folie, dont il se repentirait amèrement.

Je l'engageai à rompre avec M. N. : comme il lui avait confié son argent, et qu'il craignait de ne pouvoir le ravoir, je lui dis que nous partagerions ma bourse; que mon dessein était de voyager chez les Sauvages aussitôt que j'aurais remis mes lettres de recommandation au général Washington; que s'il voulait m'accompagner dans cette intéressante caravane, nous reviendrions ensemble en Europe; que je passerais par amitié pour lui en Angleterre, et que j'aurais le plaisir de le remettre moi-même au sein de sa famille. Je me chargeai en même temps d'écrire à sa mère, et de lui annoncer cette heureuse nouvelle. T. me promit tout, et nous nous liâmes d'une tendre amitié.

» T. était, comme moi, épris de la nature. Nous passions les nuits entières à causer sur le pont, lorsque tout dormait dans le vaisseau, qu'il ne restait plus que quelques matelots de quart; que, toutes les voiles étant pliées, nous roulions au gré d'une lame sourde et lente, tandis qu'une mer immense s'étendait autour de nous dans les ombres, et répétait l'illumination magnifique d'un ciel chargé d'étoiles. Nos conversations alors n'étaient peut-être pas tout-à-fait indignes du grand spectacle que nous avions sous les yeux; et il nous échappait de ces pensées qu'on aurait honte d'énoncer dans la société, mais qu'on serait trop heureux de pouvoir saisir et écrire. Ce fut dans une de ces belles nuits, qu'étant à environ cinquante lieues des côtes de la Virginie, et cinglant sous une légère brise de l'ouest, qui nous apportait l'odeur aromatique de la terre, il composa, pour une romance française, un air qui exhalait le sentiment entier de la scène qui l'inspira. J'ai conservé ce morceau précieux; et lorsqu'il m'arrive de le répéter dans les circonstances présentes, il fait naître en moi des émotions que peu de gens pourraient comprendre.

» Avant cette époque, le vent nous ayant forcés de nous élever considérablement dans le nord, nous nous étions trouvés dans la nécessité de faire une seconde relâche à l'île de Saint-Pierre. Durant les quinze jours que nous passâmes à terre, T. et moi nous allions courir dans les montagnes de cette île affreuse; nous nous perdions au milieu des brouillards dont elle est sans cesse couverte. L'imagination sensible de mon ami se plaisait à ces scènes sombres et romantiques : quelquefois, errant au milieu des nuages et des bouffées de vent, en entendant les mugissements d'une mer que nous ne pouvions découvrir, égarés sur une bruyère laineuse et morte, au bord d'un torrent rouge qui roulait entre des rochers, T. s'imaginait être le barde de Cona; et, en sa qualité de demi-Écossais il se mettait à déclamer des passages d'*Ossian*, pour lesquels il improvisait des airs sauvages, qui m'ont plus d'une fois rappelé le « *'T was like the membry of joys that are past, pleasing and mournful to the soul*. » Je suis bien fâché de n'avoir pas noté quelques uns de ces chants extraordinaires, qui auraient étonné les amateurs et les artistes. Je me souviens que nous passâmes toute une après-dînée à élever quatre grosses pierres en mémoire d'un malheureux célébré dans un petit épisode à la manière d'*Ossian*. Nous nous rappelions alors Rousseau s'amusant à lever des rochers dans son île, pour regarder ce qui était dessous ; si nous n'avions pas le génie de l'auteur de l'*Emile*, nous avions du moins sa simplicité. D'autres fois nous herborisions.

» Mais je prévis dès lors que T. m'échapperait. Nos prêtres se mirent à faire des processions, et voilà mon ami qui se monte la tête, court se placer dans les rangs et se met à chanter avec les autres. J'écrivis aussi de Saint-Pierre à la mère de T. Je ne sais si ma lettre lui aura été remise, comme le gouverneur me l'avait promis ; je désire qu'elle se soit perdue, puisque j'y donnais des espérances qui n'ont pas été réalisées.

» Arrivé à Baltimore, sans me dire adieu, sans paraître sensible à notre ancienne liaison, à ce que j'avais fait pour lui (m'étant attiré la haine des prêtres), T. me quitta un matin, et je ne l'ai jamais revu depuis. J'essayai, mais en vain, de lui parler ; le malheureux était circonvenu, et il se laissa aller. J'ai été moins touché de l'ingratitude de ce jeune homme que de son sort : depuis ma retraite en Angleterre, j'ai fait de vaines recherches pour découvrir sa famille. Je n'avais d'autre envie que d'apprendre qu'il était heureux, et de me retirer; car, quand je le connus, je n'étais pas ce que je suis : je rendais alors des services, et ce n'est pas ma manière de rappeler des liaisons passées avec les riches, lorsque je suis tombé dans l'infortune. »

Ainsi parlait M. de Châteaubriand de son ami T. dans une note de l'*Essai* sur les révolutions. Mais, plus tard, et comme un homme qui s'est fait à lui-même un censeur impitoyable, M. de Châteaubriand ajoute : « J'ai été plus heureux » comme ambassadeur, que je ne l'avais été » comme émigré. J'ai retrouvé à Londres, en » 1822, M. T. Il ne s'est point fait prêtre; il est » resté dans le monde; il s'est marié; il est de- » venu vieux comme moi. Son roman ainsi que » le mien est fini. »

Cependant, durant cette relâche des Açores, les voyageurs se dirigèrent vers une abbaye située au haut d'un mont; au pied de ce mont apparaissaient les toits rouges de la petite ville de Santa-Crux. Laissons parler le voyageur :

« Il fut décidé que j'irais à terre comme interprète, avec T., un autre jeune homme et le second capitaine; on mit la chaloupe en mer, et nos matelots ramèrent vers le rivage, dont nous étions à environ deux milles. Bientôt nous aperçûmes du mouvement sur la côte, et un large canot s'avança vers nous. Aussitôt qu'il parvint à la portée de la voix, nous distinguâmes une quantité de moines. Il nous hélèrent en portugais, en italien, en anglais, et nous répondîmes, dans ces trois langues, que nous étions Français. L'alarme régnait dans l'île : notre vaisseau était le premier bâtiment d'un grand port qui y eût jamais abordé et qui eût osé mouiller dans la rade dangereuse où nous nous trouvions ; d'une autre part, notre pavillon tricolore n'avait point encore flotté dans ces parages, et l'on ne savait si nous sortions d'Alger où de Tunis. Quand on vit que nous portions figures humaines, et que nous entendions ce qu'on nous disait, la joie fut universelle : les moines nous firent passer dans leur bateau, et nous arrivâmes à Santa-Crux, où nous débarquâmes avec difficulté, à cause d'un ressac assez violent qui se forme à terre.

» Toute l'île accourut pour nous voir. Quatre ou cinq malheureux, qu'on avait armés de vieilles piques à la hâte, s'emparèrent de nous. L'uniforme de Sa Majesté m'attirant particulièrement les honneurs, je passai pour l'homme important de la députation. On nous conduisit chez le gouverneur, dans une misérable maison où son excellence, vêtue d'un méchant habit vert autrefois galonné d'or, nous donna notre audience de réception. Il nous permit d'acheter les différents articles dont nous avions besoin.

» On nous relâcha après cette cérémonie, et nos fidèles religieux nous menèrent à un hôtel large, commode et éclairé, qui ressemblait bien plus à celui du gouverneur que le véritable.

» T... avait trouvé un compatriote. Le principal frère, qui se donnait tous ces mouvements pour nous, était un matelot de Jersey, dont le vaisseau avait péri sur Graciosa plusieurs années auparavant. Lorsqu'il se fut sauvé seul à terre, ne manquant pas d'intelligence, il s'aperçut qu'il n'y avait qu'un métier dans l'île, celui de moine. Il se résolut de le devenir : il se montra extrêmement docile aux leçons des bons pères, apprit le portugais, et à lire quelques mots de latin ; enfin, sa qualité d'Anglais parlant pour lui, on sacra cette brebis ramenée au bercail. Le matelot jerseyais, nourri, logé, chauffé à ne rien faire et à boire du *fayal*, trouvait cela beaucoup plus doux que d'aller ferler la misaine sur le bout de la vergue.

» Il se ressouvenait encore de son ancien métier. Ayant été long-temps sans parler sa langue, il était enchanté de trouver enfin quelqu'un qui l'entendît ; il riait, jurait, nous racontait en vrai marin l'histoire scandaleuse du père tel, qui se trouvait présent, et qui ne se doutait guère du genre de conversation dont le frère anglais nous régalait. Il nous promena ensuite dans l'île et à son couvent.

» La moitié de Graciosa, sans beaucoup d'exagération, me sembla peuplée de moines, et le reste des habitants doit aussi leur appartenir par de tendres liens. De cela j'ai non seulement l'aveu de plusieurs femmes, mais ce que j'ai vu de mes yeux ne peut me laisser là-dessus aucun doute.

Je passe plusieurs anecdotes plaisantes[1], et je m'en tiens à ce qui regarde le clergé.

» Le soir étant venu, on nous servit un excellent souper. Nous eûmes pour échansons de très jolies filles; il fallut avaler du *fayal* à grands flots. On prévoit assez ce qui nous arriva : à une heure du matin pas un convive ne pouvait se tenir sur sa

---

[1] Deux traits peuvent servir à donner aux lecteurs une idée de l'ignorance, de l'oisiveté, de l'espèce d'enfance dans laquelle ces bons moines sont restés à la fin du dix-huitième siècle :

On nous avait menés mystérieusement à un petit buffet d'orgues de la paroisse, pensant que nous n'avions jamais vu un si rare instrument. L'organiste, d'un air triomphant, se mit à toucher une misérable kyrielle de plain-chant, cherchant à voir dans nos yeux notre admiration. Nous parûmes extrêmement surpris; T. s'approcha modestement, et fit semblant de peser sur les touches avec le plus grand respect; l'organiste lui faisait des signes, avec l'air de lui dire : « Prenez garde! » Tout à coup T. déploya l'harmonie d'un célèbre passage de Pleyel. Il serait difficile d'imaginer une scène plus plaisante : l'organiste en était à moitié tombé par terre: les moines, la figure pâle et alongée, ouvraient une bouche béante, tandis que les frères servants faisaient des gestes d'étonnement les plus ridicules autour de nous.

La seconde anecdote n'est pas aussi gaie, mais elle montre le moine. On nous présenta un père, dont l'air réservé et important annonçait le savantasse de son cloître. Il tira de sa manche un *Cœur de Jésus*, tout barbouillé de grimoires : mes voisins n'y entendaient rien ; la *curiosité* me parvint à mon tour. Je ne sais pourquoi, en France, un jour que je n'avais rien à faire, il m'était tombé dans la tête qu'il serait bon que j'apprisse l'hébreu ; je savais donc un peu le lire. Le bon père avait copié un verset de la Bible ; mais n'en sachant pas davantage, il avait omis les points qui, dans certains cas, forment, par leurs positions relatives, les voyelles; de sorte que c'était un assemblage de consonnes parfaitement indéchiffrables. Je m'en aperçus, et je souris, mais je ne dis rien : pouvoir lire le *Cœur de Jésus* eût été trop fort, et je ne me souciais pas que l'inquisition se fût mêlée d'une sorcellerie si manifeste. Il en fut ensuite de même du Camoëns, et de quelques livres espagnols que nous expliquâmes.

chaise. A six heures, notre moine de Jersey nous déclara en balbutiant, et avec un serment anglais très connu, qu'il prétendait dire sur-le-champ la messe : nous l'accompagnâmes à l'église, où dans moins de cinq minutes il eut expédié le tout. Plusieurs Portugais assistèrent très dévotement au saint sacrifice, et, en nous en retournant, nous rencontrâmes beaucoup de peuple qui baisait religieusement la manche du père. L'impudence avec laquelle ce matelot, encore pris de vin et de débauche, présentait son bras à la foule, me divertissait, en même temps que je ne pouvais m'empêcher de déplorer au fond du cœur la stupidité humaine.

» Ayant embarqué nos provisions vers midi, nous retournâmes nous-mêmes à bord, accompagnés de nos inséparables religieux, qui nous présentèrent un compte énorme, qu'il fallut payer; ils se chargèrent ensuite de nos lettres pour l'Europe, et nous quittèrent avec de grandes protestations d'amitié. Le vaisseau s'étant trouvé en danger la nuit précédente, par la levée d'une forte brise de l'est, on voulut virer l'ancre; mais, comme on s'y attendait, on la perdit. Telle fut la fin de notre expédition. »

En vérité ce sont là de charmantes anecdotes, et racontées avec une grace sans égale. Selon nous, M. de Châteaubriand a bien tort de s'en scandaliser lui-même. Ce récit, dit-il quelque part, *sent son sous-lieutenant d'infanterie.* Eh ! mais oui, mais un sous-lieutenant d'infanterie qui sait et qui peut tout raconter. Le *Génie du Christianisme* n'a rien à faire là, et, Dieu merci! cette histoire de ce matelot-moine aux Açores n'a rien de commun avec Fénélon et Bossuet.

Nous avons laissé notre voyageur sur la route de Philadelphie. — *Tombeaux d'hier dans une ville neuve.* « Il n'y a rien de vieux en Amérique que les bois, et la liberté, mère de toute société humaine : cela vaut bien des monuments et des aïeux! »

Le désappointement de notre voyageur dans cette terre d'égalité a quelque chose de risible. Il arrivait en Amérique, tout pénétré de respect pour la sévère majesté des républiques. Il se croyait débarqué à Sparte, et il trouve quelque chose qui ressemble à Londres et à Paris. De riches équipages, des salles de bal et de spectacles, des conversations frivoles, des femmes élégantes donnant le bras à des petits-maîtres; Washington lui-même, oui, Washington, le Cincinnatus moderne, allant dans un carrosse, qu'emportait avec rapidité quatre coursiers fringants conduits à grandes guides! Que pouvait penser notre jeune disciple de J. J. Rousseau? Cela dérangeait quelque peu sa république de l'an de Rome 296.

Aussi retrouve-t-on un souvenir non équivoque de ce désappointement dans une note de *l'Essai sur les Révolutions*. Cette page est vive et bien sentie. M. de Châteaubriand la trouverait légère aujourd'hui que les Etats-Unis et les Américains ont pris un rang si important parmi les cent peuples de ce monde. Quand il écrivit cette note, elle n'était que sévère et juste.

« Une étincelle de l'incendie allumé sous Charles Ier tombe en Amérique en 1636 (*émigration des puritains*), l'embrase en 1765, repasse l'Océan en 1789 pour ravager de nouveau l'Europe. Il y a quelque chose d'incompréhensible dans ces générations de malheurs.

» En songeant à l'empire américain d'aujourd'hui, on ne peut s'empêcher de jeter les yeux en arrière sur son origine. C'est une chose désolante et amusante à la fois, que de contempler les pauvres humains jouets de leurs propres faits, et conduits aux mêmes résultats par les préjugés les plus opposés. Les puritains avaient demandé à Dieu, avec prières, qu'il les dirigeât dans leur pieuse émigration, et Dieu les conduisit au cap Cod, où ils périrent presque tous de faim et de misère. Bientôt après leurs ennemis mortels, les catholiques, viennent débarquer auprès d'eux sur les mêmes rivages. Une cargaison de graves fous, avec de grands chapeaux et des habits sans boutons, descendent ensuite sur les bords de la Delaware. Que devait penser un Indien regardant tour à tour les étranges histrions de cette grande farce tragi-comique que joue sans cesse la société? En voyant des hommes brûler leurs frères dans la Nouvelle-Angleterre, pour l'amour du ciel;

une autre race, en Pensylvanie, faisant profession de se laisser couper la gorge sans se défendre ; une troisième, dans le Maryland, accompagnée de prêtres bigarrés, couverts de croix, de grimoires, et professant tolérance universelle ; une quatrième, en Virginie, avec des esclaves noirs et des docteurs persécuteurs en grandes robes : cet Indien, sans doute, ne pouvait s'imaginer que ces gens-là venaient d'un même pays? Cependant tous sortaient de la petite île d'Angleterre, tous ne formaient qu'une seule et même nation. Quand on songe à la variété et à la complication des maladies qui fermentent dans un corps politique, on comprend à peine son existence.

» Sur la foi des livres et des intéressés, au seul nom des Américains, nous nous enthousiasmons de ce côté-ci de l'Atlantique. Nos gazettes ne nous parlent que des Romains de Boston et des tyrans de Londres. Moi-même, épris de la même ardeur lorsque j'arrivai à Philadelphie, plein de mon Raynal, je demandai en grace que l'on me montrât un de ces fameux quakers, vertueux descendants de Guillaume Penn. Quelle fut ma surprise quand on me dit que, si je voulais me faire duper, je n'avais qu'à entrer dans la boutique d'un frère ; et que si j'étais curieux d'apprendre jusqu'où peut aller l'esprit d'intérêt et d'immoralité mercantile, on me donnerait le spectacle de deux quakers désirant acheter quelque chose l'un de l'autre, et cherchant à se leurrer mutuellement. Je vis que cette société si vantée n'était, pour la plupart, qu'une compagnie de marchands avides, sans chaleur et sans sensibilité, qui se sont fait une réputation d'honnêteté parce qu'ils portent des habits différents de ceux des autres, ne répondent jamais ni oui, ni non; n'ont jamais deux prix, parce que le monopole de certaines marchandises vous force d'acheter avec eux aux prix qu'ils veulent; en un mot, de froids comédiens qui jouent sans cesse une farce de probité, calculée à un immense intérêt, et chez qui la vertu est une affaire d'agiotage.

» Chaque jour voyait ainsi, l'une après l'autre, se dissiper mes chimères, et cela me faisait grand mal. Lorsque par la suite je connus davantage les Américains, j'ai parfois dit à quelques-uns d'entre eux, devant qui je pouvais ouvrir mon ame : « J'aime votre pays et votre gouvernement, mais je ne vous aime point »; et ils m'ont entendu. »

S'il parle légèrement des Américains, vous allez tout à l'heure l'entendre parler de Washington, car il avait une lettre de recommandation pour ce grand homme, et quand il se présenta à sa porte il retrouva la simplicité du vieux Romain.

« Une petite maison dans le genre anglais, ressemblant aux maisons voisines, était le palais du président des Etats-Unis : point de gardes, pas même de valets. Je frappai; une jeune servante ouvrit. Je lui demandai si le général était chez lui ; elle me répondit qu'il y était. Je répliquai que j'avais une lettre à lui remettre. La servante me demanda mon nom, difficile à prononcer en anglais, et qu'elle ne put retenir. Elle me dit alors doucement : *Walk in Sir*, « Entrez, Monsieur » ; et elle marcha devant moi dans un de ces étroits et longs corridors qui servent de vestibule aux maisons anglaises : elle m'introduisit dans un parloir, où elle me pria d'attendre le général.

Je n'étais pas ému. La grandeur de l'ame ou celle de la fortune ne m'imposent point : j'admire la première sans en être écrasé ; la seconde m'inspire plus de pitié que de respect. Visage d'homme ne me troublera jamais.

Au bout de quelques minutes le général entra. C'était un homme d'une grande taille, d'un air calme et froid plutôt que noble : il est ressemblant dans ses gravures. Je lui présentai ma lettre en silence ; il l'ouvrit, courut à la signature, qu'il lut tout haut avec exclamation : « Le colonel Armand ! » c'était ainsi qu'il appelait et qu'avait signé le marquis de La Rouairie.

Nous nous assîmes ; je lui expliquai, tant bien que mal, le motif de mon voyage. Il me répondait par monosyllabes français ou anglais, et m'écoutait avec une sorte d'étonnement. Je m'en aperçus, et je lui dis avec un peu de vivacité : « Mais il est moins difficile de découvrir le
» passage du nord-ouest que de créer un peuple

» comme vous l'avez fait. » *Well, well, young man!* s'écria-t-il en me tendant la main. Il m'invita à dîner pour le jour suivant, et nous nous quittâmes.

Je fus exact au rendez-vous : nous n'étions que cinq ou six convives. La conversation roula presque entièrement sur la révolution française. Le général nous montra une clef de la Bastille : ces clefs de la Bastille étaient des jouets assez niais qu'on se distribuait alors dans les deux Mondes. Si Washington avait vu, comme moi, dans les ruisseaux de Paris, les *vainqueurs de la Bastille*, il aurait eu moins de foi dans sa relique. Le sérieux et la force de la révolution n'étaient pas dans ces orgies sanglantes. Lors de la révocation de l'édit de Nantes, en 1685, la même populace du faubourg Saint-Antoine démolit le temple protestant à Charenton avec autant de zèle qu'elle dévasta l'église de Saint-Denis en 1793.

Je quittai mon hôte à dix heures du soir, et je ne l'ai jamais revu : il partit le lendemain pour la campagne, et je continuai mon voyage.

Telle fut ma rencontre avec cet homme qui a affranchi tout un monde. Washington est descendu dans la tombe avant qu'un peu de bruit se fût attaché à mes pas ; j'ai passé devant lui comme l'être le plus inconnu ; il était dans tout son éclat, et moi dans toute mon obscurité. Mon nom n'est peut-être pas demeuré un jour entier dans sa mémoire. Heureux pourtant que ses regards soient tombés sur moi ! je m'en suis senti réchauffé le reste de ma vie : il y a une vertu dans les regards d'un grand homme. J'ai vu depuis Buonaparte : ainsi la Providence m'a montré les deux personnages qu'elle s'était plu à mettre à la tête des destinées de leur siècle. »

De Philadelphie, M. de Châteaubriand se rendit à New-York, qui n'était pas encore une des villes les plus importantes de l'univers. Il alla en pélerinage à Boston pour saluer le premier champ de bataille de la liberté américaine.

« J'ai vu les champs de Lexisters ; je m'y suis arrêté en silence, comme le voyageur aux Thermopyles, à contempler la tombe de ces guerriers des Deux-Mondes, qui moururent les premiers pour obéir aux lois de la patrie. En foulant cette terre philosophique qui me disait, dans sa muette éloquence, comment les empires se perdent et s'élèvent, j'ai senti mon néant devant les voies de la Providence, et baissé mon front dans la poussière. »

De New-York, il s'embarqua sur un paquebot qui faisait voile pour Albany, en remontant la rivière d'Hudson ; autrement dit la *rivière du Nord*.

Il raconte ainsi ce voyage avec un accent plein de mélancolie, qui rachète et au delà le ton léger de la note que nous citions tout à l'heure :

« Il y a des morts dont le simple nom nous dit plus qu'on ne saurait exprimer. J'ai bien éprouvé une fois dans ma vie cet effet d'un nom.

C'était en Amérique. Je partais pour le pays des Sauvages, et je me trouvais embarqué sur le paquebot qui remonte de New-York à Albany par la rivière d'Hudson. La société des passagers était nombreuse et aimable, consistant en plusieurs femmes et quelques officiers américains. Un vent frais nous conduisait mollement à notre destination. Vers le soir de la première journée, nous nous assemblâmes sur le pont pour prendre une collation de fruits et de lait. Les femmes s'assirent sur les bancs du gaillard, et les hommes se mirent à leurs pieds. La conversation ne fut pas long-temps bruyante : j'ai toujours remarqué qu'à l'aspect d'un beau tableau de la nature on tombe involontairement dans le silence. Tout à coup je ne sais qui de la compagnie s'écria : « C'est auprès de ce lieu que le major André fut exécuté. » Aussitôt voilà mes idées bouleversées ; on pria une Américaine très jolie de chanter la romance de l'infortuné jeune homme ; elle céda à nos instances, et commença à faire entendre une voix timide, pleine de volupté et d'émotion. Le soleil se couchait ; nous étions alors entre de hautes montagnes. On apercevait çà et là, suspendues sur des abîmes, des cabanes rares qui disparaissaient et reparaissaient tour à tour entre des nuages, mi-partis blancs et roses, qui filaient horizontalement à la hauteur de ces habitations. Lorsqu'au dessus de ces mêmes nuages on découvrait la cime des rochers et les sommets chevelus des sapins, on eût cru voir de petites îles flottantes dans les airs. La rivière majestueuse, tantôt coulant nord et sud, s'étendait en ligne droite devant nous, encaissée entre deux rives parallèles comme une table de plomb; puis tout à coup, tournant à l'aspect du couchant, elle courbait ses flots d'or autour de quelque mont qui, s'avançant dans le fleuve avec toutes ses plantes, ressemblait à un gros bouquet de verdure noué au pied d'une zone bleue et aurore. Nous gardions un profond silence; pour moi, j'osais à peine respirer. Rien n'interrompait le chant plaintif de la jeune passagère, hors le bruit insensible que le vaisseau, poussé par une légère brise, faisait en glissant sur l'onde. Quelquefois la voix se renflait un peu davantage lorsque nous rasions de plus près la rive; dans deux ou trois endroits elle fut répétée par un faible écho : les anciens se seraient imaginé que l'âme d'André, attirée par cette mélodie touchante, se plaisait à en murmurer les derniers sons dans les montagnes. L'idée de ce jeune homme, amant, poète, brave et infortuné, qui, regretté de ses concitoyens et honoré des larmes de Washington, mourut dans la fleur de l'âge pour son pays, répandait sur cette scène romantique une teinte encore plus attendrissante. Les officiers américains et moi nous avions les larmes aux yeux; moi, par l'effet du recueillement délicieux où j'étais plongé; eux, sans doute, par le souvenir des troubles passés de la patrie, qui redoublait le calme du moment présent. Ils ne pouvaient contempler sans une sorte d'extase de cœur ces lieux naguère chargés de bataillons, étincelants et retentissants du bruit des armes, maintenant ensevelis dans une paix profonde, éclairés des derniers feux du jour, décorés de la pompe de la nature, animés du doux sifflement des cardinaux et du roucoulement des ramiers sauvages, et dont les simples habitants, assis sur la pointe d'un roc, à quelque distance de leurs chaumières, regardaient tranquillement notre vaisseau passer sur le fleuve au-dessous d'eux.

Si le gouvernement avait favorisé mon projet, je me serais embarqué pour New-York. Là, j'eusse fait construire deux immenses chariots couverts, traînés par quatre couples de bœufs. Je me serais procuré en outre six petits chevaux, pareils à ceux dont je me suis servi dans mon premier voyage. Trois domestiques européens et trois sauvages des Cinq-Nations m'eussent accompagné. Quelques raisons m'empêchent de m'étendre davantage sur les plans que je comptais suivre : le tout forme un petit volume en ma possession, qui ne serait pas inutile à ceux qui explorent des régions inconnues. Il me suffira de dire que j'eusse renoncé à parcourir les déserts de l'Amérique, s'il en eût dû coûter une larme à leurs simples habitants. J'aurais désiré que, parmi ces nations sauvages, *l'homme à longue barbe*, long-temps après mon départ, eût voulu dire l'ami, le bienfaiteur des hommes.

Enfin tout étant préparé, je me serais mis en route, marchant directement à l'ouest, en longeant les lacs du Canada jusqu'à la source du Mississipi, que j'aurais reconnue. De là, descendant par les plaines de la haute Louisiane, jusqu'au 40° degré de latitude nord, j'eusse repris ma route à l'ouest, de manière à attaquer la côte de la mer du Sud, un peu au dessus de la tête du golfe de Californie. Suivant ici le contour des côtes, toujours en vue de la mer, j'aurais remonté droit au nord, tournant le dos au Nouveau-Mexique. Si aucune découverte n'eût arrêté ma marche, je me fusse avancé jusqu'à l'embouchure de la grande rivière de *Cook*, et de là jusqu'à celle de la rivière du *Cuivre*, par les 72 degrés de latitude septentrionale. Enfin, si nulle part je n'eusse trouvé un passage, et que je n'eusse pu doubler le cap le plus nord de l'Amérique, je serais rentré dans les Etats-Unis par la baie d'Hudson, le Labrador et le Canada.

Tel était l'immense et périlleux voyage que je me proposais d'entreprendre pour le service de ma patrie et de l'Europe. Je calculais qu'il m'eût retenu (tout accident à part) de cinq à six ans. On ne saurait mettre en doute son utilité. J'aurais donné l'histoire des trois règnes de la nature, celle des peuples et de leurs mœurs, dessiné les principales vues, etc., etc.

Quant à ce qui est des risques du voyage, ils sont grands sans doute; mais je suppose que ceux qui calculent tous les dangers ne vont guère voyager chez les Sauvages. Cependant on s'effraie trop sur cet article. Lorsque je me suis vu exposé en Amérique, le péril venait toujours du local et de ma propre imprudence; mais presque jamais des hommes. Par exemple, à la cataracte de Niagara, l'échelle indienne qui s'y trouvait jadis étant rompue, je voulus, en dépit des représentations de mon guide, me rendre au bas de la chute par un rocher à pic d'environ deux cents pieds de hauteur. Je m'aventurai dans la descente. Malgré les rugissements de la cataracte et l'abîme effrayant qui bouillonnait au dessous de moi, je conservai ma tête, et parvins à une quarantaine de pieds du fond. Mais ici le rocher lisse et vertical n'offrait plus ni racines ni fentes où pouvoir reposer mes pieds. Je demeurai suspendu par la main à toute ma longueur, ne pouvant ni remonter ni descendre, sentant mes doigts s'ouvrir peu à peu de lassitude sous le poids de mon corps, et voyant la mort inévitable : il y a peu d'hommes qui aient passé deux minutes dans leur vie comme je les comptai alors, suspendu sur le gouffre de Niagara. Enfin mes mains s'ouvrirent, et je tombai. Par le bonheur le plus inouï je me trouvai sur le roc vif, où j'aurais dû me briser cent fois, et cependant je ne me sentais pas grand mal; j'étais à un demi-pouce de l'abîme, et je n'y avais pas roulé : mais lorsque le froid de l'eau commença à me pénétrer, je m'aperçus que je n'en étais pas quitte à aussi bon marché que je l'avais cru d'abord. Je sentis une douleur insupportable au bras gauche ; je l'avais cassé au dessus du coude. Mon guide, qui me regardait d'en haut, et auquel je fis signe, courut chercher quelques Sauvages qui, avec beaucoup de peine, me remontèrent avec des cordes de bouleau, et me transportèrent chez eux.

Ce ne fut pas le seul risque que je courus à Niagara : en arrivant, je m'étais rendu à la chute, tenant la bride de mon cheval entortillée à mon bras. Tandis que je me penchais pour regarder en bas, un serpent à sonnettes remua dans les buissons voisins ; le cheval s'effraie, recule en se cabrant et en approchant du gouffre ; je ne puis désengager mon bras des rênes, et le cheval, toujours plus effarouché, m'entraine après lui. Déjà ses pieds de devant quittaient la terre, et accroupi sur le bord de l'abîme, il ne s'y tenait plus que par force de reins. C'en était fait de moi, lorsque l'animal, étonné lui-même du nouveau péril, fait un dernier effort, s'abat en dedans par une pirouette, et s'élance à dix pieds loin du bord.

Lorsque j'ai commencé cette note, je ne comptais la faire que de quelques lignes ; le sujet m'a entraîné : puisque la faute est commise, une demi-page de plus ne m'exposera pas davantage à la critique, et le lecteur sera peut-être bien aise qu'on lui dise un mot de cette fameuse cataracte du Canada, la plus belle du monde connu.

Elle est formée par la rivière Niagara, qui sort

du lac Érié et se jette dans l'Ontario. A environ neuf milles de ce dernier lac se trouve la chute : sa hauteur perpendiculaire peut être d'environ deux cents pieds. Mais ce qui contribue à la rendre si violente, c'est que, depuis le lac Érié jusqu'à la cataracte, le fleuve arrive toujours en déclinant par une pente rapide, dans un cours de près de six lieues ; en sorte qu'au moment même du saut, c'est moins une rivière qu'une mer impétueuse, dont les cent mille torrents se pressent à la bouche béante d'un fleuve. La cataracte se divise en deux branches, et se courbe en un fer à cheval d'environ un demi-mille de circuit. Entre les deux chutes s'avance un énorme rocher creusé en dessous, qui pend avec tous ses sapins sur le chaos des ondes. La masse du fleuve qui se précipite au midi, se bombe et s'arrondit comme un vaste cylindre au moment qu'elle quitte le bord, puis se déroule en nappe de neige, et brille au soleil de toutes les couleurs du prisme : celle qui tombe au nord descend dans une ombre effrayante comme une colonne d'eau du déluge. Des arcs-en-ciel sans nombre se courbent et se croisent sur l'abîme, dont les terribles mugissements se font entendre à soixante milles à la ronde. L'onde, frappant le roc ébranlé, rejaillit en tourbillons d'écume qui, s'élevant au dessus des forêts, ressemblent aux fumées épaisses d'un vaste embrasement. Des rochers démesurés et gigantesques, taillés en forme de fantômes, décorent la scène sublime ; des noyers sauvages, d'un aubier rougeâtre et écailleux, croissent chétivement sur ces squelettes fossiles. On ne voit auprès aucun animal vivant, hors des aigles qui, en planant au dessus de la cataracte où ils viennent chercher leur proie, sont entraînés par le courant d'air, et forcés de descendre en tournoyant au fond de l'abîme. Quelque *carcajou* tigré, se suspendant par sa longue queue à l'extrémité d'une branche abaissée, essaie d'attraper les débris des corps noyés des élans et des ours que le remole jette à bord ; et les serpents à sonnettes font entendre de toutes parts leurs bruits sinistres. »

Arrivé à Albany, M. de Châteaubriand se rendit chez un M. Suift, marchand de pelleteries, pour lequel il avait une lettre, et il exposa son projet à M. Suift, comme il l'avait exposé à Washington. En vain le marchand de pelleteries veut retenir ce jeune homme qui s'en va tout droit au pôle, comme s'il allait de Paris à Saint-Cloud, rien n'y fait. Il veut partir, il prend à son service un domestique hollandais, il achète deux chevaux. Il part, mais avant de passer le Mohawk, n'oublions pas la plaisante histoire du maître de danse d'Albany, M. Violet, qui se faisait payer ses leçons en peaux de castor et en jambons d'ours. « Au milieu d'une forêt, on voyait une espèce de grange ; je trouvai dans cette grange une vingtaine de Sauvages, hommes et femmes, barbouillés comme des sorciers, le corps demi-nu, les oreilles découpées, des plumes de corbeau sur la tête, et des anneaux passés dans les narines. Un petit Français, poudré et frisé comme autrefois, habit vert-pomme, veste de droguet, jabot et manchettes de mousseline, râclait un violon de poche, et faisait danser Madelon Friquet à ces Iroquois. M. Violet, en me parlant des Indiens, me disait toujours : *Ces messieurs sauvages et ces dames sauvagesses.* Il se louait beaucoup de la légèreté de ses écoliers ; en effet, je n'ai jamais vu faire de telles gambades. M. Violet, tenant son petit violon entre son menton et sa poitrine, accordait l'instrument fatal ; il criait en iroquois : *A vos places !* et toute la troupe sautait comme une bande de démons. »

A côté de cette histoire d'un Français donnant des leçons de danse aux Sauvages, on ne lira pas sans intérêt l'histoire d'un homme civilisé qui redevient sauvage avec les Sauvages. De ces deux histoires si opposées, le lecteur tirera la conclusion qu'il voudra ou qu'il pourra en tirer :

« Philippe Le Coq, d'une petite ville du Poitou, passa au Canada dans son enfance, y servit comme soldat, à l'âge de vingt ans, dans la guerre de 1754, et, après la prise de Québec, se retira chez les Cinq-Nations, où ayant épousé une Indienne, il renonça aux coutumes de son pays, pour prendre les mœurs des Sauvages. Lorsque je voyageais chez ces peuples, je ne fus pas peu surpris en entendant dire que j'avais un compatriote établi à

quelque distance dans les bois. Je courus chez lui ;
je le trouvai occupé à faire la pointe à des jalons,
à l'ouverture de sa hutte. Il me jeta un regard
assez froid, et continua son ouvrage ; mais aussitôt que je lui adressai la parole en français, il
tressaillit au souvenir de la patrie, et la grosse
larme roula dans ses yeux. Ces accents connus
avaient reporté soudainement dans le cœur du
vieillard toutes les sensations de son enfance : dans
la jeunesse nous regrettons peu nos premiers ans ;
mais plus nous nous enfonçons dans la vie, plus
leur souvenir devient aimable ; c'est qu'alors chacune de nos journées est un triste terme de comparaison. Philippe me pria d'entrer ; je le suivis.
Il avait de la peine à s'exprimer : je le voyais travailler à rassembler les anciennes idées de l'homme
civil ; et j'étudiais avidement cette leçon. Par exemple, j'eus lieu de remarquer qu'il y avait deux espèces de choses relatives, absolument effacées de
sa tête : celle de la propriété du superflu, et celle
de la puissance envers autrui sans nécessité. Je
ne voulus lui faire ma grande question qu'après
que quelques heures de conversation lui eurent
redonné une assez grande quantité de mots et de
pensées. A la fin je lui dis : « Philippe, êtes-vous
heureux ? » Il ne sut d'abord que répondre. « Heureux ? dit-il en réfléchissant ; heureux, oui... oui,
heureux, depuis que je suis Sauvage. » — « Et
comment passez-vous votre vie ? » repris-je. Il se
mit à rire. « J'entends, dis-je ; vous pensez que

cela ne vaut pas une réponse. Mais est-ce que vous ne voudriez pas reprendre votre ancienne vie, retourner dans votre pays ? » — « Mon pays, la France ? Si je n'étais pas si vieux, j'aimerais à le revoir... » — « Et vous ne voudriez pas y rester ? » ajoutai-je. Le mouvement de tête de Philippe m'en dit assez. « Et qu'est-ce qui vous a déterminé à vous faire, comme vous le dites, Sauvage ? » — « Je n'en sais rien ; l'instinct. » Ce mot du vieillard mit fin à mes doutes et à mes questions. Je restai deux jours chez Philippe, pour l'observer, et je ne le vis jamais se démentir un seul instant : son ame, libre du combat des passions sociales, me sembla, pour m'exprimer dans le style des Sauvages, calme comme le champ de bataille, après que les guerriers ont fumé ensemble le calumet de la paix. »

C'est ainsi que M. de Châteaubriand pénètre, non seulement sans peur, mais avec un enthousiasme qui tenait du délire, dans cet immense espace contenu entre Albany et le Niagara, et traversé par le fameux canal de New-York. Puis enfin, après avoir passé le Mohawh, et là se trouvant le maître et le roi de ces latitudes, il tomba dans une espèce d'ivresse, qu'il a décrite à la manière d'un grand poète qui a vingt ans.

« Lorsque, dans mes voyages parmi les nations indiennes du Canada, je quittai les habitations européennes et me trouvai, pour la première fois, seul au milieu d'un océan de forêts, ayant pour ainsi dire la nature entière prosternée à mes pieds, une étrange révolution s'opéra dans mon intérieur. Dans l'espèce de délire qui me saisit, je ne suivais aucune route ; j'allais d'arbre en arbre, à droite et à gauche indifféremment, me disant en moi-même : « Ici, plus de chemins à suivre, plus de villes, plus d'étroites maisons, plus de présidents, de républiques, de rois, surtout plus de lois, et plus d'hommes. Des hommes ? si : quelques bons Sauvages [1] qui ne s'embarrassent pas de moi, ni moi d'eux ; qui, comme moi encore, errent libres où la pensée les mène, mangent quand ils veulent, dorment où et quand il leur plaît. » Et pour essayer si j'étais enfin rétabli dans mes droits originels, je me livrais à mille actes de volonté, qui faisaient enrager le grand Hollandais qui me servait de guide, et qui, dans son ame, me croyait fou.

Parmi les innombrables jouissances que j'éprouvai dans ces voyages, une surtout a fait une vive impression sur mon cœur [1].

---

[1] De *bons* Sauvages qui mangent leurs voisins.
(*Note de M. de Châteaubriand.*)

[1] Tout ce qui suit, à quelques additions près, est tiré du manuscrit de ces voyages, qui a péri avec plusieurs autres ouvrages commencés, tels les *Tableaux de la nature*, l'histoire d'une nation sauvage du Canada, sorte de roman, dont le cadre totalement neuf, et les peintures naturelles, étrangères à notre climat, auraient pu mériter l'indulgence du lecteur [*]. On

[*] Il s'agit ici des *Natchez*. J'ai déjà dit que les premières ébauches des *Natchez* avaient péri, mais que j'avais retrouvé le

J'allais alors voir la fameuse cataracte de Niagara, et j'avais pris ma route à travers les nations indiennes qui habitent les déserts à l'ouest des plantations américaines. Mes guides étaient le soleil, une boussole de poche et le Hollandais dont j'ai déjà parlé; celui-ci entendait parfaitement cinq dialectes de la langue huronne. Notre équipage consistait en deux chevaux auxquels nous attachions le soir une sonnette au cou, et que nous lâchions ensuite dans la forêt : je craignais d'abord un peu de les perdre, mais mon guide me rassura en me faisant remarquer que, par un instinct admirable, ces bons animaux ne s'écartaient jamais hors de la vue de notre feu.

Un soir que, par approximation, ne nous estimant plus qu'à environ huit ou neuf lieues de la cataracte, nous nous préparions à descendre de cheval avant le coucher du soleil, pour bâtir notre hutte et allumer notre bûcher de nuit à la manière

---

a bien voulu donner quelque louange à ma manière de peindre la nature ; mais si on avait vu ces divers morceaux écrits sur mes genoux, parmi les Sauvages mêmes, dans les forêts et au bord des lacs de l'Amérique, j'ose présumer qu'on y eût peut-être trouvé des choses plus dignes du public. De tout cela il ne m'est resté que quelques feuilles détachées, entre autres *la Nuit*, qu'on donne ici. J'étais destiné à perdre dans la révolution fortune, parents, amis, et ce qu'on ne recouvre jamais lorsqu'on l'a perdu, le fruit des travaux de la pensée, seul bien peut-être qui soit réellement à nous.

manuscrit de cet ouvrage écrit à Londres sur le souvenir récent de ces ébauches. J'ai publié sous le nom des *Natchez* ce manuscrit dont j'avais déjà tiré *Atala* et *René*. (N. Ed.)

indienne; nous aperçûmes dans le bois les feux de quelques Sauvages qui étaient campés un peu plus bas, au bord du même ruisseau où nous nous trouvions. Nous allâmes à eux. Le Hollandais leur ayant demandé par mon ordre la permission de passer la nuit avec eux, ce qui fut accordé sur-le-champ, nous nous mîmes alors à l'ouvrage avec nos hôtes. Après avoir coupé des branches, planté des jalons, arraché des écorces pour couvrir notre palais, et rempli quelques autres travaux publics, chacun de nous vaqua à ses affaires particulières. J'apportai ma selle, qui me servit de fidèle oreiller durant tout le voyage; le guide pansa mes chevaux; et, quant à son appareil de nuit, comme il n'était pas si délicat que moi, il se servait ordinairement de quelque tronçon d'arbre sec. L'ouvrage étant fini, nous nous assîmes tous en rond, les jambes croisées à la manière des tailleurs, autour d'un feu immense, afin de rôtir nos quenouilles de maïs, et de préparer le souper. J'avais encore un flacon d'eau-de-vie, qui ne servit pas peu à égayer nos Sauvages; eux se trouvaient avoir des jambons d'oursins, et nous commençâmes un festin royal.

La famille était composée de deux femmes avec deux petits enfants à la mamelle, et de trois guerriers : deux d'entre eux pouvaient avoir de quarante à quarante-cinq ans, quoiqu'ils parussent beaucoup plus vieux; le troisième était un jeune homme.

La conversation devint bientôt générale, c'est-à-dire par quelques mots entrecoupés de ma part, et par beaucoup de gestes : langage expressif que ces nations entendent à merveille, et que j'avais appris parmi elles. Le jeune homme seul gardait un silence obstiné; il tenait constamment les yeux attachés sur moi. Malgré les raies noires, rouges, bleues, les oreilles découpées, la perle pendante au nez dont il était défiguré, on distinguait aisément la noblesse et la sensibilité qui animaient son visage. Combien je lui savais gré de ne pas m'aimer! Il me semblait lire dans son cœur l'histoire de tous les maux dont les Européens ont accablé sa patrie.

Les deux petits enfants, tout nus, s'étaient endormis à nos pieds devant le feu; les femmes les prirent doucement dans leurs bras, et les couchèrent sur des peaux, avec ces soins de mère si délicieux à voir chez ces prétendus Sauvages : la conversation mourut ensuite par degrés, et chacun s'endormit dans la place où il se trouvait.

Moi seul je ne pus fermer l'œil : entendant de toutes parts les aspirations profondes de mes hôtes, je levai la tête, et, m'appuyant sur le coude, contemplai à la lueur rougeâtre du feu mourant les Indiens étendus autour de moi et plongés dans le sommeil. J'avoue que j'eus peine à retenir des larmes. Bon jeune homme, que ton repos me parut touchant! toi, qui semblais si sensible aux maux de ta patrie, tu étais trop grand, trop supérieur, pour te défier de l'étranger. Européens, quelle leçon pour nous! Ces mêmes Sauvages que nous avons poursuivis avec le fer et la flamme, à qui notre avarice ne laisserait pas même une pelletée de terre, pour couvrir leurs cadavres, dans tout cet univers, jadis leur vaste patrimoine; ces mêmes Sauvages, recevant leur ennemi sous leurs huttes hospitalières, partageant avec lui leur misérable repas, leur couche infréquentée du remords, et dormant auprès de lui du sommeil profond du juste! Ces vertus-là sont autant au dessus de nos vertus conventionnelles, que l'ame de ces hommes de la nature est au dessus de celle de l'homme de la société.

Il faisait clair de lune. Echauffé de mes idées, je me levai et fus m'asseoir, à quelque distance, sur une racine au bord du ruisseau: c'était une de ces nuits américaines que le pinceau des hommes ne rendra jamais, et dont je me suis rappelé cent fois le souvenir avec délices.

La lune était au plus haut point du ciel : on voyait çà et là, dans de grands intervalles épurés, scintiller mille étoiles. Tantôt la lune reposait sur un groupe de nuages, qui ressemblait à la cime de hautes montagnes couronnées de neiges; peu à peu ces nues s'alongeaient, se déroulaient en zones diaphanes et onduleuses de satin blanc, ou se transformaient en légers flocons d'écume, en innombrables troupeaux errants dans les plaines bleues du firmament. Une autre fois, la voûte aérienne paraissait changée en une grève où l'on distinguait les couches horizontales, les rides parallèles tracées comme par le flux et le reflux régulier de la mer : une bouffée de vent venait encore déchirer le voile, et partout se formaient dans les cieux de grands bancs d'une ouate éblouissante de blancheur, si doux à l'œil, qu'on croyait ressentir leur mollesse et leur élasticité. La scène sur la terre n'était pas moins ravissante : le jour céruséen et velouté de la lune flottait silencieusement sur la cime des forêts, et, descendant dans les intervalles des arbres, poussait des gerbes de lumière jusque dans l'épaisseur des plus profondes ténèbres. L'étroit ruisseau qui coulait à mes pieds s'enfonçant tour à tour sous des fourrés de chênes-saules et d'arbres à sucre, et reparaissant un peu plus loin dans des clairières tout brillant des constellations de la nuit, ressemblait à un ruban de moire et d'azur, semé de crachats de diamants, et coupé transversalement de bandes noires. De l'autre côté de la rivière, dans une vaste prairie naturelle, la clarté de la lune dormait sans mouvement sur les gazons où elle était étendue comme des toiles. Des bouleaux dispersés çà et là dans la savane, tantôt, selon le caprice des brises, se confondaient avec le sol en s'enveloppant de gazes pâles, tantôt se détachaient du fond de craie en se couvrant d'obscurité, et formant comme des îles d'ombres flottantes sur une mer immobile de lumière. Auprès, tout était silence et repos, hors la chute de quelques feuilles, le passage brusque d'un vent subit, les gémissements rares et interrompus de la hulotte; mais au loin, par intervalle, on entendait les roulements solennels de la cataracte de Niagara, qui, dans le calme de la nuit, se prolongeaient de désert en désert, et expiraient à travers les forêts solitaires.

La grandeur, l'étonnante mélancolie de ce tableau, ne sauraient s'exprimer dans les langues humaines; les plus belles nuits en Europe ne peuvent en donner une idée. Au milieu de nos champs cultivés, en vain l'imagination cherche à s'étendre, elle rencontre de toutes parts les habitations des hommes : mais dans ces pays déserts, l'ame se plaît à s'enfoncer, à se perdre dans un océan d'éternelles forêts; elle aime à errer, à la clarté des étoiles, aux bords des lacs immenses, à planer sur le gouffre mugissant des terribles cataractes, à tomber avec la masse des ondes, et pour ainsi dire à se mêler, à se fondre avec toute une nature sauvage et sublime.

Ces jouissances sont trop poignantes : telle est notre faiblesse, que les plaisirs exquis deviennent des douleurs, comme si la nature avait peur que nous oubliassions que nous sommes hommes. Absorbé dans mon existence, ou plutôt répandu tout entier hors de moi, n'ayant ni sentiment, ni pensée distincte, mais un ineffable je ne sais quoi qui ressemblait à ce bonheur mental dont on prétend que nous jouirons dans l'autre vie, je fus tout à coup rappelé à celle-ci. Je me sentis mal, et je vis qu'il fallait finir. Je retournai à notre Ajouppa, où, me couchant auprès des Sauvages, je tombai bientôt dans un profond sommeil.

Le lendemain, à mon réveil, j'aperçus la troupe déjà prête pour le départ. Mon guide avait sellé les chevaux; les guerriers étaient armés, et les femmes s'occupaient à rassembler les bagages, consistant en peaux, en maïs, en ours fumés. Je me levai, et tirant de mon porte-manteau un peu de poudre et de balles, du tabac et une boîte de gros rouge, je distribuai ces présents parmi nos hôtes, qui parurent bien contents de ma générosité. Nous nous séparâmes ensuite, non sans des marques d'attendrissement et de regret, touchant nos fronts et notre poitrine, à la manière de ces hommes de la nature, ce qui me paraissait bien valoir nos cérémonies. Jusqu'au jeune Indien, qui prit cordialement la main que je lui tendais, nous nous quittâmes tous le cœur plein les uns des autres. Nos amis prirent leur route au nord, en se dirigeant par les mousses, et nous à l'ouest, par ma boussole. Les guerriers partirent devant, poussant le cri de marche; les femmes cheminaient derrière, chargées des bagages et des petits enfants qui, suspendus dans des fourrures aux épaules de leurs mères, se détournaient en souriant pour nous regarder. Je suivis long-temps des yeux cette marche touchante et maternelle, jusqu'à ce que la troupe entière eût disparu lentement entre les arbres de la forêt. »

Mais cependant que devient ce passage tant cherché? et ne craignez-vous pas que déjà notre voyageur n'ait oublié le but de son voyage? C'en est fait, le poète l'emporte déjà sur le chercheur de mondes; l'enthousiasme et l'inspiration règnent sans partage dans cette ame ardente, les hasards du voyage, les vieux fleuves qui grondent, les vieux arbres qui croulent, les Sauvages qui passent; tous les accidents de cette course pittoresque entre la civilisation qui arrive et l'état sauvage qui disparaît peu à peu, ce sont là autant de distractions toutes puissantes auxquelles notre jeune voyageur ne saurait résister. Cette fois il devine à peu près quelle est cette force poétique qui fermente dans son sein, et à travers le nuage de l'avenir il entrevoit le but auquel il doit marcher. Dans les forêts, dans les déserts, sur les rivages, il a des aventures de toutes sortes, et il marche d'étonnements en étonnements. Le moyen de penser encore, au milieu des enchantements poétiques de sa route, à ce problème de géographie qu'il s'est proposé! N'a-t-il pas à parcourir çà et là, au hasard, le matin et le soir, par le soleil ou par la lune, la Louisiade, la Floride, le Canada, le pays des Siminoles, des Natchez, des Muscogulgues? Tout ce monde nouveau le salue et l'appelle, lui qui doit remplir ce nouveau monde de passions, de pitié et de terreur ; lui qui doit élever cette nature sauvage à la dignité du poëme épique ! Aussi comme il est reçu par ce monde nouveau : les lierres l'enlacent, les oiseaux chantent sa bien-venue, les vieux dattiers courbent leurs branches chargées de fruits, les magnolias jettent leurs belles fleurs odorantes sur son chemin. Comment peut-il penser encore à ce passage qu'il voulut découvrir, quand sur les bords du Meschacébé l'attendent et l'appellent ces deux belles filles bleues si naïvement, si chastement agaçantes ? Elles l'ont vu, elles l'aiment, elles le suivent dans une île, elles le servent, elles ne veulent plus le quitter. Pauvres filles ! Elles sont jalouses l'une de l'autre, et pendant qu'il dort, l'ingrat ! la jalousie les empêche de dormir. Il y a là de quoi fournir plus d'un tableau aux plus grands peintres, plus d'un sujet de statue aux sculpteurs. Ces deux jeunes printemps, tout bleus comme le ciel, ces deux nudités chastes et amoureuses, elles se livrent à leurs jeux pour distraire ce beau jeune homme qui les regarde. Un jour, l'une d'elles s'assied en triomphe sur une tortue, comme cette Vénus antique qui est dans le jardin des Tuileries, et sa compagne pousse la tortue en jetant des fleurs et des coquillages. Enfin un matin qu'elles ne dormaient pas, un coup de sifflet se fait entendre. — C'est le signal du chef de la tribu ! s'écrient-elles. — Il faut partir ! — Elles se lèvent donc tremblantes et retenant leurs larmes, elles baisent le front du jeune homme endormi. — Adieu donc! Puis elles s'enfuient, non sans retourner la tête. — Partez, partez! pauvres filles des Florides, allez rejoindre Amélie, René, le père Aubry, Chactas, vous avez votre place marquée dans cette famille épique; allons, courage! quittez-le, puisqu'il le faut, mais il saura bien vous rejoindre; vous avez souffert, et vous avez aimé; vos douleurs et vos amours auront leur récompense : Vous serez Mina, vous serez Celutta, vous vous appellerez : *Atala!*

Ainsi se sont passés les plus beaux jours de cette noble vie, qui devait être si remplie. Jours qui s'enfuyaient doucement sans souci et sans crainte sur les blanches ailes de la fantaisie poétique. Il était seul, il était abandonné corps et ame à sa poésie naissante; il était le plus ignoré, le plus heureux et le plus admirable des poètes de ce monde. Sans plan, sans but, sans espoir, sans désir; il est éperdu, hors de lui, transporté, enivré, libre; libre, tout seul; vagabond de corps comme d'imagination, poète à son aise, tout-à-fait poète; il assiste, transporté, et les larmes aux yeux, et le sourire sur les lèvres, et l'éclat de rire dans la gorge, et le bonheur dans le cœur, à la révélation de son génie. Il crie à son tour : — *Et moi aussi, et moi aussi! Anch' io, anch' io!* Quel drame! Cet homme tout jeune dans ce monde tout jeune! cet homme tout seul dans ce désert, ce civilisé échappé à Paris, et quel

Paris? qui bondit et qui court comme un chevreuil! Adieu la tristesse! adieu la mélancolie! Il erre, il marche, il s'assied, il dort, il tourne, il écoute, il parle, il rêve, il s'appelle, il fume, il fait griller son repas, il aime la chair bien saignante, il regarde les enfans dormir balancés dans les branches de l'arbre ; que lui parlez-vous du passage par le pôle nord? le passage par le pôle, c'était le prétexte de M. Malesherbes pour éloigner son jeune ami, c'était une ruse de la poésie qui voulait sauver son enfant; mais à présent qu'il est bien loin de ce Vésuve enflammé qu'on appelle la France, que lui importe la découverte de ce passage par le nord! Et d'ailleurs il n'a pas le temps de le chercher. Ne faut-il pas bien qu'il se perde dans les forêts et qu'il vive de la vie sauvage? Ne faut-il pas qu'il voie la chute du Niagara, dont il a fait deux ou trois descriptions admirables? Ce n'est pas sa faute s'il ne tombe pas dans le gouffre la première fois, et si son cheval ne les y entraîne pas à la seconde. Il en est quitte pour un bras cassé, mais on est si vite guéri en Amérique! Alors il se jette dans le lac Erié, et sur les bords du lac il voit de charmantes couleuvres, d'adorables serpens, il en connaît les mœurs, il les appelle par leurs noms; si vous voulez, il va les faire danser au son de la flûte. Il passe là cinquante rivières sur de beaux ponts suspendus dans les airs à de beaux fils d'acier et d'or tressés par son imagination créatrice. Quelquefois il s'arrête au bord d'un lac pour voir des milliers de poissons se jouant dans l'onde transparente ; une autre fois, ce sont des oiseaux qui l'arrêtent, ou bien il ferme les yeux et il prête l'oreille à tout ce bruit de fleuves qui se précipitent dans la mer. Ce bruit était si grand qu'il n'entendait pas le bruit que faisait la porte de la prison du Temple en retombant sur le roi de France.

Cette extase n'a pas de fin, ce ravissement n'a pas de bornes. Il est comme cet homme qui, dans un poëme, en face de l'univers nouvellement créé ne sait que dire O! O! O! et voilà tout. Quelquefois il écrit de longues pages qui ne sont toutes que de longues exclamations. Vous lui parlez encore de son passage ! mais ne voyez-vous pas que les plus petits obstacles l'arrêtent tout un jour ? Et quels obstacles ! Il ne s'agit point de montagnes à franchir, ni de fleuves à passer à la nage, ni de forêts à traverser; il s'agit de bien mieux que cela à considérer, il s'agit des plus petits évènements et des plus simples en apparence. Une fois, par exemple, en passant par un pré, il voit une vache bien maigre qui paissait tranquillement. Tout à coup trois hommes qui conduisaient cinq ou six vaches grasses entrent dans le pré, et chassent la vache maigre à coups de bâton. A cette vue, il faut à toute force que notre voyageur se détourne de son chemin. « Une femme sauvage, en apparence aussi misérable que la vache, sortit de la hutte isolée, s'avança vers l'animal effrayé, l'appela doucement et lui offrit quelque chose à manger. La vache courut à elle en alongeant le cou avec un petit mugissement de joie. Les colons menaçaient de loin l'Indienne, qui revint à sa cabane. La vache la suivit. Elle s'arrêta à la porte, où son amie la flattait de la main, tandis que l'animal reconnaissant léchait cette main secourable : les colons s'étaient retirés. »

Êtes-vous comme moi? n'aimez-vous pas mieux cette vache que tous les passages par le Nord?

Ainsi, son voyage dans les bois réunissait tous les charmes du désert et toutes les aventures de la civilisation! Souvent assis sur des ruines indiennes, vis-à-vis une maison anglaise bâtie d'hier, élégamment abritée par des arbres aussi vieux que le monde, côte à côte avec des sauvages, au bord d'un fleuve où le crocodile, en se jouant, lançait par sa gueule béante l'eau du lac en gerbes colorées, il prenait son repas au chant du pélican, aux cris de la cicogne cachée dans les nuages, un repas de truites fraîches ; et en ces instans de calme, d'admiration et de repos, il était heureux comme un roi. « Aussi étais-je bien plus qu'un roi. Si le sort
» m'avait placé sur le trône, et qu'une révolution
» m'en eût précipité, au lieu de traîner ma misère
» dans l'Europe comme Charles et Jacques, j'au-
» rais dit aux amateurs : Ma place vous fait envie,
» eh bien, essayez du métier; vous verrez qu'il
» n'est pas si bon. Egorgez-vous pour mon vieux

» manteau, je vais jouir dans les forêts de l'Amé-
» rique de la liberté que vous m'avez rendue! »

Vraiment, il est impossible de ne pas s'inquiéter de toute son ame et de tout son cœur, en voyant la paix, et le calme et l'enthousiasme de ce jeune homme. Il est entré dans ces forêts si chaste, si jeune, si amoureux de tout ce qui est beau, de tout ce qui est noble et bon ; il a apporté dans son cœur tant de vertu, d'indépendance, de courage; il est si heureux et si fier de l'instinct poétique qui se révèle en lui, tout nouveau, tout armé, qui déborde de toutes parts, qui se fait jour par les cris, par les larmes, par le silence, dans ses veilles, dans son sommeil, sous le ciel, dans la hutte du sauvage, au milieu des grands fleuves, à côté des filles bleues, à côté des guerriers, loin des hommes, près des hommes, partout et toujours! C'est un si beau spectacle, celui d'un homme si heureux et si complètement heureux, qu'on a peur de voir tout à coup ce bonheur s'évanouir! A chaque pas que fait ce jeune homme dans la vie sauvage, on se rappelle malgré soi qu'il est gentilhomme, qu'il est officier, qu'il est monté dans les carrosses du roi, qu'il appartient à ce roi qu'on emprisonne là-bas, à cette noblesse de France qu'on égorge là-bas; qu'il a laissé là-bas un frère, une mère, des parents, des amis, un régiment, quoi encore? Arbres de la forêt, enveloppez-le bien de votre ombre sacrée; oiseaux sans nombre et sans nom, faites retentir sans cesse et sans fin votre cantique de gloire à ses oreilles ; grondez, vieux fleuves ; murmure, vaste mer ; levez-vous, ouragans en fureur ; entraîne-le avec toi, Indien qui pêche ; retenez-le dans des liens de fleurs, jeunes filles des sauvages ; que toute la terre américaine se soulève pour le retenir ! Fasse le ciel qu'il n'entende pas dans les solitudes les bruits venus de France ! Grace, grace pour lui ! Il est si heureux ! Il est si bien ici ! Mais le moyen d'empêcher ce trône de France qui s'écroule de faire cet horrible bruit en croulant ?

M. de Châteaubriand ne devait pas échapper à sa destinée. Voici comment il l'entendit cet immense bruit d'un empire qui s'écroule. C'est là encore un de ces chefs-d'œuvre de narration qu'on ne peut trop admirer.

« En errant de forêts en forêts, je m'étais approché des défrichements américains. Un soir, j'avisai, au bord d'un ruisseau, une ferme bâtie en troncs d'arbres. Je demandai l'hospitalité : elle me fut accordée.

» La nuit vint : l'habitation n'était éclairée que par la flamme du foyer : je m'assis dans un coin de la cheminée. Tandis que mon hôtesse préparait le souper, je m'amusai à lire à la lueur du feu, en baissant la tête, un journal anglais tombé à terre. J'aperçus, écrits en grosses lettres, ces mots : FLIGHT OF THE KING, *fuite du roi*. C'était le récit de l'évasion de Louis XVI, et de l'arrestation de l'infortuné monarque à Varennes. Le journal racontait aussi les progrès de l'émigration, et la réunion de presque tous les officiers de l'armée sous le drapeau des princes français. Je crus entendre la voix de l'honneur, et j'abandonnai mes projets.

» Revenu à Philadelphie, je m'y embarquai. Une tempête me poussa en dix-neuf jours sur la côte de France, où je fis un demi-naufrage entre les îles de Guernesey et d'Origny. Je pris terre au Havre. Au mois de juillet 1792, j'émigrai avec mon frère. L'armée des princes était déjà en campagne, et, sans l'intercession de mon malheureux cousin, Armand de Châteaubriand, je n'aurais pas été reçu. J'avais beau dire que j'arrivais tout exprès de la cataracte de Niagara, on ne voulait rien entendre, et je fus au moment de me battre pour obtenir l'honneur de porter un havresac. Mes camarades, les officiers du régiment de Navarre, formaient une compagnie au camp des princes, mais j'entrai dans une des compagnies bretonnes.

» Ainsi, ce qui me sembla un devoir renversa les premiers desseins que j'avais conçus, et amena la première de ces péripéties qui ont marqué ma carrière. Les Bourbons n'avaient pas besoin sans doute qu'un cadet de Bretagne revînt d'outre-mer pour leur offrir son obscur dévouement, pas plus qu'ils n'ont eu besoin de ses services lorsqu'il est sorti de son obscurité : si, continuant mon voyage, j'eusse allumé la lampe de mon hôtesse avec le journal qui a changé ma vie, personne ne se fût aperçu de mon absence, car personne ne savait que j'existais. Un simple démêlé entre moi et ma conscience me ramena sur le théâtre du monde : j'aurais pu faire ce que j'aurais voulu, puisque j'étais le seul témoin du débat; mais de tous les témoins, c'est celui aux yeux duquel je craindrais le plus de rougir.

» Pourquoi les solitudes de l'Erié et de l'Ontario se présentent-elles aujourd'hui avec plus de charme à ma pensée que le brillant spectacle du Bosphore ?

» C'est qu'à l'époque de mon voyage aux Etats-Unis j'étais plein d'illusions : les troubles de la France commençaient en même temps que commençait ma vie; rien n'était achevé en moi ni dans mon pays. Ces jours me sont doux à rappeler, parce qu'ils ne reproduisent dans ma mémoire que l'innocence des sentiments inspirés par la famille, et par les plaisirs de la jeunesse.

» Quinze ou seize ans plus tard, après mon second voyage, la révolution s'était déjà écoulée : je ne me berçais plus de chimères; mes souvenirs, qui prenaient alors leur source dans la société, avaient perdu leur candeur. Trompé dans mes deux pèlerinages, je n'avais point découvert le passage du nord-ouest; je n'avais point enlevé la gloire du milieu des bois où j'étais allé la chercher, et je l'avais laissée assise sur les ruines d'Athènes.

» Parti pour être voyageur en Amérique, revenu

pour être soldat en Europe, je ne fournis jusqu'au bout ni l'une ni l'autre de ces carrières ; un mauvais génie m'arracha le bâton et l'épée, et me mit la plume à la main. A Sparte, en contemplant le ciel pendant la nuit [1], je me souvenais des pays qui avaient déjà vu mon sommeil paisible ou troublé : j'avais salué, sur les chemins de l'Allemagne, dans les bruyères de l'Angleterre, dans les champs de l'Italie, au milieu des mers, dans les forêts canadiennes, les mêmes étoiles que je voyais briller sur la patrie d'Hélène et de Ménélas. Mais que me servait de me plaindre aux astres, immobiles témoins de mes destinées vagabondes ? Un jour leur regard ne se fatiguera plus à me poursuivre ; il se fixera sur mon tombeau. Maintenant, indifférent moi-même à mon sort, je ne demanderai pas à ces astres malins de s'incliner par une plus douce influence, ni de me rendre ce que le voyageur laisse de sa vie dans les lieux où il passe. » Telles sont les douleurs profondes et bien senties à propos de ce brusque retour du Nouveau-Monde dans cette science à gagner. Ce sont là de cuisants regrets, et cependant M. de Châteaubriand ne nous dit pas encore tout son sacrifice. Car ce jour-là il a bien mieux fait que d'*abandonner ses projets*, il a abandonné sa poésie, il a dit adieu à ses forêts chéries, il a renoncé à cette terre toute neuve, dont il a vu, le premier,

---

[1] *Itinéraire.*

le côté poétique ; il a dit adieu à tout ce qu'il avait vu, à tout ce qu'il n'avait pas vu encore. Adieu montagnes ! adieu vallées ! adieu cascades ! adieu les habitants des forêts ! adieu les forêts ! Le poète emporte *Atala* et *les Natchez*, et il revient de cette terre verdoyante et calme, à ce Paris tout vieux, tout moulu, tout brisé, tout révolutionnaire, qui lui avait fait peur en 89, et ce Paris était arrivé à 92, grand Dieu !

Je ne crois pas que jamais un jeune homme ait donné une plus grande preuve de résignation et de courage, et de dévouement à ses croyances. Il y en a qui par devoir renoncent à leur famille, à leurs études, à leurs amours : c'est bien ; mais renoncer à sa poésie ! dire adieu à son poème commencé ! revenir du nouveau monde dans le vieux monde, de la forêt et du désert à la ville et dans la foule, d'un monde qui naît à un monde qui se meurt, de la liberté du sauvage à la liberté des cannibales ; quitter le silence, le repos, le bruit, l'exil, les fleuves, le désert, les fleurs, et revenir avec des idées incomplètes, des poèmes inachevés, sous l'influence d'un rêve interrompu ; revenir pour voir des échafauds tout rouges, des hommes qui s'égorgent, des trônes qu'on brise, des temples qu'on renverse ; revenir sans pouvoir rien défendre, ni le Dieu, ni le roi, ni les vivants, ni les morts ; revenir pour se cacher dans des ruines, sans oser pleurer sur ces ruines ! voilà ce qu'il a fait pourtant avec la volonté et le dévouement de la conscience, sans hésitation, sans trouble, sans regrets, sans frayeur.

Revenu à Philadelphie pour s'embarquer pour l'Europe, la première chose qui lui rappela qu'il était un homme civilisé, c'est qu'il n'avait pas d'argent pour payer son passage. Un honnête capitaine consentit à le porter en Europe sur sa parole. Il s'embarqua donc. Une tempête le poussa en dix-neuf jours sur les côtes de France, où il fit un demi-naufrage entre les îles de Guernesey et d'Origny. Quelle tempête ! elle est terrible ! C'est par le récit de cette tempête que M. de Châteaubriand termine le livre quatrième de ses Mémoires. Quand un vaisseau hollandais est assailli par la tempête, officiers et matelots se renferment dans le flanc du vaisseau ; toutes les écoutilles sont fermées ; seulement on laisse sur le pont le chien du navire, qui aboie après la tempête. Cependant officiers et matelots boivent et fument, attendant à l'abri que cesse l'orage. L'orage cessé, le chien n'aboie plus ; alors l'équipage remonte sur le pont. — Et moi, dit-il, je suis le chien du navire, que la restauration a laissé sur le pont pour l'avertir de l'orage, pendant qu'elle était à l'abri ! Vous sentez bien que ce n'est pas là la phrase de M. de Châteaubriand, que je la gâte, que je la tue ; chose pardonnable à un homme qui ne l'a pas entendue de la bouche même du poète, qui la sait par ouï-dire, et dont le souvenir ne se repose que sur un souvenir.

CHAPITRE X.

CHAQUE livre nouveau des Mémoires de M. de Chateaubriand commence par un exorde magnifique. Ces Mémoires, où se reflète d'une façon si admirable la vie du plus grand écrivain de notre âge, ont été commencés depuis long-temps. Ils ont été souvent interrompus, souvent repris, çà et là, sous la tente, dans le palais, dans la chaumière, dans la vallée aux Loups, rue d'Enfer, à l'hôtel du ministère des affaires étrangères, à Berlin, à Londres, partout. Ils ont été écrits dans bien des fortunes différentes, mais toujours avec une ame égale. Quelle que soit l'époque de sa vie que l'auteur raconte, toujours il a soin, avant que de faire le récit du passé, de nous transporter dans le moment présent : qui que ce soit ou quoi que ce soit qui se présente à sa pensée, le grand évènement, ou le grand homme, ou le beau paysage, M. de Châteaubriand s'en occupe d'abord ; il ne revient à son sujet, c'est-à-dire à sa Biographie et à son héros, qui est lui-même, que lorsqu'il ne peut faire autrement. Ces introductions dont je vous parle sont de magnifiques morceaux oratoires qui ne sont pas des hors-d'œuvre ; qui rentrent au contraire profondément dans le récit principal, tant ils servent admirablement à désigner l'heure, le lieu, l'instant, la disposition d'ame et d'esprit dans lesquels l'auteur pense, écrit et raconte. Vous ne vous attendez pas sans doute à ce que je vous donne même une idée de ces magnifiques préliminaires, dans lesquels la perfection de la langue française a été poussée à un degré inoui, même pour la langue de M. de Châteaubriand.

Reprenons le cours de ce récit, si varié et si calme, amusant comme un bon conte dont le héros est simple, honnête, spirituel et bon, se doutant peu de son génie, donnant beaucoup au hasard, ce tout-puissant protecteur des intelligences supérieures. A peine marié (car il se maria aussitôt son retour), il s'en va avec sa femme à Paris, où ils logèrent derrière l'église de Saint-Sulpice, cul-de-sac Férou. Ici M. de Châteaubriand s'élève à toute la hauteur de l'histoire, il prend le premier rang parmi les peintres de l'école pittoresque. Quel spectacle le Paris de 92 ! Il l'a vu tout entier ; il l'a parcouru d'un bout à l'autre ;

il en a vu face à face tous les hommes sanglants.
Il en a entendu toutes les clameurs, tous les cris,
toutes les vociférations atroces, à la tribune, aux
théâtres, au Palais-Royal, dans les rues, dans les
journaux; il s'est trouvé face à face avec la terreur,
cette espèce de tigre auquel n'était comparable aucune bête féroce du Nouveau-Monde. Il a vu Robespierre; il a vu Marat, il a vu Danton, *ce Triboulet
des libertés* du peuple; il a assisté aux séances du
club des Jacobins. Pour peu que vous ayez l'habitude du coloris et du grand style de M. de Châteaubriand, vous pouvez vous faire une idée de ces pages
sans égales dans lesquelles il nous montre cette
vaste église mal éclairée, turbulente et sombre,
les chauve-souris, autrefois paisibles locataires
de ces voûtes humides, poussant des cris d'effroi
à la voix des orateurs de la Montagne, et les cris
de ces chauve-souris effaçant l'éclat de ces grosses
voix, si bien que de temps à autre on tirait des
coups de fusil en l'air, singulière façon de demander du silence! Rien n'échappe à M. de Châteaubriand de ce lugubre spectacle; pas même la
tribune, composée de deux solives croisées l'une
sur l'autre, espèce d'échafaud préparatoire; pas
même les instruments de la vieille torture abolie,
suspendus derrière l'orateur; décoration bien
digne, quoique inattendue, de ces votes et de ces
discours funèbres. C'est là que chaque jour se pro-
nonçaient d'innombrables arrêts de mort. Cependant toute la société française qui ne s'était pas

jetée dans *la folie de Coblentz*, poussée à bout, s'en allait de France pour tenter un dernier, un criminel, un inutile effort.

Ici M. de Châteaubriand, qui est un grand politique en même temps qu'il est un grand peintre, se demande si l'émigration était permise. Il faut que cette grave question l'ait cruellement préoccupé, puisqu'il évoque, pour la décider plus à l'aise, la grande ombre de M. de Malesherbes, évocation dans le genre antique, dialogue souvent renouvelé, depuis Platon, par les plus hautes intelligences ! Au reste, cette question de l'émigration avait déjà été admirablement traitée par M. de Châteaubriand : « Je me suis fait cette question en écrivant le siège des Trente : Pourquoi élève-t-on Thrasybule aux nues ? Et pourquoi ravale-t-on les émigrés français au plus bas degré ? Le cas est rigoureusement le même. Les fugitifs des deux pays, forcés de s'exiler par la persécution, prirent les armes sur des terres étrangères en faveur d'une ancienne constitution de leur patrie. Les mots ne sauraient dénaturer les choses. Que les premiers se battissent pour la démocratie, les seconds pour la monarchie, le fait reste toujours le même en soi.

» Un bon étranger au coin de son feu, dans un pays bien tranquille, sûr de se lever le matin comme il s'est couché le soir, en possession de sa fortune, la porte bien fermée, des amis en dedans et la sûreté au dehors, prouvera, en buvant un verre de vin, que les émigrés français ont tort, et qu'on ne doit jamais quitter sa patrie; et ce bon étranger raisonne conséquemment. Il est à son aise, personne ne le persécute, il peut se promener où il veut, sans crainte d'être insulté, même assassiné; on n'incendie pas sa demeure, on ne le chasse point comme une bête féroce, le tout parce qu'il s'appelle Jacques et non pas Pierre, et que son grand-père, qui mourut il y a quarante ans, avait le droit de s'asseoir dans les bancs d'une église, avec deux ou trois arlequins en livrée derrière lui; certes, dis-je, cet étranger pense qu'on a tort de quitter son pays.

» C'est au malheur à juger du malheur; le cœur grossier de la prospérité ne peut comprendre les sentiments délicats de l'infortune. — Si l'on considère sans passion ce que les émigrés ont souffert en France, quel est l'homme maintenant heureux qui, mettant la main sur sa conscience, ose dire : — Je n'eusse pas fait comme eux !

» La persécution commença en même temps dans toutes les parties de la France; et qu'on ne croie pas que l'opinion en fût la cause. Eussiez-vous été le meilleur démocrate, le patriote le plus extravagant, il suffisait que vous portassiez un nom connu pour être noble, pour être persécuté, brûlé, lanterné; témoin les Lameth et tant d'autres, dont les propriétés furent dé vastées, quoique révolutionnaires et de l'Assemblée constituante. »

Eh bien ! j'en suis sûr, et vous le verrez si le malheur des temps nous y condamne, plus cette apologie de l'émigration par M. de Châteaubriand est solennelle, et moins M. de Châteaubriand consentirait à quitter la patrie aux jours du danger; il sait trop à présent que la mort d'un homme sur l'échafaud, mais sur un échafaud dressé dans les murs et dans la patrie, est plus utile que la vie de cet homme hors des murs, dans les rangs étrangers. Cela est beau de défendre sa croyance politique *sous le rapport de la fidélité et des souffrances*, en laissant les opinions de côté !

Cependant, au milieu de ce Paris acharné contre tout ce qui appartenait de près ou de loin à l'aristocratie française, chaque jour apportait un nouveau danger à M. de Châteaubriand; la capitale n'était pas tellement un lieu d'asile que tout gentilhomme pût y manger tranquillement le triste morceau de pain qui lui restait ; notre gentilhomme, qui était revenu de si loin affronter de si cruels hasards, eut beau combattre avec lui-même, il fallut céder, il fallut partir. Cette fois encore, l'argent lui manquait; car c'est là un des bonheurs de cette biographie si remplie d'évènements, de ramener à chaque instant cette même phrase : *L'argent manquait!* L'admirable et touchante imprévoyance pour mon poëte, quand il ne s'agit que de lui-même, a commencé de très bonne heure et comme les hommes d'élite, *qui portent tout avec eux*, il ne s'est jamais inquiété la veille, des destinées du lendemain, même en pleine révolution, dans ces temps horribles, où même le riche ne savait comment acheter son pain. C'est un grand acte de courage, savez-vous, que de vivre ainsi sans inquiétudes, comme s'il était encore dans les forêts et parmi les sauvages du Nouveau-Monde! Et voyez cependant comme toute abnégation personnelle porte sa récompense! Grâce à cette fortune absente et si complètement méprisée, la biographie de M. de Châteaubriand va prendre à chaque instant un intérêt tout nouveau. Sa pauvreté va remplacer le dieu de la machine épique. *L'argent manquait*, c'est le refrain touchant de toutes les biographies illustres; c'est là seule métaphore dont la répétition ne soit pas monotone dans un récit de longue haleine; c'est la seule péripétie toujours inattendue, et qui soit toujours la bien-venue *du bon étranger au coin de son feu*; c'est le seul contre-temps qui porte toujours avec lui son excuse, le seul embarras qui se pardonne toujours, le seul chagrin qui se comprenne toujours. *L'argent manquait!* Eh mon Dieu, oui! le vulgaire ne sait tant de gré de cette phrase aux hommes qui sont au dessus de lui, que parce que le vulgaire ressent en lui-même une secrète joie de voir un grand homme tomber tout à coup de si hautes pensées et de si grands évènemens, à la hauteur de tout le monde, par cette phrase si simple et si dramatique à la fois : *L'argent manquait!*

Donc l'argent manquait. M. de Châteaubriand n'avait pour toute fortune que les assignats de la dot de madame de Châteaubriand. Comment quitter Paris? A force de s'inquiéter, il trouve un notaire de la rue du Faubourg Saint-Honoré qui consent à lui prêter douze mille francs. Il va chercher lui-même ces douze mille francs rue du Faubourg Saint-Honoré, et il les avait en portefeuille, lorsqu'en revenant chez lui, rue Férou, il fait rencontre d'un sien ami. Son ami l'aborde; ils causent, ils marchent à côté l'un de l'autre. L'ennui de tous ces pauvres hommes honnêtes était grand au milieu de tout ce peuple qui se divertissait si fort chaque jour dans les clubs ou autour de l'échafaud. Bref, M. de Châteaubriand, soit faiblesse, soit ennui, soit curiosité, entre avec son ami dans une maison de jeu, rue de Richelieu. Il joue; il perd. Il perd toute la somme, moins quinze cents francs. Il perdait peut-être la tête de son frère et la sienne! Cependant le sang-froid lui revient; il quitte le jeu, il monte dans un fiacre; le fiacre le mène à sa porte, rue Férou : il entre chez sa femme; il veut tirer le portefeuille de sa poche; il le cherche! plus de portefeuille! il a oublié le portefeuille dans le fiacre. Ses derniers quinze cents francs!

Aussitôt il sort plus désolé que jamais. Comment faire? Que va-t-il devenir? Il court sur la place Saint-Sulpice. Des enfants qui jouaient lui dirent que le fiacre qu'il demande vient de partir tout chargé. Il s'informe, on lui indique la demeure du cocher. Il va attendre le cocher chez lui, à sa porte. A deux heures du matin arrive le cocher : on fouille la voiture ; plus de portefeuille ! Le cocher a pris dans la soirée trois *sans-culottes* et un jeune prêtre, dont il indique la demeure. M. de Châteaubriand n'a donc plus qu'une chance sur quatre, de retrouver son pauvre argent.

Il rentre chez lui, et comme c'est là un de ces vrais courages qui ne s'étonnent de rien et qui voient tout de suite le fond des choses, il s'endort aussi profondément que s'il eût dormi gratis sous la hutte d'un sauvage. Le lendemain il est réveillé par un jeune abbé qui lui demande s'il est le chevalier de Châteaubriand. En même temps le jeune homme lui remet son portefeuille et les quinze cents francs, avec lesquels M. de Châteaubriand partit pour Bruxelles, lui, son frère aîné et un domestique qu'ils avaient.

Ils avaient habillé ce domestique en bourgeois, et, dans la diligence comme aux tables d'hôtes, ils le faisaient passer pour un de leurs amis. Le pauvre homme, interdit de tant d'honneurs, s'habituait fort mal à sa dignité nouvelle. A peine osait-il s'asseoir, à peine osait-il manger devant ses maîtres ; il passait tour à tour du respect le plus profond à la familiarité la plus vulgaire et la plus plaisante. Par-dessus le marché, ce domestique était somniloque; il disait tout haut la nuit et en pleine diligence ce qu'il avait dissimulé avec tant de peine pendant le jour. Il ne parlait dans son sommeil que de comtes, de marquis et de seigneurs; enfin, une nuit, c'était auprès de Cambrai, étouffé par son secret, hors de lui-même, et pour échapper à cette contrainte qui lui était insupportable, il crie au cocher : « Arrête! arrête! » On lui ouvre la portière et il s'enfuit à travers champs sans crier gare et sans chapeau. M. de Châteaubriand eut bien de la peine à persuader au conducteur de la diligence qu'il devait continuer sa route sans attendre leur compagnon de voyage. Le jour suivant, le domestique fut pris, arrêté, jeté en prison, et plus tard sa déposition, maladroite plutôt que malveillante, servit à faire condamner à mort le frère de M. de Châteanbriand.

Cependant les deux frères arrivèrent sans autre accident à Cambrai; ils étaient désignés sur leurs passeports comme marchands de vins, fournisseurs de l'armée du Nord. De Cambrai ils se rendirent facilement à Bruxelles. Bruxelles était remplie de royalistes : c'était le rendez-vous général de l'armée des princes; là on ne parlait que de victoires, de triomphes, d'une inévitable restauration, de dignités, de vieille cour et de priviléges. A entendre ces aveugles gentilshommes, ils allaient mettre fin d'un coup d'épée à cette comédie du Jeu-de-Paume; ils allaient replacer le roi sur son trône demain; et comme ils voulaient en avoir seuls toute la gloire et tous les profits, chaque nouveau venu leur était à charge comme un compagnon dangereux et inutile. L'émigration était déjà divisée en deux parts : les premiers venus et les derniers venus; aux premiers venus appartenait exclusivement le droit de restauration. Les insensés ! Aussi M. de Châteaubriand et son frère furent-ils fort mal reçus à l'armée des princes. On leur demanda de quoi ils se mêlaient, d'où ils venaient, pourquoi ils s'étaient dérangés si mal à propos, et pourquoi donc ils n'avaient pas plutôt attendu patiemment le retour de l'armée royale, puisqu'ils étaient tout portés à Paris.

Voilà comment ils furent accueilllis par leurs alliés et leurs frères ! C'est en vain que M. de Châteaubriand voulut entrer dans son régiment; le régiment de Navarre, qui était un régiment de l'armée des princes, les rangs se serrèrent si fort qu'il prit parti dans une des compagnies bretonnes qui allaient faire le siège de Thionville. Cette fois tout se compensait pour le jeune aventurier. Si une première fois le sous-lieutenant d'infanterie avait été fait capitaine de cavalerie pour monter dans les carrosses de la cour, à présent, le lieutenant de cavalerie redevenait un simple soldat. La giberne sur le dos, ma foi, et au bras un méchant fusil qui n'avait pas de chien, et en avant marche ! Afin d'être plus présentable, il portait son uniforme blanc, et il allait tout droit devant lui, quand il rencontra le roi de Prusse Frédéric-Guillaume, à cheval, qui lui dit : « Où allez-vous? — Je vais me battre, dit l'autre. — Je reconnais bien là la noblesse de France! » dit le roi de Prusse ; il salua et passa son chemin.

M. de Châteaubriand avait déjà eu à Bruxelles la même conversation avec un homme qui n'a eu que de l'esprit et qui ne vit guère plus que de nom : « D'où vient monsieur ? demanda ce personnage. — Du Niagara, monsieur. — Où va monsieur ? — Où l'on se bat, monsieur ! » Et la conversation en resta là. Peut-être cet homme, un des derniers sceptiques qu'ait eus la France, alla-t-il s'imaginer que ce jeune homme se moquait de lui.

Il poursuivait donc son chemin portant légèrement son sac et son fusil, et toujours rêvant poésie en attendant que l'ennemi se rencontrât. Cette fois encore, l'ennemi était, pour M. de Châteaubriand, comme une autre espèce de passage par le Nord qu'il s'agissait de trouver. Il marchait à son ennemi comme il était allé à la recherche de son passage, au hasard, en rêveur, en poète : en Amérique, il s'était arrêté pour caresser une vache maigre; en Belgique, il s'arrête pour saluer le triste successeur du grand Frédéric de Prusse; c'est toujours la fantaisie qui domine.

Il arriva ainsi sous les murs de Thionville. Il y

avait dans cette ville des républicains qui faisaient bonne contenance et qui ne tremblaient pas devant ces royalistes fatigués, morts de faim et mal menés, qui n'avaient guère su que se battre en duel et courir le cerf; jeunes gens très braves au fond, mais qui ne savaient pas être patients dans la bravoure, ni habiles d'ailleurs, et qui s'exposèrent tout d'abord aux huées de la ville assiégée : car la première fois qu'ils mirent le feu à leurs obusiers, leurs boulets sans expérience étaient venus tomber à six pieds des murailles. Cette armée royaliste fit donc ce qu'elle put pour composer son siège. Elle éleva des tentes, elle combla des fossés, elle plaça des sentinelles, elle passa des revues, elle fit feu quand elle eut des fusils et de la poudre. M. de Châteaubriand, soldat, s'en allait en patrouille avec les autres soldats. Ces gentilshommes, accoutumés à la chasse au taillis, marchaient au pas, le fusil sous le bras, furetant dans les buissons avec le bout du canon, comme s'ils eussent dû faire envoler un bleu ou lever un républicain ; chacun à ce métier de soldat avait apporté ses habitudes élégantes et ses mots charmants d'autrefois. La peinture de ce camp de Thionville est un tableau de genre d'une finesse exquise et charmante. Quant à M. de Châteaubriand, en attendant que son fusil eût un chien, il se livrait avec délices aux rêveries poétiques. A présent il mettait à profit cette vie de soldat, comme il avait mis à profit la vie des sauvages. Le matin en se réveillant il prêtait l'oreille au chant du coq dans le lointain ; il aimait à voir s'élever d'une tranchée l'alouette matinale, poussant son joyeux petit cri dans les airs ; il faisait son profit de tous ces contrastes : ici, la nature calme, belle et parée, et brillante sous le soleil levant ; là, l'homme en guenilles, hideux et pâle, et sous les armes, et sur le point de se faire massacrer pour des idées ; des arbres en fleurs et des fusils à baïonnettes ; le ruisseau qui coule et le tambour qui bat aux champs. Impressions naturelles que vous avez retrouvées toutes vivantes et toutes colorées des feux du printemps et de la jeunesse, dans un des plus beaux livres des *Martyrs*.

Souvent, au milieu de son extase, il était appelé par le caporal pour faire la soupe, emploi dont il s'acquittait avec beaucoup de succès, il faut le dire ; d'autres fois il cherchait une belle place au bord d'une mare, il s'agenouillait sur les gazons fleuris, et il lavait sa chemise avec toute la dextérité dont peut être capable un honnête gentilhomme qui lave son linge à cru et sans savon. Eh bien ! même dans ces circonstances singulières, ce jeune esprit se tournait du côté poétique. Que n'eût-il pas donné, les jours de blanchissage, pour revenir au temps d'Homère ; pour rencontrer sur son chemin l'estimable princesse Nausicaa !

D'autres fois il veillait à la garde du camp, il battait les campagnes voisines. Dans ces battues il faisait toujours quelque rencontre. Un jour, entre autres, il trouva, couché dans un sillon, un gros homme, le nez en terre, immobile et sans haleine. Aussitôt voilà Châteaubriand qui va *reconnaître;* il prend son fusil des deux mains, il avance à petits pas, enfin il reconnaît son gros cousin Moreau, qui était si gros que, tombé dans ce sillon, il y serait resté jusqu'à la fin du monde s'il n'avait rencontré son cousin le soldat Châteaubriand pour l'aider à se relever, lui et son fusil.

Le soir venu, quand la soupe était mangée, s'il y avait soupe, on parlait, on jouait, on riait, on faisait le grand seigneur sous la tente; Châteaubriand rêvait, il travaillait déjà à *Atala*. Même un jour, le manuscrit d'*Atala*, qu'il portait dans son sac, fut percé d'une balle, et le poète eut ainsi la vie sauve; mais, dit-il avec cet aimable sourire que vous savez, *Atala avait encore à soutenir le feu de l'abbé Morellet*.

Mais enfin il fallut que le siège de Thionville eût une fin : le siège de Troie a bien fini. Le siège de Thionville finit comme le siège de Troie, avec cette différence, que ce furent les assiégés qui perdirent patience les premiers. A la fatigue et à la faim se joignit une affreuse dysenterie qu'on appelait le *mal des Prussiens*. On fit donc retraite chacun de son côté. Le jour où il quittait le camp, M. de Châteaubriand fut blessé à la jambe par l'éclat d'une poutre enflammée, si bien qu'il avait à la fois une blessure à la jambe, la petite-vérole et la maladie des Prussiens, tristes compagnes de sa marche. Cependant, cette fois encore, son courage ne l'abandonna pas; il montra, ce frêle soldat, qu'une grande ame est toujours maîtresse du corps qu'elle anime. Il marcha tant qu'il put aller. Quand il passait dans les villes on lui indiquait le chemin de l'hôpital; mais il allait tout droit devant lui. A Namur, une pauvre femme, le voyant trembler sous la fièvre, le prit en pitié, et lui jeta une mauvaise couverture sur les épaules Il sourit à la vieille femme, et il continua fièrement son chemin, enveloppé dans les trous de sa couverture. Enfin il tomba dans un fossé, n'en pouvant plus. Comme il était dans ce fossé, étendu sans connaissance et sans mouvement, passa la compagnie du prince de Ligne. Quelqu'un eut l'idée d'approcher de ce corps; on lui trouva un reste de vie, et on le jeta dans un fourgon; le fourgon déposa ce cadavre aux portes de Bruxelles et continua sa route. Alors voilà notre homme qui ressuscite, et avec sa couverture de laine, sa blessure à la jambe, son mal prussien et sa petite-vérole, il entre dans la ville. Il va d'abord frapper à la porte de l'hôtellerie où il avait déjà logé une première fois, mais nul ne veut reconnaître ce pâle spectre du jeune et bel émigré et on lui rejette la porte au nez; il va ainsi d'hôtellerie en hôtellerie, de maison en maison, mais en vain : on a peur de ce soldat désarmé bien plus que lorsqu'il avait son fusil sans chien et sans poudre. Pas une maison n'ouvre sa porte à ce pauvre poète qui mendie une paillasse et un toit pour mourir. Eh! que vouliez-vous qu'on fît de ce moribond tout boiteux, tout transparent et tout livide, à Bruxelles? Bruxelles s'est enrichie depuis de la contrefaçon de ses ouvrages; mais c'est là une honnête ville qui n'a pas l'habitude de secourir, même pour un jour, les écrivains qu'elle vole si impunément.

A la fin, comme il ne restait plus d'espoir de trouver l'hospitalité nulle part, il revint à la porte de sa première auberge. Sa fantaisie était de mourir à ce seuil impitoyable, enveloppé dans sa couverture. Il était donc déjà tout couché sur cette pierre froide, disposé et tout prêt à rendre l'âme, quand une voiture vint à passer; dans cette voiture était son frère : vous jugez quels transports! Son frère avait douze cents francs dans sa poche; il en donne la moitié à François. Malgré ses vingt-cinq louis, M. de Châteaubriand ne fut pas reçu dans le bel hôtel : un barbier compatissant consentit à le recevoir dans son taudis. Là il dit adieu à son frère, et son frère rentra en France, où l'attendait l'échafaud de M. de Malesherbes.

Pour notre héros, pansé tant bien que mal, car on osait à peine toucher sa blessure, à cause de la contagion de sa double maladie, il guérit. Il revint en même temps à la santé et au plus absolu dénûment. Il résolut alors de se rendre à l'île de Jer-

sey, afin de rejoindre les royalistes de la Bretagne. Au prix d'un peu d'argent qu'il emprunta, il se fit conduire à Ostende. « A Ostende je rencontrai
» plusieurs Bretons, mes compatriotes et mes ca-
» marades, qui avaient formé le même projet que
» moi. Nous nolisâmes une petite barque pour
» Jersey, et on nous entassa dans la cale de cette
» barque. Le gros temps, le défaut d'air et d'es-
» pace, le mouvement de la mer, achevèrent
» d'épuiser mes forces; le vent et la marée nous
» obligèrent de relâcher à Guernesey.

» Comme j'étais près d'expirer, on me descen-
» dit à terre et on me mit contre un mur, le visage
» tourné vers le soleil, pour rendre le dernier
» soupir. La femme d'un marinier vint à passer ;
» elle eut pitié de moi, elle appela son mari, qui,
» aidé de deux ou trois autres matelots anglais,
» me transporta dans une maison de pêcheur; où
» je fus mis dans un bon lit. C'est vraisemblable-
» ment à cet acte de charité que je dois la vie. Le
» lendemain on me rembarqua sur le sloop d'O-
» stende. Quand nous arrivâmes à Jersey, j'étais
» dans un complet délire. Je fus recueilli par un
» oncle maternel, le comte de Bédée, et je demeu-
» rai plusieurs mois entre la vie et la mort. »

Ici ce grand homme d'esprit s'abandonne à une de ces boutades inattendues qui donnent tant de vivacité et d'imprévu à son discours.

« Laissez entrer son excellence monseigneur le
» vicomte de Châteaubriand, pair de France,

» ambassadeur à Londres, grand-officier de la
» Légion-d'Honneur, etc. » Et toute la ville qui
se précipite à son devant, et la garde d'honneur
qu'on lui donne, et toutes les puissances du temps
qui font cortège à son côté !

« C'était ce même jeune homme qui entrait, il
» y a quarante ans, à Londres, pauvre, nu, fu-
» gitif, ignoré, malade, et condamné par les plus
» habiles médecins. »

Mais que faisons-nous, et à quoi bon notre
récit quand M. de Châteaubriand raconte lui-
même et avec d'admirables détails cette partie de
sa vie?

« Au printemps de 1793, me croyant assez fort
pour reprendre les armes, je passai en Angleterre, où j'espérais trouver une direction des
princes; mais ma santé, au lieu de se rétablir,
continua de décliner : ma poitrine s'entreprit; je
respirais avec peine. D'habiles médecins consul-
tés me déclarèrent que je traînerais ainsi quelques
mois, peut-être même une ou deux années, mais
que je devais renoncer à toute fatigue, et ne pas
compter sur une longue carrière.

Que faire de ce temps de grace qu'on m'accordait? Hors d'état de tenir l'épée pour le roi, je
pris la plume. C'est donc sous le coup d'un arrêt
de mort, et, pour ainsi dire, entre la sentence
et l'exécution, que j'ai écrit l'*Essai historique*. Ce
n'était pas tout de connaître la borne rapprochée
de ma vie, j'avais de plus à supporter la détresse

de l'émigration. Je travaillais le jour à des traductions, mais ce travail ne suffisait pas à mon existence ; et l'on peut voir, dans la première préface d'*Atala*, à quel point j'ai souffert, même sous ce rapport. Ces sacrifices, au reste, portaient en eux leur récompense : j'accomplissais les devoirs de la fidélité envers mes princes ; d'autant plus heureux dans l'accomplissement de ces devoirs, que je ne me faisais aucune illusion, comme on le remarquera dans l'*Essai*, sur les fautes du parti auquel je m'étais dévoué.

Ces détails étaient nécessaires pour expliquer un passage de la *Notice* placée à la tête de l'*Essai*, et cet autre passage de l'*Essai* même : « Attaqué » d'une maladie qui me laisse peu d'espoir, je vois » les objets d'un œil tranquille. L'air calme de la » tombe se fait sentir au voyageur qui n'en est » plus qu'à quelques journées. » J'étais encore obligé de raconter ces faits personnels, pour qu'ils servissent d'excuse au ton de misanthropie répandu dans l'*Essai :* l'amertume de certaines réflexions n'étonnera plus. Un écrivain qui croyait toucher au terme de la vie, et qui, dans le dénûment de son exil, n'avait pour table que la pierre de son tombeau, ne pouvait guère promener des regards riants sur le monde. Il faut lui pardonner de s'être abandonné quelquefois aux préjugés du malheur, car ce malheur a ses injustices, comme le bonheur a sa dureté et ses ingratitudes. En se plaçant donc dans la position où j'étais lorsque je composai l'*Essai*, un lecteur impartial me passera bien des choses.

La mort de ma mère fixa mes opinions religieuses. Je commençai à écrire, en expiation de l'*Essai*, le *Génie du Christianisme*. Rentré en France en 1800, je publiai ce dernier ouvrage, et je plaçai dans la préface la confession suivante : « Mes sen-
» timents religieux n'ont pas toujours été ce qu'ils
» sont aujourd'hui. Tout en avouant la nécessité
» d'une religion, et en admirant le christianisme,
» j'en ai cependant méconnu plusieurs rapports.
» Frappé des abus de quelques institutions et des
» vices de quelques hommes, je suis tombé jadis
» dans les déclamations et les sophismes. Je pour-
» rais en rejeter la faute sur ma jeunesse, sur le
» délire des temps, sur les sociétés que je fréquen-
» tais; mais j'aime mieux me condamner : je ne
» sais point excuser ce qui n'est point excusable.
» Je dirai seulement les moyens dont la Provi-
» dence s'est servie pour me rappeler à mes de-
» voirs.

» Ma mère, après avoir été jetée, à soixante-
» douze ans, dans des cachots, où elle vit périr
» une partie de ses enfants, expira sur un grabat,
» où ses malheurs l'avaient reléguée. Le souvenir
» de mes égarements répandit sur ses derniers
» jours une grande amertume. Elle chargea, en
» mourant, une de mes sœurs de me rappeler à
» cette religion dans laquelle j'avais été élevé. Ma
» sœur me manda les derniers vœux de ma mère.

» Quand la lettre me parvint au delà des mers,
» ma sœur elle-même n'existait plus ; elle était
» morte aussi des suites de son emprisonnement.
» Ces deux voix, sorties du tombeau, cette mort,
» qui servait d'interprète à la mort, m'ont frappé ;
» je suis devenu chrétien : je n'ai point cédé, j'en
» conviens, à de grandes lumières surnaturelles ;
» ma conviction est sortie du cœur : j'ai pleuré et
» j'ai cru. »

Ce n'était point là une histoire inventée pour me mettre à l'abri du reproche de variations quand l'*Essai* parviendrait à la connaissance du public. J'ai conservé la lettre de ma sœur.

Madame de Farcy, après avoir été connue à Paris par son talent pour la poésie, avait renoncé aux muses ; devenue une véritable sainte, ses austérités l'ont conduite au tombeau. J'en puis parler ainsi, car le philanthrope abbé Carron a écrit et publié la vie de ma sœur. Voici ce qu'elle me mandait dans la lettre que la préface du *Génie du Christianisme* a mentionnée.

Saint-Servan, 1er juillet 1768.

« Mon ami, nous venons de perdre la meilleure des mères : je t'annonce
» à regret ce coup funeste (ici quelques détails de famille).... quand tu
» cesseras d'être l'objet de nos sollicitudes, nous aurons cessé de vivre.
» *Si tu savais combien de pleurs tes erreurs ont fait répandre à notre*
» *respectable mère*, combien elles paraissent déplorables à tout ce qui
» pense et fait profession non-seulement de piété, mais de raison ; si tu
» le savais, peut-être cela contribuerait-il à t'ouvrir les yeux, à te faire
» renoncer à écrire ; et si le ciel touché de nos vœux permettait notre
» réunion, tu trouverais au milieu de nous tout le bonheur qu'on peut

» goûter sur la terre ; tu nous donnerais ce bonheur, car il n'en est point
» pour nous tandis que tu nous manques, et que nous avons lieu d'être
» inquiètes de ton sort. »

Voilà la lettre qui me ramena à la foi par la piété filiale.

Tout alla bien pendant quelques années : mon second ouvrage avait réussi au delà de mes espérances. N'ayant jamais manqué de sincérité, n'ayant jamais parlé que d'après ma conscience, n'ayant jamais raconté de moi que des choses vraies, je me croyais en sûreté par les aveux même de la préface du *Génie du Christianisme;* l'*Essai* était également oublié de moi et du public.

Mais Buonaparte, qui s'était brouillé avec la cour de Rome, ne favorisait plus les idées religieuses : le *Génie du Christianisme* avait fait trop de bruit, et commençait à l'importuner. L'affaire de l'Institut survint; une querelle littéraire s'alluma, et l'on déterra l'*Essai*. La police de ce temps-là fut charmée de la découverte; et, comme elle n'était pas arrivée à la perfection de la police de ce temps-ci, comme elle se piquait sottement d'une espèce d'impartialité, elle permit à des gens de lettres de me prêter leur secours. Toutefois, elle ne voulait pas, comme je le dirai à l'instant, que ma défense se changeât en triomphe, ce qui était bien naturel de sa part.

Je ne nommerai point l'adversaire qui me jeta le gant le premier, parce qu'au moment de la restauration, lorsqu'on exhuma de nouveau l'*Essai*, il me prévint loyalement des libelles qui allaient paraître, afin que j'avisasse au moyen de les faire supprimer. N'ayant rien à cacher, et ami sincère de la liberté de la presse, je ne fis aucune démarche ; je trouvai très bon qu'on écrivît contre moi tout ce qu'on croyait devoir écrire.

Un jeune homme, appelé *Damaze de Raymond*, qui fut tué en duel quelque temps après, se fit mon champion sous l'empire, et la censure laissa paraître son écrit ; mais le gouvernement fut moins facile, quand, pour toute réponse à des *extraits* de l'*Essai*, je lui demandai la permission de réimprimer l'ouvrage *entier*.

Voici ma lettre au général baron de Pommereul, conseiller d'état, directeur général de l'imprimerie et de la librairie.

« MONSIEUR LE BARON,

» On s'est permis de publier des morceaux d'un ouvrage dont je suis
» l'auteur. Je juge d'après cela que vous ne verrez aucun inconvénient à
» laisser paraître l'ouvrage tout entier.

» Je vous demande donc, monsieur le baron, l'autorisation nécessaire
» pour mettre sous presse, chez Le Normant, mon ouvrage intitulé :
» *Essai historique, politique et moral sur les Révolutions anciennes et
» modernes, considérées dans leurs rapports avec la Révolution française*. Je n'y changerai pas un seul mot ; j'y ajouterai pour toute préface
» celle du *Génie du Christianisme*.

» J'ai l'honneur d'être, etc.

» Paris, 17 novembre 1812. »

Dès le lendemain, M. de Pommereul me répondit une lettre, écrite tout entière de sa main. En ce temps d'usurpation, on se piquait de politesse, même avec un homme en disgrace, même avec un émigré. M. de Pommereul refuse la permission que je lui demande; mais il serait curieux de comparer le ton de ses deux lettres avec celui des lettres qui sortent aujourd'hui des bureaux d'un directeur général, ou même d'un ministre.

M. de Pommereul reconnaît, dans sa lettre, que mon ouvrage, *fait en 1797, est bien peu convenable au temps présent* (l'empire), *et que, s'il devait paraître aujourd'hui* (sous Buonaparte) *pour la première fois, il doute que ce pût être avec l'assentiment de l'autorité*. Quelle justification de l'*Essai!*

Dans sa seconde lettre, M. le directeur de la librairie m'ordonne de me soumettre à la *censure* si je veux réimprimer mon ouvrage. Il était clair que la censure m'aurait enlevé ce que je disais en éloge de Louis XVI, des Bourbons, de la vieille monarchie, et toutes mes réclamations en faveur de la liberté; il était clair que l'*Essai*, ainsi dépouillé de ce qui servait de contrepoids à ses erreurs, se serait réduit à un extrait à peu près semblable à ceux dont je me plaignais. Force était donc à moi de renoncer à le réimprimer, puisqu'il aurait fallu le livrer aux mutilations de la censure.

Après tout, le gouvernement impérial avait grandement raison : l'*Essai* n'était, ni sous le rapport des libertés publiques, ni sous celui de la monarchie légitime, un livre qu'on pût publier sous le despotisme et l'usurpation. La police se donnait un air d'impartialité, en laissant dire quelque chose en ma faveur, et riait secrètement de m'empêcher de faire la seule chose qui pût réellement me défendre.

Enfin, le roi fut rendu à ses peuples : je parus jouir d'abord de la faveur que l'on croit, mal à propos, devoir suivre des services qui souvent ne méritent pas la peine qu'on y pense; mais enfin, en proclamant le retour de la légitimité, j'avais contribué à entraîner l'opinion publique, par conséquent j'avais choqué des passions et blessé des intérêts : je devais donc avoir des ennemis. Pour m'enlever l'influence qu'on craignait de me voir prendre sur un gouvernement religieux, on crut expédient de réchauffer la vieille querelle de l'*Essai*. On annonça avec bruit un *Châteaubriantana*, une brochure du *Sacerdoce*, etc. C'étaient toujours des compilations de l'*Essai*[1]. Il y avait dans ces nouvelles poursuites quelque chose qui n'était guère plus généreux que dans les premières; j'étais en disgrace sous le roi, comme je l'étais sous Buonaparte, au moment où ces courageux critiques se déchaînaient contre moi. Pourquoi m'ont-ils laissé tranquille lorsque j'étais ministre? C'était là une belle occasion de montrer leur indépendance.

---

[1] Je ne sais ni les titres ni le nombre de toutes ces brochures; je n'en ai jamais lu que ce que j'en ai vu par hasard dans les journaux; mais il y avait encore : *Esprit, maximes et principes* de M. de Châteaubriand, *Itinéraire de Pantin au Mont-Calvaire*, *M. de la Maison-Terne*, *les Persécuteurs*, etc.

Je n'ai répondu à ces personnes bienveillantes que par cette note de la préface de mes *Mélanges de politique* :

« Si je n'ai jamais varié dans mes principes
» politiques, je n'ai pas toujours embrassé le
» christianisme dans tous ses rapports, d'une ma-
» nière aussi complète que je le fais aujourd'hui.
» Dans ma première jeunesse, à une époque où la
» génération était nourrie de la lecture de Voltaire
» et de J. J. Rousseau, je me suis cru un petit
» philosophe, et j'ai fait un mauvais livre. Ce
» livre, je l'ai condamné aussi durement que per-
» sonne dans la préface du *Génie du Christianisme*.
» Il est bizarre qu'on ait voulu me faire un crime
» d'avoir été un esprit fort à vingt ans et un chré-
» tien à quarante. A-t-on jamais reproché à un
» homme de s'être corrigé ? L'écrivain vraiment
» coupable est celui qui, ayant bien commencé,
» finit mal, et non pas celui qui, ayant mal com-
» mencé, finit bien. Quoi qu'il en soit, si je pou-
» vais anéantir l'*Essai historique*, je le ferais, parce
» qu'il renferme, sous le rapport de la religion,
» des pages qui peuvent blesser quelques points
» de discipline; mais, puisque je ne puis l'anéan-
» tir, puisqu'on en extrait tous les jours un peu
» de poison, sans donner le contre-poison qui se
» trouve à grandes doses dans le même ouvrage,
» puisqu'on l'a réimprimé par fragments, je suis
» bien aise d'annoncer à mes ennemis que je vais
» le faire réimprimer tout entier. Je n'y change-

» rai pas un mot; j'ajouterai seulement des notes
» en marge.

» Je prédis à ceux qui ont voulu transformer
» l'*Essai historique* en quelque chose d'épouvan-
» table, qu'ils seront très fâchés de cette publi-
» cation; elle sera tout entière en ma faveur (car
» je n'attache de véritable importance qu'à mon
» caractère); mon amour-propre seul en souffrira.
» Littéralement parlant, ce livre est détestable,
» et parfaitement ridicule; c'est un chaos où se
» rencontrent les Jacobins et les Spartiates, la
» Marseillaise et les chants de Tyrtée, un Voyage
» aux Açores et le Périple d'Hannon, l'Eloge de
» Jésus-Christ et la Critique des Moines, les Vers
» Dorés de Pythagore et les Fables de M. de Ni-
» vernais, Louis XVI, Agis, Charles Ier, des Pro-
» menades solitaires, des Vues de la nature, du
» Malheur, de la Mélancolie, du Suicide, de la
» Politique, un petit commencement d'*Atala*,
» Robespierre, la Convention, et des Discussions
» sur Zénon, Epicure et Aristote; le tout en style
» sauvage et boursouflé[1], plein de fautes de langue,
» d'idiotismes étrangers et de barbarismes. Mais
» on y trouvera aussi un jeune homme exalté plu-
» tôt qu'abattu par le malheur, et dont le cœur

---

[1] Qu'il me soit permis d'être juste envers moi comme envers tout le monde : cette critique du style de l'*Essai* est outrée. C'est un jugement que j'avais prononcé, *ab irato*, sur l'ouvrage, avant de l'avoir relu. On va voir bientôt que j'ai modifié ce jugement, et que je l'ai rendu, je crois, plus impartial.

» est tout à son roi, à l'honneur et à la patrie. »

C'est cet engagement solennel de publier moi-même l'*Essai* que je viens remplir aujourd'hui.

Telle est l'histoire complète de cet ouvrage, de son origine, de la position où j'étais en l'écrivant, et des tracasseries qu'il m'a suscitées. Il faut maintenant examiner l'ouvrage en lui-même et les critiques de mes Aristarques.

Qu'ai-je prétendu prouver dans l'*Essai*? *Qu'il n'y a rien de nouveau sous le soleil*, et qu'on retrouve dans les révolutions anciennes et modernes les personnages et les principaux traits de la révolution française.

On sent combien cette idée, poussée trop loin, a dû produire de rapprochements forcés, ridicules ou bizarres.

Je commençai à écrire l'*Essai* en 1794, et il parut en 1797. Souvent il fallait effacer, la nuit, le tableau que j'avais esquissé le jour : les évènements couraient plus vite que ma plume : il survenait une révolution qui mettait toutes mes comparaisons en défaut : j'écrivais sur un vaisseau pendant une tempête, et je prétendais peindre comme des objets fixes, les rives fugitives qui passaient et s'abîmaient le long du bord ! Jeune et malheureux, mes opinions n'étaient arrêtées sur rien ; je ne savais que penser en littérature, en philosophie, en morale, en religion. Je n'étais décidé qu'en matière politique : sur ce seul point je n'ai jamais varié.

L'éducation chrétienne que j'avais reçue avait laissé des traces profondes dans mon cœur, mais ma tête était troublée par les livres que j'avais lus, les sociétés que j'avais fréquentées. Je ressemblais à presque tous les hommes de cette époque : j'étais né de mon siècle.

Si l'on m'a trouvé une imagination vive dans un âge plus mûr, qu'on juge de ce qu'elle devait être dans ma première jeunesse, lorsque demi-sauvage, sans patrie, sans famille, sans fortune, sans amis, je ne connaissais la société que par les maux dont elle m'avait frappé.

Avant d'imprimer des extraits de l'*Essai*, on colporta l'ouvrage entier mystérieusement, en répandant des bruits étranges. Pourquoi se donnait-on tant de peine ? Loin d'enfouir l'*Essai*, je l'exposais au grand jour, et je le prêtais à quiconque le voulait lire. On prétendait que j'en rachetais partout les exemplaires au plus haut prix. Et où aurais-je trouvé les trésors que ces rachats m'auraient supposés ? J'avais voulu réimprimer l'*Essai* sous Buonaparte, comme on vient de le voir : je n'en faisais donc pas un secret.

Quoi qu'il en soit, les mains officieuses qui firent d'abord circuler l'*Essai historique* perdirent leur travail : on s'aperçut que l'ouvrage lu de suite produisait un effet contraire à celui qu'on en espérait. Il fallut en venir au parti moins loyal, mais plus sûr, de ne le donner que par lambeaux, c'est-à-dire d'en montrer le mal, et d'en cacher le bien.

On résolut d'ouvrir l'attaque du côté religieux, d'opposer quelques pages de l'*Essai* à quelques pages du *Génie du Christianisme*; mais une chose déconcertait ce plan : c'était la préface du dernier ouvrage. Que pouvait-on opposer à un homme qui s'était condamné lui-même avec tant de franchise?

Au reste, cet ouvrage est un véritable chaos : chaque mot y contredit le mot qui le suit. On pourrait faire de l'*Essai* deux analyses différentes : on prouverait par l'une que je suis un sceptique décidé, un disciple de Zénon et d'Epicure; par l'autre, on me ferait connaître comme un chrétien bigot, un esprit superstitieux, un ennemi de la raison et des lumières. On trouve dans cette rêverie de jeune homme une profonde vénération pour Jésus-Christ et pour l'Evangile, l'éloge des évêques, des curés, et des déclamations contre la cour de Rome et contre les moines : on y rencontre des passages qui sembleraient favoriser toutes les extravagances de l'esprit humain, le suicide, le matérialisme, l'anarchie; et tout auprès de ces passages, on lit des chapitres entiers sur l'existence de Dieu, la beauté de l'ordre, l'excellence des principes monarchiques. C'est le combat d'Oromaze et d'Arimane : les larmes maternelles et l'autorité de la raison croissante ont décidé la victoire en faveur du bon génie.

La position de ceux qui m'attaquaient sous l'empire était extrêmement fausse. Que me reprochaient-ils? Des principes qui étaient les leurs! ils ne s'apercevaient pas qu'ils faisaient mon éloge en essayant de me calomnier; car s'il était vrai que l'*Essai* renfermât les opinions dont on prétendait me faire un crime, que prouvaient-elles ces opinions? que j'avais conservé dans toutes les positions de ma vie une indépendance honorable; que moi-même, banni et persécuté, j'avais prêché la monarchie modérée à des gentilshommes bannis, et la tolérance à des prêtres persécutés; que j'avais dit à tous la vérité; que, partageant les souffrances sans partager entièrement les opinions de mes compagnons d'infortune, j'avais eu le courage, assez rare, de leur déclarer que nous avions donné quelque prétexte à nos malheurs.

Ces principes, en contradiction avec le parti même que j'avais embrassé, prouvaient que j'étais le martyr de l'honneur, plutôt que l'aveugle soldat d'une cause dont je connaissais le côté faible; que je m'étais battu comme Falkland dans les camps de Charles Ier, bien que je n'eusse pas été aussi heureux que lui.

Ces principes prouveraient encore que ces bannis, que l'on représentait comme de vils *esclaves* attachés à la *tyrannie* par amour de leurs *privilèges*, étaient pourtant des hommes qui reconnaissaient ce qu'il peut y avoir de noble dans toutes les opinions; qui ne rejetaient aucune idée généreuse; qui ne condamnaient dans la liberté que l'anarchie; qui confessaient loyalement leurs propres erreurs, en sachant supporter leurs infortunes; qui, éclairés sur les abus de l'ancien gouvernement, n'en servaient pas moins leur souverain au péril de leur vie; et qui participaient enfin aux lumières de leur siècle, sans manquer à leurs devoirs de sujets.

Ne pouvais-je pas encore dire à mes adversaires du temps de l'empire : Ou les principes philosophiques que vous me reprochez sont dans l'*Essai*, ou ils n'y sont pas. S'ils n'y sont pas, vous parlez contre la vérité; s'ils y sont, ces principes sont les vôtres : j'étais le disciple de vos erreurs; mes égarements sont de vous; mon retour à la vérité est de moi.

On a supposé des motifs d'intérêt à mes opinions. J'aurais dans ce cas été bien malhabile, car j'allais toujours enseignant des doctrines contraires à celles qui menaient à la faveur dans les lieux que j'habitais.

Dans l'étranger, je n'avais, de l'émigration pour la cause de la monarchie, que l'exil et tous les genres de misère, m'obstinant à parler des fautes qui avaient contribué à la chute du trône, et prônant les libertés publiques.

Dans ma patrie, lorsque j'y revins, je trouvai les temples détruits, la religion persécutée, la puissance et les honneurs du côté de la philosophie; aussitôt je me range du côté du faible, et j'arbore l'étendard religieux. Si je faisais tout cela dans des vues intéressées, ma méprise était grossière : quoi de plus insensé que de dire dans deux positions contraires précisément ce qui devait choquer les hommes dont je pouvais attendre la fortune ? »

Telle est cette profession de foi solennelle. Nous ne pensons pas qu'il y ait rien de plus éloquent dans aucune langue et aussi rien de plus loyal et de plus vrai.

Mais ne perdons pas notre plan de vue. Souvenons-nous que nous recherchons avant tout les chapitres épars çà et là dans ses ouvrages, qui peuvent servir à écrire la vie de M. de Châteaubriand. Déjà dans l'*Essai*, et en laissant de côté l'esprit du livre, qui est tout empreint des merveilleuses qualités de ce noble talent, vous retrouvez des anecdotes précieuses. Toutes les préoccupations de ce jeune homme, tous les petits accidents de sa vie, toutes ses études de chaque jour, futiles ou sévères, il vous raconte tout cela comme cela lui vient, au hasard et sans préparation.

Un jour, après avoir relu l'*Emile*, il faisait lui-même son petit système d'éducation, et il racontait ce qui suit :

« J'ai connu deux Suisses très originaux. L'un ne faisait que de sortir de ses montagnes, et me racontait que, dans son enfance, il était commun qu'une jeune fille et un jeune homme destinés l'un à l'autre couchassent ensemble avant le mariage dans le même lit, sans que la chasteté des mœurs en reçût la moindre atteinte; mais que, dans les derniers temps, on avait été obligé, pour plusieurs raisons, de réformer cet usage. L'autre Suisse était un excellent horloger, depuis long-temps à Paris, et qui s'était rempli la tête de tous les sophismes d'Helvétius sur la vertu et le vice. Le mode d'éducation que cet homme avait embrassé pour sa fille prouve à quel point on peut se laisser égarer par l'esprit de système. Il prétendait, par sa méthode, avoir donné des sens de marbre à son enfant, et que la vue d'un homme ne lui inspirait pas le moindre désir. Je ne sais à quel point ceci était vrai; et je ne sais encore jusqu'à quel point un pareil avantage, en le supposant obtenu, eût été recommandable. J'ai vu sa fille; elle était jeune et jolie. »

Une autre fois, à propos de l'Allemagne et du bon sens naturel des paysans allemands, il se ressouvient très bien qu'il a rencontré un paysan allemand qui voyageait dans son pays en toute sécurité, la bourse pleine d'or.

« En entrant, il y a quelques années, dans un mauvais cabaret, sur la route de Mayence à Francfort, j'aperçus un vieux paysan en guêtres, en bonnet sur la tête et en chapeau par-dessus son bonnet, tenant un bâton sous son bras, et déliant le cordon d'une bourse de cuir, pleine d'or, dont il payait son écot. Je lui marquai mon étonnement qu'il osât voyager avec une somme assez considérable par des chemins remplis de Tyroliens et de Pandours. « C'est l'argent de mes bestiaux et de mes meubles, dit-il; et je vais en Souabe avec ma femme et mes enfants. J'ai vu la guerre : au moins les pauvres laboureurs étaient épargnés; mais ceci n'est pas une guerre, c'est un brigandage : amis, ennemis, tous nous pillent. » Le paysan apercevant l'ancien uniforme de l'infanterie française sous ma redingote, ajouta : « Monsieur, excusez. » — « Vous vous trompez, mon ami, repris-je; j'étais du métier, mais je n'en suis plus; je ne suis rien qu'un malheureux réfugié comme vous. » — « Tant pis » fut sa seule réponse. Alors, retroussant sous son chapeau quelques cheveux blancs qui passaient sous son bonnet, prenant d'une main son bâton et de l'autre un verre à moitié vide de vin du Rhin, il me dit : « Mon officier, Dieu vous bénisse ! » Il partit après. Je ne sais pourquoi le Tant pis et le Dieu vous bénisse de ce bonhomme me sont restés dans la mémoire. »

Il raconte l'émigration avec un entraînement douloureux, et certes c'est là une des pages de sa vie que nous ne saurions passer sous silence.

« La persécution commença en même temps dans toutes les parties de la France; et qu'on ne croie pas que l'opinion en fût la cause. Eussiez-vous été le meilleur patriote, le démocrate le plus extravagant, il suffisait que vous portassiez un nom connu pour être noble, pour être persécuté, brûlé, lanterné : témoin les Lameth et tant d'autres, dont les propriétés furent dévastées, quoique révolutionnaires et de la majorité de l'Assemblée constituante.

Des troupes de sauvages, excitées par d'autres sauvages, sortirent de leur antre. Un malheureux gentilhomme, dans sa maison de campagne, voyait tour à tour accourir les paysans effrayés : « Monsieur, on sonne le tocsin; monsieur, les voici; monsieur, ils ont résolu de vous tuer; monsieur, fuyez, fuyez, ou vous êtes perdu !.... » Au milieu de la nuit, réveillés par des cris de feu et de meurtre, si ces infortunés, échappés à travers mille périls de leurs châteaux réduits en cendres, voulaient, avec leurs épouses et leurs enfants à demi nus, se retirer dans les villes voisines, ils étaient reçus avec les cris de mort : « A la lanterne, l'aristocrate ! » Aussitôt la municipalité en ruban rouge, et à la tête de la populace, venait, dans une visite solennelle, examiner s'ils n'avaient point d'armes. Que malheureusement un vieux couteau de chasse rouillé, un pistolet sans batterie, se trouvassent en leur possession, les vociférations de *traîtres*, de *conspirateurs*, de *scélérats*, retentissaient de toutes parts. Ici on les traînait à la Maison-Commune, pour rendre compte de prétendus discours contre le peuple; là, pour avoir entendu la messe, selon la foi de leurs pères; ailleurs, on les surchargeait de taxes arbitraires, par d'infâmes décrets qui les obligeaient de payer sur le pied de leurs anciennes rentes, tandis que d'autres décrets, en abolissant ces rentes mêmes, ne leur avaient quelquefois rien laissé : taxes qui souvent surpassaient le revenu de la terre entière [1], tant ils étaient absurdes et méchants !

Dans l'abandon général et la persécution attachée à leurs pas, il restait aux gentilshommes une ressource : la capitale. Là, perdus dans la foule, ils espéraient échapper par leur petitesse, contents de dévorer en paix, dans quelque coin obscur, le triste morceau de pain qui leur restait : il n'en fut pas ainsi.

Il semble que l'on fit tout ce que l'on put pour les forcer à s'expatrier, et plusieurs pensent que c'était un plan de l'Assemblée pour s'emparer de leurs biens. Ces victimes dévouées étaient obligées de quitter Paris dans un certain temps donné. Le matin ils voyaient leur hôtel marqué de rouge ou de noir, signe de meurtre ou d'incendie. Ce fut alors qu'ils se trouvèrent dans une position si horrible, que j'essaierais en vain de la peindre. Où aller? où fuir? où se cacher? Réduits à la plus profonde misère, encore pleins de l'amour de la patrie, on les vit à pied, sur les grands chemins, retourner dans les villes de province, où, plus connus, ils éprouvèrent tout ce qu'une haine raf-

---

[1] Ceci est arrivé à la mère de l'auteur. Pour payer les taxes de 1791, elle fut obligée d'ajouter au revenu de la terre taxée, six mille livres de sa poche.

finée peut faire souffrir. D'autres rentrèrent dans les ruines de leurs châteaux dévastés par la flamme. Ils y furent saisis et assassinés ; quelques uns rôtis, comme sous le roi Jean, à la vue de leur famille ; plusieurs y virent leurs épouses violées avec la plus inhumaine barbarie. En vain les malheureux gentilshommes qui survécurent criaient : Nous sommes patriotes, nous vous cédons nos biens, notre vêtement, notre demeure ; on insultait à leurs cris, on redoublait de rage : le désespoir les prit, et ils émigrèrent. »

Et plus loin, quelle sombre éloquence, quand en faisant un rapide retour sur lui-même, et se voyant pauvre, seul, mal vêtu, perdu dans le désert de Londres, *travaillant pour vivre*, il arrive à se dire à lui-même ces affreux mots : la misère !

« La vue de la misère cause différentes sensations chez les hommes. Les grands, c'est-à-dire les riches, ne la voient qu'avec un dégoût extrême ; il ne faut attendre d'eux qu'une pitié insolente, que des dons, des politesses, mille fois pires que des insultes.

Le marchand, si vous entrez dans son comptoir, ramassera précipitamment l'argent qui se trouve atteint : cette ame de boue confond le malheureux et le malhonnête homme.

Un misérable est un objet de curiosité pour les hommes. On l'examine, on aime à toucher la corde des angoisses, pour jouir du plaisir d'étudier son cœur au moment de la convulsion de la douleur, comme ces chirurgiens qui suspendent des animaux dans des tourments, afin d'épier la circulation du sang et le jeu des organes. »

Et plus loin encore, et tout ceci est admirable; et, mon Dieu! il est bien impossible de lire ces pages d'un œil sec, écoutez comment il parle des infortunés :

« Un infortuné parmi les enfants de la prospérité ressemble à un gueux qui se promène en guenilles au milieu d'une société brillante : chacun le regarde et le fuit. Il doit donc éviter les jardins publics, le fracas, le grand jour; le plus souvent même il ne sortira que la nuit. Lorsque la brune commence à confondre les objets, notre infortuné s'aventure hors de sa retraite, et, traversant en hâte les lieux fréquentés, il gagne quelque chemin solitaire, où il puisse errer en liberté. Un jour il va s'asseoir au sommet d'une colline qui domine la ville et commande une vaste contrée; il contemple les feux qui brillent dans l'étendue du paysage obscur, sous tous ces toits habités. Ici, il voit éclater le réverbère à la porte de cet hôtel, dont les habitants, plongés dans les plaisirs, ignorent qu'il est un misérable, occupé seul à regarder de loin la lumière de leurs fêtes : lui qui eut aussi des fêtes et des amis! Il ramène ensuite ses regards sur quelque petit rayon tremblant dans une pauvre maison écartée du faubourg, et il se dit : Là, j'ai des frères !

Une autre fois, par un clair de lune, il se place

en embuscade sur un grand chemin, pour jouir encore à la dérobée de la vue des hommes, sans être distingué d'eux; de peur qu'en apercevant un malheureux, ils ne s'écrient, comme les guides du docteur anglais, dans la *Chaumière Indienne :* Un Paria ! un Paria ! »

Et encore ce touchant récit, à propos du 30 janvier 1649, triste souvenir que vous retrouvez dans *René :*

« Les temps dans lesquels nous vivons et la nature de mes études m'ont fait désirer de voir l'endroit où Charles I*er* fut exécuté. Je demeurais alors dans le Strand. J'arrivai, après bien des passages déserts, par des derrières de maisons et des allées obscures, jusqu'au lieu où l'on a érigé très impolitiquement la statue de Charles II, montrant du doigt le pavé arrosé du sang de son père. A la vue des fenêtres murées de Whitehall, de cet emplacement qui n'est plus une rue, mais qui forme avec les bâtiments environnants une espèce de cour, je me sentis le cœur serré et oppressé de mille sentiments. Je me figurais un échafaud occupant le terrain de la statue, les gardes anglaises formant un bataillon carré, et la foule se pressant au loin derrière. Il me semblait voir tous ces visages, les uns agités par une joie féroce, les autres par le sourire de l'ambition, le plus grand nombre par la terreur et la pitié; et maintenant ce lieu si calme, si solitaire, où il n'y avait que moi et quelques manœuvres qui équarrissaient des pierres en sifflant avec insouciance. Que sont devenus ces hommes célèbres, ces hommes qui remplirent la terre du bruit de leur nom et de leurs crimes, qui se tourmentaient comme s'ils eussent dû exister toujours?. J'étais sur le lieu même où s'était passée une des scènes les plus mémorables de l'histoire : quelles traces en restait-il? C'est ainsi que l'étranger, dans quelques années, demandera le lieu où périt Louis XVI, et à peine des générations indifférentes pourront le lui dire [1]. Je regagnai mon appartement plein de philosophie et de tristesse, et plus que jamais convaincu par mon pélerinage de la vanité de la vie, et du peu, du très peu d'importance de ses plus grands événements. »

L'émotion douloureuse avec laquelle l'auteur raconte le 21 janvier 1793 ne saurait se décrire. Cette fois, M. de Châteaubriand s'élève, à force de douleurs, aux plus beaux transports et aux plus éloquents. Il se lamente, à la façon d'un prophète, sur *le deuil éternel de la France*. Aucun détail ne lui échappe; vous voyez à fond la lâcheté des bourreaux, le courage du martyr, vous entendez la fatale voiture qui roule au milieu d'un morne silence. Vous voyez le roi de France, lié

[1] Non pas, car le lieu où a péri Louis XVI est consacré aux fêtes publiques : la joie perpétuera la mémoire de la douleur, et quand on ira danser aux Champs-Elysées, quand on tirera des pétards sur la place arrosée du sang du Juste, il faudra bien se souvenir de l'échafaud du roi-martyr. (N. Ed.)

sur une planche ensanglantée, comme le plus vil des scélérats, la tête passée de force dans un croissant de fer et attendant le coup qui doit le délivrer de la vie ! — Et tout se termine *par le bruit du coutelas qui se précipite...* — Et cependant on a long-temps accusé l'homme qui écrivait ces pages admirables, le premier poète qui ait pleuré Louis XVI, le premier orateur, après M. de Malesherbes, qui l'ait défendu, d'être *athée* et *révolutionnaire !*

Et comme il parle de M. de Malesherbes ! Avec quelle tendre émotion il se représente l'illustre et courageux vieillard arrivant au secours de la royauté qui se meurt, et quelques jours plus tard, pour récompense de son courage, le vénérable magistrat, revêtu de la chemise rouge, monté sur un tombereau sanglant, et mené à la guillotine entre sa fille, sa petite-fille et son petit-fils, aux acclamations d'un peuple ingrat, dont il avait tant de fois pleuré la misère.

« Ce que l'on sent trop n'est pas toujours ce qu'on exprime le mieux, et je ne puis parler aussi dignement que je l'aurais désiré du défenseur de Louis XVI. L'alliance qui unissait ma famille à la sienne me procurait souvent le bonheur d'approcher de lui. Il me semblait que je devenais plus fort et plus libre en présence de cet homme vertueux qui, au milieu de la corruption des cours, avait su conserver dans un rang élevé l'intégrité du cœur et le courage du patriote.

M. de Malesherbes aurait été grand, si sa taill[e] épaisse ne l'avait empêché de le paraître. Ce qu'[il] y avait de très étonnant en lui, c'était l'énergi[e] avec laquelle il s'exprimait dans une vieilles[se] avancée. Si vous le voyiez assis sans parler, ave[c] ses yeux un peu enfoncés, ses gros sourcils gri[s] sonnants et son air de bonté, vous l'eussiez pr[is] pour un de ces augustes personnages peints de l[a] main de Le Sueur. Mais si on venait à toucher l[a] corde sensible, il se levait comme l'éclair, ses yeu[x] à l'instant s'ouvraient et s'agrandissaient : au[x] paroles chaudes qui sortaient de sa bouche, à so[n] air expressif et animé, il vous aurait semblé voi[r] un jeune homme dans toute l'effervescence d[e] l'âge ; mais à sa tête chenue, à ses mots un pe[u] confus, faute de dents pour les prononcer, vou[s] reconnaissiez le septuagénaire. Ce contraste re[-] doublait les charmes que l'on trouvait dans s[a] conversation, comme on aime ces feux qui brû[-] lent au milieu des neiges et des glaces de l'hiver.

M. de Malesherbes a rempli l'Europe du brui[t] de son nom ; mais le défenseur de Louis XVI n'[a] pas été moins admirable aux autres époques d[e] sa vie que dans les derniers instants qui l'ont [si] glorieusement couronnée. Patron des gens de let[-] tres, le monde lui doit l'*Emile*, et l'on sait qu[e] c'est le seul homme de cour, le maréchal d[e] Luxembourg excepté, que Jean-Jacques ait sin- cèrement aimé. Plus d'une fois il brisa les porte[s] des bastilles ; lui seul refusa de plier son caractèr[e] aux vices des grands, et sortit pur des places où tant d'autres avaient laissé leur vertu. Quelques uns lui ont reproché de donner dans ce qu'on appelle *les principes du jour*. Si par principes du jour on entend haine des abus, M. de Malesherbes fut certainement coupable. Quant à moi, j'avouerai que s'il n'eût été qu'un bon et franc gentilhomme, prêt à se sacrifier pour le roi son maître, et à en appeler à son épée plutôt qu'à sa raison, je l'eusse sincèrement estimé, mais j'aurais laissé à d'autres le soin de faire son éloge.

M. de Malesherbes vint à la Convention avec MM. de Sèze et Tronchet, pour appuyer la demande d'un sursis, d'un appel au peuple, et pour réclamer contre la manière dont les votes avaient été comptés. Il ne put prononcer que quelques paroles entrecoupées de sanglots. Il avait sollicité le sacrifice ; tout le poids du sacrifice retomba sur lui. Il fut chargé d'annoncer au roi l'arrêt fatal. Ecoutons-le lui-même raconter cette scène dans sa prison à M. Hue : « Je vois encore le roi (c'est M. de Malesherbes qui parle) ; il avait le dos tourné vers la porte, les coudes appuyés sur la table, et le visage couvert de sa main. Au bruit que je fis en entrant, il se leva : « Depuis deux heures, me dit-il, je recherche en ma mémoire si, durant le cours de mon règne, j'ai donné volontairement à mes sujets quelque juste sujet de plainte contre moi ; je vous le jure en toute sincérité, je ne mérite de la part des Français aucun reproche. »

M. de Malesherbes tomba aux pieds de son maître, et voulut lui annoncer son sort. « Il était étouffé par ses sanglots, dit Cléry, et il fut plusieurs moments sans pouvoir parler. Le roi le releva et le serra contre son sein avec affection. M. de Malesherbes lui apprit le décret de condamnation à la mort : le roi ne fit aucun mouvement qui annonçât de la surprise ou de l'émotion ; il ne parut affecté que de la douleur de ce respectable vieillard, et chercha même à le consoler. »

Les hommes vulgaires tombent et ne se relèvent plus sous le poids du malheur ; les grands hommes, tout chargés qu'ils sont d'adversités, marchent encore : de forts soldats portent légèrement une pesante armure. Après l'accomplissement du crime, le vénérable défenseur du roi se retira à Malesherbes : les bourreaux vinrent bientôt l'y chercher. Il fut enfermé dans la prison de Port-Royal avec presque tous les siens [1]. Son vertueux gendre, M. de Rosambo, périt le premier. Ensuite, le plus intègre des magistrats parut lui-même devant les plus iniques des juges, avec sa fille, madame de Rosambo, sa petite-fille, madame de Châteaubriand, femme de mon frère aîné, qui eut aussi les mêmes juges et le même échafaud : qu'on me

---

[1] Mme de Rosambo et son fils, M. et Mme de Châteaubriand, M. et Mme de Tocqueville, M. Le Pelletier d'Aunay.

pardonne cette vanité de famille. M. de Malesherbes est qualifié, dans son interrogatoire, *de défenseur officieux de celui qui a régné sous le nom de Louis XVI*. On lui demanda si quelqu'un s'était chargé de plaider sa cause ; il répondit par un seul mot : Non. Le tribunal lui nomma d'office un défenseur appelé Duchâteau. Ainsi, celui qui avait défendu volontairement Louis XVI ne trouva point de défenseur volontaire. Dans ces temps, où tout innocent était coupable, les avocats reculèrent devant cinquante années de vertus, comme, dans les jours de justice, ils refusent quelquefois de prêter leur ministère à de trop grands crimes. M. de Boissy-d'Anglas dit que l'épouvante avait glacé tous les cœurs : tous, sans doute, excepté ceux des victimes.

L'homme de bien reçut son arrêt avec le calme le plus profond : on eût dit qu'il ne l'eût pas entendu, tant il y parut insensible ; mais il s'attendrit sur ses enfants, que frappait la même sentence. Il sortit de la prison pour aller à la mort, appuyé sur sa fille, madame de Rosambo, qui était elle-même suivie de sa fille et de son gendre. Au moment où ce lugubre cortége allait franchir le guichet, madame de Rosambo aperçut mademoiselle de Sombreuil, si fameuse par sa piété filiale. « Mademoiselle, lui dit-elle, vous avez eu le bonheur de sauver la vie à votre père, je vais avoir celui de mourir avec le mien. »

C'est ainsi qu'en relisant avec ferveur le premier

ouvrage de M. de Châteaubriand sur lequel nous nous sommes arrêtés long-temps et à dessein, car l'*Essai* a servi de texte à bien des accusations injustes; vous retrouvez déjà le grand poète, vous pressentez le grand politique, vous devinez le vengeur futur de cette église chrétienne que le monde croyait perdue dans l'abîme. C'est une lecture pleine à la fois d'intérêt et de tristesse, les souvenirs personnels de l'auteur s'y mêlent admirablement avec tous les souvenirs de cette révolution qui avait exilé tous ceux qu'elle n'avait pas tués. Cependant, à mesure qu'on la juge et qu'on la regarde passer de loin, cette révolution accomplit ses destinées : elle marche au pas de course en Europe, renversant toutes choses sur son passage, et jetant un doute immense sur les royautés qu'elle ne brise pas tout à fait. Le dix-huitième siècle s'arrête enfin étonné, épouvanté lui-même de toutes les grandes choses qu'il a commencées et s'inquiétant peu, tant il est fatigué par le doute et par la révolte, du siècle qui va venir. Alors, en effet, commencent ensemble le dix-neuvième siècle et M. de Châteaubriand, celui-là qui nous devait rendre ses croyances abolies, notre vieux passé oublié; celui qui devait nous apprendre de nouveau le nom de nos vieux rois. Hélas! et ce fut là un signe certain que la Providence n'avait pas abandonné tout à fait cette France de saint Louis, quand elle lui donna pour la consoler, pour l'instruire, cet apôtre, ce poète, cet historien, cet orateur, cet homme d'état qui avait nom — Châteaubriand !

Certes il se faisait temps alors que l'exil relâchât sa proie, et que la France pût voir rentrer à la fois M. de Châteaubriand et la parole qu'il apportait. La monarchie était tombée du haut de l'échafaud ; Dieu, long-temps nié, avait été, pour comble d'insulte, reconnu hautement par Robespierre ; l'église de Notre-Dame de Paris, la vieille et sainte basilique, avait vu ses autels souillés par des prostituées de la rue, qu'on adorait sous le nom de la *Déesse Raison*. L'église de Saint-Sulpice était consacrée à une autre prostituée qu'on appelait *la Victoire*, l'église de Sainte-Geneviève avait ouvert ses chastes portes au corps hideux de Marat ; dans cet anéantissement de toute croyance, c'était par toute la France une suite incroyable et toute souillée de dieux nouveaux qui sortaient de leur fange aujourd'hui, pour y retomber plus fangeux le lendemain. Toutes ces vieilles pierres étaient brisées, ensanglantées, aussi bien que la vieille croyance qui les avait élevées dans les airs. Les tombeaux même étaient profanés, et les cendres des grands hommes et des grands rois jetées aux vents, comme si ces hommes et ces rois eussent été des dieux. Le théâtre remplaçait l'église, les comédiens s'asseyaient insolemment dans les stalles des lévites égorgés, on avait pour dieux des dieux et des déesses de théâtre, on s'agenouillait devant des filles de l'Opéra, honteuses elles-mêmes du rôle divin qu'on leur faisait jouer; on brûlait au nez de ces divinités souillées un encens infect dans des encensoirs volés, toutes sortes de pontifes abominables se rencontraient pour être les pontifes de ce paganisme sanglant. Pauvre France, comme elle flottait d'une folie à une autre folie, d'un crime à un autre crime ! Elle allait çà et là de Saint-Just à Barras, de la terreur au Directoire, de l'échafaud à la licence, de Jéhovah à Jupiter ! jusqu'à ce qu'enfin elle tomba sous cette volonté puissante et ferme qu'on appelait Bonaparte. Bonaparte chassa d'un souffle ces faux dieux dont il avait honte, et la France resta du moins sans dieux et sans autels.

Mais reconstruire ces vieux temples brisés, purifier ces autels souillés, rappeler dans le sanctuaire les prêtres chassés du temple, faire de nouveau que la foule se jette aux pieds de ce Christ sauveur que nul n'osait invoquer tout haut dans ces horribles tempêtes, nous ramener à ces temps antiques où il n'y avait qu'une foi et un seul Dieu; voilà ce qui était trop difficile pour être accompli par un seul homme, même quand cet homme s'appelait Bonaparte ! Pour l'accomplir cette œuvre immense, il fallait non seulement une intelligence qui la comprît, comme la comprenait Bonaparte, mais une autre intelligence d'élite qui l'expliquât, comme devait l'expliquer M. de Chateaubriand. C'est ici un des plus beaux moments de l'histoire contemporaine, quand ces deux grands génies inconnus, Bonaparte et M. de Châteaubriand accourent enfin au secours de la France éperdue, éplorée, sans croyance et sans lois, lui apportant, celui-ci son épée, celui-là sa parole; le soldat, l'ordre et la règle; le poète, la foi et la croyance; l'un qui ouvre les temples fermés, l'autre qui remplit les temples vides; celui-ci qui vient de l'Orient pour être roi absolu; celui-là qui revient de l'exil pour être un prophète écouté. Bonaparte qui est le maître par la force, M. de Châteaubriand qui est le maître par la conviction; l'un qui devait disparaître plus tard, emportant toute son œuvre avec lui et ne nous laissant guère que sa gloire, l'autre qui ne peut pas mourir, et qui nous laissera à coup sûr sa gloire, sa croyance, son génie, et cette révolution religieuse dont il est le chef, et ce triomphe inestimable qu'il a remporté sur Voltaire, plus heureux en ceci, et plus triomphant que l'empereur Napoléon, qui n'a pu vaincre la révolution que pour un jour!

Ils arrivaient donc tous les deux, prendre possession de leur royaume, mais par deux points bien opposés : l'un qui voulait la royauté, mais pour lui, la croyance, mais pour lui; l'autre qui voulait déjà la vieille royauté pour les vieux rois, la vieille croyance pour les vieilles cathédrales. Ainsi ils se mirent à leur œuvre en même temps et le même jour; ainsi ils travaillèrent chacun de son côté, avec la même persévérance et le même courage, accomplissant les grandes choses que vous savez.

CHAPITRE XI.

MAINTENANT arrivons tout de suite à ce glorieux moment de notre histoire politique et littéraire, quand l'empereur Napoléon, de son côté, remettait un peu d'ordre et de croyances dans cette France au désespoir, et quand de son côté M. de Châteaubriand écrivait au son des cloches ressuscitées, au pied des autels debout une autre fois, ce livre qui sera l'orgueil du dix-neuvième siècle, après en avoir été l'espérance, le *Génie du Christianisme*.

Jetons cependant un regard en arrière, et voyons quels obstacles, avant d'en arriver là, Bonaparte et M. de Châteaubriand avaient à franchir. Toutes sortes de ruines religieuses et monarchiques encombraient la France; ces ruines funestes, ces débris sans formes, cet anéantissement sans nom, avaient été dispersés çà et là par les idées philosophiques et par la révolution française, c'est-à-dire par les forces les plus puissantes, les plus irrésistibles, les plus violentes, et malheureusement les plus intelligentes que le génie de la destruction ait jamais appelées à son aide. De toutes ces choses écrasées une à une dans cette France qui n'avait rien gardé de son antique passé, la chose la plus écrasée et la plus vaincue, sans contredit, c'était la religion catholique, apostolique et romaine, la croyance de saint Louis et de Louis XIV, cette source féconde de l'autorité. Tout ce qui avait appartenu de près ou de loin au culte de nos pères avait été brisé violemment, car, ainsi que l'a dit Lucrèce, on écrase avec joie ce qu'on a adoré avec crainte[1].

On avait égorgé le prêtre sur l'autel, on avait renversé l'autel sur le prêtre, on avait jeté au vent les saints monastères, on avait brûlé les saints livres, on avait fondu les cloches, on avait crevé les tableaux, on avait vendu les vases d'or, on avait jeté dans la boue sanglante les saintes hosties, on avait coupé, taillé, brisé, renversé, détruit, souillé, vendu, profané toutes les choses du culte. Bien plus, la révolution en délire avait fouillé dans les tombeaux avec cette même hache qui abattait les clochers. Cet acharnement intrépide, actif, infatigable, fanatique, cette rage vio-

---

[1] *Nam cupide conculcatur, nimis ante metutum.*

lente, cette effrénée superstition contre tout ce qui était un autel, un bénitier, un crucifix, un débris chrétien, un lambeau catholique, avait duré et s'était prolongée avec un acharnement sans égal.

Quant à ces monuments inattaquables de la croyance chrétienne, églises de granit, saints temples taillés dans le roc, statues de pierre, immobiles dans leur base, contre lesquels la rage révolutionnaire venait se briser; quant à ces chefs-d'œuvre impérissables de l'antique foi; durables comme elle, et contre lesquels aucune force ne pouvait prévaloir, je n'en excepte même pas la foudre, eh bien! ces temples, que la révolution ne pouvait briser, elle les avait souillés; ces statues de pierre ou de bronze, elle les avait déguisées; — elle avait fait autant de Brutus des saints martyrs; elle avait apporté dans ces sanctuaires inviolables je ne sais quels faux dieux éphémères et vagabonds, qu'elle établissait hérétiquement sur ces autels épouvantés. Juste ciel! n'avait-on pas fait de l'église de Saint-Sulpice le *Temple de la Victoire*, et de Notre-Dame de Paris le *Temple de la Raison!* Dans ce temple de la Raison on avait amené en triomphe des prostituées de l'Opéra, malheureuses filles à demi nues et rouges de honte de venir dans ces mêmes temples célébrer leurs tristes mystères. Le religieux Barras et les membres licencieux du Directoire, et tous les horribles sophistes de 93, vils tartufes en bonnet rouge, parlaient au peuple du haut de la chaire profanée; ces ministres, souillés de fange et de sang, haranguaient une foule ivre de vin, et à cette même place du haut de laquelle la parole évangélique tombait comme une douce rosée sur la foule chrétienne. Malheureux temples! témoins de tant d'orgies! L'Opéra y venait chanter ses hymnes amoureux, Robespierre y venait proclamer son être suprême, Laréveillère-Lépeaux, le *théophilanthrope*, y racontait de sang-froid les absurdes inventions d'un imbécile qui se croyait un dieu! Toutes les passions ridicules se donnaient rendez-vous dans les temples, en même temps que toutes les passions sanglantes se rencontraient sur la Grève et dans les clubs. Siéyès était un des grands pontifes de cette misérable époque; et voilà pourtant en présence de quel dévergondage M. de Châteaubriand, élevant une voix émue, se mit à crier au flot épouvanté des révolutions : *Tu n'iras pas plus loin!*

Cependant ne pensez pas que ce grand poète ait entrepris tout d'un coup, et sans s'y être dignement préparé, cette tâche formidable, qui n'était rien moins que le plus difficile des apostolats. Aussitôt que cette pensée lui fut venue, il renonça à la poésie, sa consolation de l'exil, il interrompit ce grand poème des *Natchez*, dont nous avons eu plus tard de si admirables fragments; il interrogea lui-même dans le silence de la solitude et de son cœur, tous les siècles, tous les génies chrétiens qu'il allait remettre en lumière, et dont le premier il devait redire les travaux et les bienfaits à la France émue et charmée. Ce travail de M. de Châteaubriand fut immense, il y porta toute la sérénité et en même temps toute la sagacité de son esprit. C'est là en effet une de ces merveilleuses intelligences qui viennent au monde naturellement savantes, si bien que la science d'aujourd'hui n'est alors pour elles qu'un souvenir de la veille. Il fit donc comparaître devant lui cette longue et admirable foule de nos maîtres chrétiens, les pères de l'église, l'Occident, l'Orient, Rome et la Grèce, l'Evangile et la Bible, les Hébreux, les Latins et les Grecs; il rencontra à ces sources fécondes tous les genres de poésie, l'églogue, la bucolique, l'imprécation, le poème, l'ode, tout ce qui est l'inspiration poétique; il s'inspira des mêmes chefs-d'œuvre que le Tasse et Milton, et ainsi il composa le *Génie du Christianisme*, ce chef-d'œuvre qu'il préparait pour la France au même instant où celui qui devait être l'empereur, le vainqueur de l'Italie et de l'Orient, débarquait sur le rivage de Fréjus.

Le 18 brumaire, qui mit une dernière fin à cette république déjà finie, rappela de l'exil tous les exilés de bonne volonté. Parmi ces exilés, le nouveau maître de la France rechercha avec un soin presque religieux, et avec toutes sortes de sympathies incroyables, tous les débris intelligents de cette vieille royauté française, que Bonaparte voulait reconstruire, mais pour lui-même. Dans le nombre de ces esprits d'élite qui revenaient dans leur patrie pour la revoir et pour aider à la sauver, Bonaparte eut bientôt découvert le jeune poète, qui devait plus tard le combattre à armes égales. Mais déjà M. de Châteaubriand comprenait que son devoir à lui, c'était de vivre par lui-même, c'était d'être un pouvoir à lui tout seul, sans jamais appartenir au pouvoir. Donc, avant de publier *Atala* et le *Génie du Christianisme*, il se mit à écrire dans le *Mercure de France*, dont il partageait la propriété avec ses deux amis, M. de Fontanes et M. Bertin, cette rare, indulgente et excellente intelligence, qui a rendu de signalés services à l'ordre et aux libertés de son pays.

En relisant les articles du *Mercure de France*, vous trouvez déjà, mais en germe, le grand écrivain et le génie courageux qui bientôt va briller dans toute sa puissance. Le premier article est du mois de juin 1800, et cette fois vous comprenez que rendu à sa patrie, entouré d'amis, rêvant la gloire et bien près d'y atteindre, M. de Châteaubriand est redevenu d'une humeur moins farouche. Toutes les tristesses de son premier livre, écrit dans l'exil, disparaissent peu à peu et s'effacent, comme fait le rêve du matin aux premiers rayons du soleil. Il parle des Anglais avec une noble impartialité, et rien ne rappelle ce terrible chapitre des *Infortunes*, si rempli de douleurs. « Le principal défaut de la nation anglaise, c'est l'orgueil, et c'est celui de tous les hommes ! Il domine à Paris comme à Londres, mais modifié par le caractère français, et transformé en amour-propre. L'orgueil pur appartient à l'homme solitaire, qui ne déguise rien, et qui n'est obligé à aucun sacrifice ; mais l'homme qui vit beaucoup avec ses semblables est forcé de diminuer son orgueil, et de le cacher sous les formes plus douces et plus variées de l'amour-propre. En général, les passions sont plus dures et plus soudaines chez l'Anglais, plus actives et plus raffinées chez le Français. L'orgueil du premier veut tout écraser de force en un instant ; l'amour-propre du second mine tout avec lenteur. En Angleterre on hait un homme pour un vice, pour une offense ; en France un pareil motif n'est pas nécessaire. Les avantages de la figure ou de la fortune, un succès, un bon mot, suffisent. Cette haine, qui se forme de mille détails honteux, n'est pas moins implacable que la haine qui naît d'une plus noble cause. Il n'y a point de si dangereuses passions que celles qui sont d'une basse origine, car elles sentent cette bassesse, et cela les rend furieuses. Elles cherchent à la couvrir sous des crimes, et à se donner, par les effets, une sorte d'épouvantable grandeur qui leur manque par le principe ; c'est ce qu'a prouvé la révolution. »

Ses pages sur Young, sur Shakespeare et Beattie, sont de la critique la plus nouvelle, et vous y trouverez encore dans leur principe, toutes les idées de nos grands novateurs. En même temps il rend toute justice aux esprits distingués de son époque : à M. de Bonald, par exemple, et à ce livre un instant célèbre de la *Législation primitive*. Pour la première fois depuis long-temps, à propos de ce livre, la France entendit parler avec respect du siècle de Louis XIV et des grands écrivains de ce siècle. Ces idées, qui nous paraissent des vérités simples aujourd'hui, étaient en ce temps-là des idées hardies, des idées contre-révolutionnaires. Par la même raison, ce jeune critique, qui allait être un si grand poète, adoptait avec transport le livre d'un royaliste : *le Printemps d'un proscrit*. Par ces mêmes raisons, et à ce propos, il lançait un premier anathème contre les jours impies et sanglants de 93. Il raconte même à ce sujet une touchante histoire qui peut très bien tenir sa place dans les Mémoires de M. de Châteaubriand :

« On dit qu'un Français, obligé de fuir pendant la terreur, avait acheté de quelques deniers une barque sur le Rhin. Il s'y était logé avec sa femme et ses deux enfants. N'ayant point d'argent, il n'y avait point pour lui d'hospitalité. Quand on le chassait d'un rivage, il passait sans se plaindre à l'autre bord ; souvent, poursuivi sur les deux rives, il était obligé de jeter l'ancre au milieu du fleuve. Il pêchait pour nourrir sa famille, mais les hommes lui disputaient encore les secours de la Providence, et lui enviaient quelques petits poissons qu'avaient mangés ses enfans. La nuit il cueillait des herbes sèches pour faire un peu de feu, et sa femme demeurait dans de mortelles angoisses jusqu'à son retour. Cette famille, à qui l'on ne pouvait reprocher que ses malheurs, n'avait pas sur le vaste globe un seul coin de terre où elle osât reposer sa tête. Obligée de se faire sauvage entre quatre grandes nations civilisées, toute sa consolation était qu'en errant dans le voisinage de la France, elle pouvait quelquefois respirer un air qui avait passé sur son pays. »

Et plus loin, comme il s'indigne déjà, au souvenir de la profanation des tombeaux des rois de France : *princes anéantis*[1]. Leurs monumens ne devaient s'ouvrir qu'à la consommation des siècles; mais un jugement particulier de la Providence a voulu les briser avant la fin des temps. Une effroyable résurrection a dépeuplé les caveaux funèbres de Saint-Denis; les fantômes des rois sont sortis de l'ombre éternelle; mais, comme s'ils avaient été épouvantés de reparaître seuls à la lumière, et de ne pas *se retrouver dans le monde avec tous les morts*, comme parle le prophète, ils se sont replongés dans le sépulcre.

« C'est sans doute une chose bien remarquable,

[1] Bossuet.

que quelques-uns de ces spectres, noircis par le cercueil [1], eussent conservé une telle ressemblance avec la vie, qu'on les a facilement reconnus. On a pu distinguer sur leur front jusqu'aux caractères des passions, jusqu'aux nuances des idées qui les avaient jadis occupés. Qu'est-ce donc que cette pensée de l'homme, qui laisse des traces si profondes jusque dans la poudre du cercueil?

» Un autre jour, il racontait l'histoire de la vie de Jésus-Christ, et il prédisait nettement la victoire de la religion catholique. « N'en doutons point, ce culte *insensé*, cette *folie* de la croix, dont une superbe sagesse nous annonçait la chute prochaine, va renaître avec une nouvelle force; la palme de la religion croît toujours à l'égal des pleurs que répandent les chrétiens, comme l'herbe des champs reverdit dans une terre nouvellement arrosée. C'était une insigne erreur de croire que l'Evangile était détruit, parce qu'il n'était plus défendu par les heureux du monde. La puissance du christianisme est dans la cabane du pauvre, et sa base est aussi durable que la misère de l'homme sur laquelle elle est appuyée. »

Son article sur les *Mémoires de Louis XIV* est tout rempli du même respect pour la royauté. Et ainsi peu à peu il avançait dans son œuvre chrétienne et royaliste, et plus il faisait de grands progrès dans cette lutte, plus il en voulait faire.

[1] Le visage de Louis XIV était d'un noir d'ébène.

Mais cependant, derrière ce lutteur naissant, veillait un pouvoir jaloux et intelligent, et qui s'entendait merveilleusement à se défendre. Bonaparte voulait bien que la croyance fût rétablie, et avec la croyance la royauté, mais il ne voulait pas qu'on travaillât à une autre croyance que la sienne. Aussitôt donc que l'éveil fut donné à ce pouvoir jaloux, il se mit à surveiller de plus près cet écrivain hardi et convaincu, qui ramenait ses contemporains, et d'une façon si puissante, à une royauté qui n'était pas la royauté de celui qui voulait être l'empereur Napoléon. Donc on se mit à chercher un prétexte pour arracher à l'écrivain son journal, sinon sa plume, et ce prétexte ne se fit pas attendre. Ce fut à propos d'un article de M. de Châteaubriand sur un livre de M. Delaborde. En lisant avec soin ce chapitre devenu historique, et qui a fait supprimer *le Mercure*, nous ne trouvons rien qui puisse justifier, plus que tout le reste du journal, cette rigueur utile de la toute-puissance impériale. Ce sont partout et toujours les mêmes sentiments de piété, les mêmes vues religieuses, la même haine pour les tyrans, la même horreur pour les bourreaux, la même admiration passionnée et jalouse pour les martyrs. Déjà M. de Châteaubriand, après avoir publié le *Génie du Christianisme*, songeait à publier *l'Itinéraire*, et à propos du voyage en Espagne de M. Delaborde, il raconte à l'avance quelques unes de ses aventures :

« Nous nous trouvions à Bethléem, prêts à partir pour la mer Morte, lorsqu'on nous dit qu'il y avait un père français dans le couvent. Nous désirâmes le voir. On nous présenta un homme d'environ quarante-cinq ans, d'une figure tranquille et sérieuse. Ses premiers accents nous firent tressaillir ; car nous n'avons jamais entendu, chez l'étranger, le son d'une voix française sans une vive émotion ; nous sommes toujours prêts à nous écrier, comme Philoctète :

> Après un si long temps . . . .
> Oh ! que cette parole à mon oreille est chère !

Nous fîmes quelques questions à ce religieux. Il nous dit qu'il s'appelait le père Clément, qu'il était des environs de Mayenne ; que se trouvant dans un monastère en Bretagne, il avait été déporté en Espagne avec une centaine de prêtres comme lui ; qu'ayant reçu d'abord l'hospitalité dans un couvent de son ordre, ses supérieurs l'avaient ensuite envoyé missionnaire en Terre-Sainte. Nous lui demandâmes s'il n'avait point d'envie de revoir sa patrie, et s'il voulait écrire à sa famille ; il nous répondit avec un sourire amer : « Qui est-ce qui se souvient en France
» d'un capucin ? Sais-je si j'ai encore des frères
» et des sœurs ? Monsieur, voici ma patrie. J'es-
» père obtenir, par le mérite de la crèche de
» mon Sauveur, la force de mourir ici sans im-
» portuner personne. »

Et plus loin, avec quel attendrissement profond il parle à la France des deux tantes de Louis XVI, et que devait penser le préfet de la police impériale, le terrible Fouché, en lisant ces lignes :

« Il nous était réservé de retrouver au fond de la mer Adriatique le tombeau de deux filles de rois, dont nous avions entendu prononcer l'oraison funèbre dans un grenier à Londres. Ah ! du moins la tombe qui renferme ces nobles dames aura vu une fois interrompre son silence ; le bruit des pas d'un Français aura fait tressaillir deux Françaises dans leur cercueil. Les respects d'un pauvre gentilhomme, à Versailles, n'eussent été rien pour des princesses ; la prière d'un chrétien, en terre étrangère, aura peut-être été agréable à des saintes. »

C'est ainsi que M. de Châteaubriand a combattu tant qu'il a pu, à la tête de cette phalange de bons esprits et d'hommes de talent qui, dans cette France fatiguée de l'anarchie, se réunirent pour la ramener aux saines doctrines littéraires, et aux doctrines conservatrices de la société. Il indiqua la route à ces écrivains que la France n'oubliera pas dans sa reconnaissance, non plus que dans son estime : La Harpe, Fontanes, M. de Bonald, M. l'abbé de Vauxelles, M. Guéneau de Mussy et les autres défenseurs de l'art et de l'ordre, qui, sous la direction et avec la collaboration et de M. Bertin l'aîné et de M. Bertin de Vaux son frère, ont fait du *Journal des Débats* une puissance populaire et respectée. MM. Dussaulx, de Féletz, Fiévée, Saint-Victor, Boissonnade, Geoffroy, Duviquet, M. l'abbé de Boulogne et tant d'autres. Dans cette carrière toute nouvelle des écrits périodiques, on vit arriver les talens les plus distingués de cette époque, les plumes les plus hardies. Aussi M. de Châteaubriand s'y jeta tout entier, quand heureusement pour nous l'empereur lui arracha son journal, et le força de cette façon, et sans le vouloir, à écrire des livres immortels, plutôt que ces pages de la littérature périodique, pages admirables il est vrai, qui soulèvent quelquefois des tempêtes terribles, qui peuvent changer la face du monde, mais que l'oubli attend toujours, même au bout des plus terribles révolutions !

Revenons donc, sauf à retrouver plus tard le publiciste; l'homme politique écrivant hautement sa pensée à l'abri de la charte constitutionnelle, et protégé par cette liberté de la presse qu'il a soutenue et défendue, revenons à la publication d'*Atala*, de *René*, du *Génie du Christianisme*. Ici, encore une fois, nous nous trouvons très heureux dans cette circonstance importante de sa vie littéraire, de citer M. de Châteaubriand.

Après avoir rappelé ce que nous avons dit plus haut sur son voyage en Amérique, son projet d'écrire *l'épopée de l'homme de la nature* en rattachant ce poème à l'histoire de nos colonies, des Natchez à la Louisiane ; puis enfin son retour en France, la mort funeste de son frère unique, de sa belle-sœur, de M. de Malesherbes, de son père, de sa mère, de sa sœur, du seul ami qu'il eût conservé, et qui s'était poignardé dans ses bras; après avoir raconté le noble trait d'une autre de ses sœurs qui sauva huit cents républicains de la mort [1]. Il nous raconte comment, de son grand poème des *Natchez* et de tous ses manuscrits sur l'Amérique, perdus dans ses voyages, il n'a sauvé que quelques ouvrages, et en particulier *Atala*, qui n'était qu'un épisode des *Natchez*. « *Atala* a été écrite dans le désert, et sous les huttes des sauvages. Je ne sais si le public goûtera cette histoire, qui sort de toutes les routes connues, et qui présente une nature et des mœurs tout à fait étrangères à l'Europe. Il n'y a point d'aventure dans *Atala*. C'est une sorte de poème, moitié descriptif, moitié dramatique : tout consiste dans la peinture de deux amans qui marchent et causent dans la solitude, et dans le tableau des troubles de l'amour,

---

[1] Une de ses sœurs, qui devait sa liberté à la mort de son mari, se trouvait à Fougères, petite ville de Bretagne. L'armée royaliste arrive : huit cents hommes de l'armée républicaine sont pris et condamnés à être fusillés. La sœur de M. de Châteaubriand se jette aux pieds de M. de La Rochejaquelein et obtient la grâce des prisonniers. Aussitôt elle vole à Rennes, se présente au tribunal révolutionnaire avec les certificats qui prouvent qu'elle a sauvé la vie à huit cents hommes, et demande pour seule récompense qu'on mette ses sœurs en liberté. Le président du tribunal lui répond : — « Il faut que tu sois une coquine de royaliste que je
» ferai guillotiner, puisque les brigands ont tant de déférence pour toi.
» D'ailleurs la république ne te sait aucun gré de ce que tu as fait : elle
» n'a que trop de défenseurs et elle manque de pain. »

au milieu du calme des déserts. J'ai essayé de donner à cet ouvrage les formes les plus antiques ; il est divisé en *prologue*, *récit* et *épilogue*. Les principales parties du récit prennent une dénomination, comme *les chasseurs*, *les laboureurs*, etc.; et c'était ainsi que dans les premiers siècles de la Grèce, les rapsodes chantaient sous divers titres les fragments de leurs poésies. »

Et plus bas, comme il se souvenait sans doute du chapitre de l'*Essai* où il est parlé avec tant d'enthousiasme des *bons sauvages*, il a soin d'expliquer qu'il n'est pas, comme Rousseau, *un enthousiaste des sauvages*, il ne croit point que *la pure nature soit la plus belle chose du monde*, au contraire, il l'a toujours trouvée *fort laide*, et comme si déjà il pressentait qu'un jour viendrait où toute notre poésie aurait pour but unique, pour effort singulier, la déification du laid contre le beau, la défense formelle des bossus, des fous, des galeux et des courtisanes, contre les beaux jeunes gens, contre les hommes bien portans et les honnêtes femmes, il ajoute cette parole prophétique : « Avec ce mot *nature* on a tout
» perdu. Peignez la nature, *mais la belle nature.*
» *L'art ne doit pas s'occuper de l'imitation des mons-*
» *tres.* »

Après avoir touché quelques mots de ce nouveau style qu'il allait introduire dans son récit, et dont vous le verrez prendre la défense plus tard, il termine ainsi sa préface :

« Je dirai un dernier mot sur *Atala*. Le sujet n'est pas entièrement de mon invention, il est certain qu'il y a eu un sauvage aux galères et à la cour de Louis XIV : il est certain qu'un missionnaire français a fait les choses que j'ai rapportées ; il est certain que j'ai trouvé dans les forêts de l'Amérique des sauvages emportant les os de leurs aïeux, et une jeune mère exposant le corps de son enfant sur les branches d'un arbre. Quelques autres circonstances aussi sont véritables ; mais comme elles ne sont pas d'un intérêt général je suis dispensé d'en parler. »

L'Europe entière accueillit ce livre avec une admiration qui tenait du délire. La France s'en alarma et s'en émut, comme d'une très importante et très salutaire révélation. Bientôt après les premiers instans de cet enthousiasme passionné, toute la France se divisa pour et contre *Atala*, mais avec bien plus d'acharnement et de conviction de part et d'autre, qu'on en avait jamais vu dans toutes les disputes littéraires. L'Allemagne fut émue comme le jour où Goëthe publia l'histoire de Faust, l'Italie reçut ce tendre poème comme une riante légende des meilleures époques catholiques. En Allemagne on lisait *Atala* publiquement, comme on avait chanté les vers d'Homère dans les rues de la Grèce.

Partout en Europe ce fut un cri presque universel sur le mérite, sur le génie, sur l'autorité de ce livre. L'abbé Delille, qui était le plus grand poète de son temps, ne crut pas faire trop d'honneur à la prose de M. de Châteaubriand en la soumettant à la rime ; on en fit des romances, on en fit des tableaux, on en fit des statues. L'art français, pour obéir à cette impulsion nouvelle, oublia les Grecs et les Romains pour s'occuper de la fille des sauvages. Girodet attirait la foule avec son tableau d'*Atala* et le père Aubry. Dans toutes les langues de l'Europe, il y eut des traductions de ce livre. A Philadelphie, à Londres, à Venise, à Berlin, à Paris même, on en fit des éditions magnifiques ; les Hollandais, les Suédois, les Polonais, voire même les Hongrois, bien plus, les Grecs esclaves encore, mais esclaves que M. de Châteaubriand devait protéger un jour en même temps que lord Byron, eurent leur traduction d'*Atala*. Même dans les harems de Constantinople, il fut question de cette touchante histoire, elle prit sa place à côté des plus beaux contes des *Mille et une Nuits*. Une chose étrange, c'est qu'ainsi traduit dans toutes les langues, dans tous les idiomes, dans tous les pays de ce monde et par les esprits les plus divers, ce beau livre, cette touchante histoire, ce drame si simple et si grand à la fois, conserva quelque chose du génie de M. de Châteaubriand.

Aussi vous jugez quelle révolution ce dut être. Le premier de tous, le maître de la France comprit quel appui devait donner pour la restauration religieuse un livre qui forçait les esprits contemporains à s'occuper de ces mêmes idées religieuses, que l'on croyait pour jamais anéanties dans la France de Voltaire et de Diderot. D'autre part, le monde littéraire, qui se croyait à sa fin, applaudit avec transport un livre tout rempli de l'enthousiasme poétique. Et en effet, quel enchantement tout nouveau pour la France! Un style tout rempli des plus merveilleuses couleurs, une passion vive et bien sentie, une tristesse qui n'avait rien d'affecté, des paysages sans bornes, des descriptions merveilleuses, partout de l'air, de l'espace, de la vie, de la croyance, de la passion, partout de l'amour!

Et en même temps que se révélait à la France une littérature nouvelle, dont personne ne pouvait soupçonner les conséquences, même les plus rapprochées, s'ouvrait en même temps un monde nouveau, qui ne ressemblait en rien au vieux monde exploité depuis tantôt quatre mille ans par la poésie de tous les peuples. Et en même temps, dans ce nouveau monde, se révélait une passion nouvelle, la poésie intime, et en même temps ce mélancolique retour jeté du fond des forêts de l'Amérique sur ce vieux monde qui s'en allait on ne sait où; c'étaient là autant d'impressions délirantes auxquelles nul ne savait résister.

Et ce long cri d'admiration dure encore, et il a été en augmentant toujours!

Ainsi *Atala* annonçait le *Génie du Christianisme*, livre attendu comme on eût attendu un nouvel évangile. Le monde était bien prévenu qu'*Atala* n'était guère qu'un premier essai de M. de Châteaubriand, et cependant la France se préparait à recevoir de son mieux le *Génie du Christianisme*. Déjà ce siècle avait deux ans. Déjà le nouveau maître de la France, Bonaparte, avait fait de si rapides progrès dans la reconstruction de l'antique édifice social, que la royauté, si cruellement proscrite, n'était plus mise en doute; seulement le vieux principe de la royauté légitime avait passé à une dynastie nouvelle. La monarchie n'avait pas changé, il n'y avait de changé que le monarque. Battus de toutes parts, les républicains sincères se voilaient la tête de leur manteau pour cacher leur rougeur et leurs larmes. Les soldats, qui ne reconnaissent jamais que leur général, n'étaient pas fâchés d'avoir un général couronné. Les sénateurs ne demandaient pas mieux que de devenir des sénateurs héréditaires, sous un empereur héréditaire. Ainsi chacun de son côté, par son silence ou par sa parole, marchait à une recomposition nouvelle de la société. Ce fut à ce moment solennel que parut le *Génie du Christianisme*, et cette fois, s'il est possible, le succès d'*Atala* fut dépassé, car en même temps que parut ce livre, le concordat était signé, les églises ouvraient leurs portes, les exilés rentraient dans leur patrie; le dix-neuvième siècle, impatient de sa destinée nouvelle, s'élançait dans l'avenir; vainqueurs et vaincus, jeunes gens et vieillards, le passé, le présent, l'avenir, saluèrent le *Génie du Christianisme* comme on salue l'espérance, comme on salue le souvenir. Dans cette France privée de ses temples, le *Génie du Christianisme*, c'était un temple nouveau qui s'élevait, inspiré, admirable, éclatant, tout rempli de chefs-d'œuvre, de parfums et de prières. Et dans ce temple admirable, voyez entrer majestueusement un à un et tous à la fois sous ces portiques, tous les grands hommes de la France, tous les grands écrivains, tous les grands orateurs, tous les martyrs, toutes les vierges triomphantes, tous les héros de nos vieilles croyances. Ils marchent lentement aux sons mystérieux de cet orgue, touché d'une main divine, ils s'agenouillent sur ces tombes sauvées de la destruction, à ces autels relevés, à ce sanctuaire rempli de gloire. Ainsi fit toute la France, elle alla en pèlerinage à ces autels du *Génie du Christianisme*. Allez donc habiter ce Panthéon chrétien, que nul ne pourra renverser, cette église royale de Saint-Denis, désormais immortelle, vous les vieux siècles, vous les grands hommes, vous les saints de notre paradis sur la terre et de notre paradis dans le ciel!

Mais laissons M. de Châteaubriand lui-même nous expliquer à sa manière, et en termes modestes, le grand effet produit par le *Génie du Christianisme*.

« Lorsque le *Génie du Christianisme* parut, la France sortait du chaos révolutionnaire; tous les éléments de la société étaient confondus : la terrible main qui commençait à les séparer n'avait point encore achevé son ouvrage; l'ordre n'était point encore sorti du despotisme et de la gloire.

Ce fut donc, pour ainsi dire, au milieu des débris de nos temples que je publiai le *Génie du Christianisme*, pour rappeler dans ces temples les pompes du culte et les serviteurs des autels. Saint-Denis était abandonné : le moment n'était pas venu où Bonaparte devait se souvenir qu'il lui fallait un tombeau; il lui eût été difficile de deviner le lieu où la Providence avait marqué le sien. Partout on voyait des restes d'églises et de monastères que l'on achevait de démolir : c'était même une sorte d'amusement d'aller se promener dans ces ruines.

Si les critiques du temps, les journaux, les pamphlets, les livres, n'attestaient l'effet du *Génie du Christianisme*, il ne me conviendrait pas d'en parler; mais n'ayant jamais rien rapporté à moi-même, ne m'étant jamais considéré que dans mes relations générales avec les destinées de mon pays, je suis obligé de reconnaître des faits qui ne sont contestés de personne : ils ont pu être différemment jugés ; leur existence n'en est pas moins avérée.

La littérature se teignit en partie des couleurs du *Génie du Christianisme*; des écrivains me firent l'honneur d'imiter les phrases de *René* et d'*Atala*, de même que la chaire emprunta et emprunte encore tous les jours ce que j'ai dit des cérémonies, des missions et des bienfaits du christianisme.

Les fidèles se crurent sauvés par l'apparition d'un livre qui répondait si bien à leurs dispositions intérieures : on avait alors un besoin de foi, une avidité de consolations religieuses, qui venait de la privation même de ces consolations depuis longues années. Que de force surnaturelle à demander pour tant d'adversités subies ! Combien de familles mutilées avaient à chercher auprès du Père des hommes, les enfants qu'elles avaient perdus ! Combien de cœurs brisés, combien d'âmes devenues solitaires, appelaient une main divine pour les guérir ! On se précipitait dans la maison de Dieu comme on entre dans la maison du médecin le jour d'une contagion. Les victimes de nos troubles (et que de sortes de victimes !) se sauvaient à l'autel, de même que les naufragés s'attachent au rocher sur lequel ils cherchent leur salut.

Rempli des souvenirs de nos antiques mœurs, de la gloire et des monuments de nos rois, le *Génie du Christianisme* respirait l'ancienne monarchie tout entière : l'héritier légitime était pour ainsi dire caché au fond du sanctuaire dont je soulevais le voile, et la couronne de saint Louis suspendue au-dessus de l'autel du Dieu de saint Louis. Les Français apprirent à porter avec regret leur regard sur le passé ; les voies de l'avenir furent préparées, et des espérances presque éteintes se ranimèrent.

Bonaparte, qui désirait alors fonder sa puissance sur la première base de la société, et qui venait de faire des arrangements avec la cour de Rome, ne mit aucun obstacle à la publication d'un ouvrage utile à la popularité de ses desseins. Il avait à lutter contre les hommes qui l'entouraient, contre des ennemis déclarés de toutes concessions religieuses : il fut donc heureux d'être défendu au dehors par l'opinion que le *Génie du Christianisme* appelait. Plus tard il se repentit de sa méprise; et au moment de sa chute il avoua que l'ouvrage qui avait le plus nui à son pouvoir était le *Génie du Christianisme*.

Mais Bonaparte, qui aimait la gloire, se laissait prendre à ce qui en avait l'air; le bruit lui imposait; et quoiqu'il devînt promptement inquiet de toute renommée, il cherchait d'abord à s'emparer de l'homme dans lequel il reconnaissait une force. Ce fut par cette raison que l'Institut, n'ayant pas compris le *Génie du Christianisme* dans les ouvrages qui concouraient pour le prix décennal, reçut l'ordre de faire un rapport sur cet ouvrage; et, bien qu'alors j'eusse blessé mortellement Bonaparte, ce maître du monde entretenait tous les jours M. de Fontanes des places qu'il avait l'intention de créer pour moi, des choses extraordinaires qu'il réservait à ma fortune.

Ce temps est passé : vingt années ont fui, des générations nouvelles sont survenues, et un vieux monde qui était hors de France y est rentré.

Ce monde a joui des travaux achevés par d'autres que par lui, et n'a pas connu ce qu'ils avaient coûté : il a trouvé le ridicule que Voltaire avait jeté sur la religion effacé, les jeunes gens osant aller à la messe, les prêtres respectés au nom de leur martyre, et ce vieux monde a cru que cela était arrivé tout seul, que personne n'y avait mis la main!

Bientôt même on a senti une sorte d'éloignement pour celui qui avait rouvert la porte des temples, en prêchant la modération évangélique, pour celui qui avait voulu faire aimer le christianisme par la beauté de son culte, par le génie de ses orateurs, par la science de ses docteurs, par les vertus de ses apôtres et de ses disciples. Il aurait fallu aller plus loin. Dans ma conscience je ne le pouvais pas.

Depuis vingt-cinq ans, ma vie n'a été qu'un combat entre ce qui m'a paru faux en religion, en philosophie, en politique, contre les crimes ou les erreurs de mon siècle, contre les hommes qui abusaient du pouvoir pour corrompre ou pour enchaîner les peuples. Je n'ai jamais calculé le degré d'élévation de ces hommes ; et depuis Bonaparte, qui faisait trembler le monde, et qui ne m'a jamais fait trembler, jusqu'aux oppresseurs obscurs qui ne sont connus que par mon mépris, j'ai osé tout dire à qui osait tout entreprendre. Partout où je l'ai pu j'ai tendu la main à l'infortune; mais je ne comprends rien à la prospérité : toujours prêt à me dévouer aux malheurs, je ne sais point servir les passions dans leur triomphe. »

Naturellement, dans cette majesté poétique où il s'était placé, M. de Châteaubriand devait être vivement attaqué; c'était le droit de sa gloire conquise. Aussi bien, de toutes parts, on s'agitait contre le *Génie du Christianisme*, tout en s'avouant que la partie révolutionnaire était à jamais perdue. A ces clameurs vaines, à ces bruits sans portée, à ces critiques sans valeur, M. de Châteaubriand répondit par la *Défense du Génie du Christianisme*, qui est un morceau d'excellente critique, mais critique trop honorable pour de pareils adversaires. On peut lire la *Défense du Génie du Christianisme*, dans les œuvres de M. de Châteaubriand, mais ce livre a-t-il donc maintenant un sérieux besoin d'être défendu? Dans cette *Défense* on lit de belles pages sur les gens de lettres, et dans ces pages se trouve tout l'avenir politique de M. de Châteaubriand.

« Je ne suis point assez absurde pour vouloir que les lettres soient abandonnées précisément à la partie non *lettrée* de la société. Elles sont du ressort de tout ce qui pense; elles n'appartiennent point à une classe d'hommes particulière; elles ne sont point une attribution des rangs, mais une distinction des esprits. Je n'ignore pas que Montaigne, Malherbe, Descartes, La Rochefoucauld, Fénélon, Bossuet, La Bruyère, Boileau même, Montesquieu et Buffon, ont tenu plus ou moins à l'ancien corps de la noblesse, ou par la robe ou par l'épée ; je sais bien qu'un beau génie ne peut déshonorer un nom illustre; mais puisque mon critique me force à le dire, je pense qu'il y a toutefois moins de péril à cultiver les muses dans un état obscur que dans une condition éclatante. L'homme sur qui rien n'attire les regards expose peu de chose au naufrage. S'il ne réussit pas dans les lettres, sa manie d'écrire ne l'aura privé d'aucun avantage réel, et son rang d'auteur oublié n'ajoutera rien à l'oubli naturel qui l'attendait dans une autre carrière. »

Puis faisant un retour sur lui-même, et après nous avoir montré dans le lointain Cicéron oubliant dans l'étude les horribles désordres de la société, il s'écrie :

« Eh ! comment pourrais-je calomnier les lettres ? Je serais bien ingrat, puisqu'elles ont fait le charme de mes jours. J'ai eu mes malheurs comme tant d'autres; car on peut dire du chagrin, parmi les hommes, ce que Lucrèce dit du flambeau de la vie.

J'ai toujours trouvé dans l'étude quelque raison de supporter patiemment mes peines. Souvent, assis sur la borne d'un chemin en Allemagne, sans savoir ce que j'allais devenir, j'ai oublié mes maux, et les auteurs de mes maux, en rêvant à quelque agréable chimère que me présentaient les muses compatissantes. Je portais pour tout bien avec moi mon manuscrit sur les déserts du Nouveau-Monde; et plus d'une fois les tableaux de la nature, tracés sur les huttes des Indiens, m'ont consolé à la porte d'une chaumière de la Westphalie, dont on m'avait refusé l'entrée. »

Et plus loin, et ceci est de la prévoyance :

« On dit : — Les gens de lettres ne sont pas propres au maniement des affaires. — Chose étrange, que le génie nécessaire pour enfanter l'*Esprit des Lois* ne fût pas suffisant pour conduire le bureau d'un ministre ! Quoi ! ceux qui sondent si habilement les profondeurs du cœur humain ne pourraient démêler autour d'eux les intrigues des passions ! Mieux vous connaîtriez les hommes, moins vous seriez capables de les gouverner ! »

C'est un sophisme démenti par l'expérience. Les deux plus grands hommes d'état de l'antiquité, Démosthènes, et surtout Cicéron, étaient deux véritables hommes de lettres, dans toute la rigueur du mot. Il n'y a peut-être jamais eu de plus beau génie littéraire que celui de César, et il paraît que ce petit-fils d'Anchise et de Vénus entendait assez bien les affaires. On peut citer en Angleterre Thomas Morus, Clarendon, Bacon, Bolingbroke; en France, l'Hôpital, Lamoignon, d'Aguesseau, M. de Malesherbes, et la plupart de nos premiers ministres tirés de l'Eglise. Rien ne me pourrait persuader que Bossuet n'eût pas été une tête capable de conduire un royaume, et que le judicieux et sévère Boileau n'eût pas fait un excellent administrateur.

Le jugement et le bon sens sont surtout les deux qualités nécessaires à l'homme d'état ; et remarquez qu'elles doivent aussi dominer dans une tête littéraire sainement organisée. L'imagination et l'esprit ne sont point, comme on le suppose, les bases du véritable talent ; c'est le bon sens, je le répète, le bon sens avec l'expression heureuse.

On ne s'est formé cette idée de l'inaptitude des gens de lettres que parce que l'on a confondu les auteurs vulgaires avec les écrivains de mérite. Les premiers ne sont point incapables parce qu'ils sont *hommes de lettres*, mais seulement parce qu'ils sont *hommes médiocres*. Or, ce qui manque aux ouvrages de ces hommes, c'est précisément le jugement et le bon sens. Vous y trouverez peut-être des éclairs d'imagination, de l'esprit, une connaissance plus ou moins grande du *métier*, une habitude plus ou moins formée d'arranger les mots et de tourner la phrase ; mais jamais vous n'y rencontrerez le bon sens.

Et plus loin (et à ce propos vous voyez encore comme il sait tout prévoir)! entendez-le qui s'écrie avec une amertume prophétique :

« Mais si les premiers talens littéraires peuvent remplir glorieusement les premières de leur patrie, à Dieu ne plaise que je leur conseille jamais d'envier ces places! La majorité des hommes de bien peut faire ce qu'ils feraient eux-mêmes dans un ministère public; personne ne pourra remplacer les beaux ouvrages dont ils priveraient la société en se livrant à d'autres soins. Ne vaut-il pas mieux aujourd'hui, et pour nous et pour lui-même, que Racine ait fait naître *sous sa main de pompeuses merveilles*, que d'avoir occupé, même avec distinction, la place de Louvois ou de Colbert? Je voudrais que les hommes de talent connussent mieux leur haute destinée; qu'ils sussent mieux apprécier les dons qu'ils ont reçus du ciel. On ne leur fait point une grace en les investissant des charges de l'état; ce sont eux au contraire qui, en acceptant ces charges, font à leur pays une véritable faveur et un très grand sacrifice.

« Dans une carrière étrangère à leurs mœurs, les gens de lettres n'auraient que les maux de l'ambition sans en avoir les plaisirs. Plus délicats que les autres hommes, combien ne seraient-ils pas blessés à chaque heure de la journée! Que d'horribles choses pour eux à dévorer! Avec quels personnages ne seraient-ils pas obligés de vivre et même de sourire! En butte à la jalousie que font toujours naître les vrais talens, ils seraient incessamment exposés aux calomnies et aux dénonciations de toutes les espèces; ils trouveraient des écueils jusque dans la franchise, la simplicité ou l'élévation de leur caractère; leurs vertus leur feraient plus de mal que des vices, et leur génie même les précipiterait dans des pièges qu'éviterait la médiocrité. »

Si nous pouvions parler longuement du *Génie du Christianisme*, que de choses nous aurions à dire ! quelle belle, complète et éloquente défense de la religion chrétienne ! Cette fois, les plus zélés et les plus éloquents apologistes, saint Justin, Minucius-Félix, Lactance, étaient dépassés, et de bien loin. Cette fois, tout l'ensemble de cette divine croyance était compris dans un cercle immense ; toutes les beautés morales, littéraires, poétiques, de l'évangile, étaient commentées, expliquées, agrandies. Ce livre arrivant ainsi après cette longue suite d'attaques et d'insultes contre le christianisme, était plutôt une défense qu'une attaque ; plus on avait dit que le christianisme était chose barbare et ridicule, plus l'auteur devait tenir à démontrer que c'était au contraire une pensée morale, poétique, conciliatrice, bienveillante. Sous le rapport de la beauté poétique, ne fallait-il pas aussi défendre l'Evangile contre l'esprit, la verve, la licence de Voltaire ? Livre admirable, qui s'adresse à toutes les intelligences, au jeune homme et au vieillard, aux esprits les plus avancés et aux esprits les plus incultes, au pauvre comme au riche, qui pénètre sous la chaumière à force d'onction, qui s'ouvre les portes des palais à force d'éloquence. Livre courageux, qui sauve les chrétiens du ridicule, ce qui est bien plus que de les sauver du bourreau. Eclatante justice rendue aux grands génies chrétiens, à l'art chrétien, à la poésie chrétienne. Un livre qui persuade par le raisonnement et par l'imagination, qui comprend *Atala* et *René*, qui démontre d'une façon irrésistible, qu'il faut aimer la religion qu'il défend. Rien qu'à voir le plan de ce livre, on comprend toute sa puissance. D'abord se manifeste le christianisme dans toute l'austérité de son dogme, de sa doctrine et de son culte, entouré de ses bienfaits, de ses institutions morales et politiques. Vient ensuite la pensée du christianisme, son histoire, son influence sur les beaux-arts, deux pensées bien distinctes, et qui cependant se tiennent, et que maintenant personne ne saurait séparer, tant M. de Châteaubriand les a fortement réunies !

Si maintenant nous passons de l'ensemble aux détails, que de beautés nouvelles dignes de notre admiration la plus sincère! Quelle abondance infinie dans cette merveilleuse et infatigable parole qui réunit chemin faisant, toutes les beautés éparses dans toutes les littératures chrétiennes ou profanes! Quelle nouveauté dans ce beau langage! Quelle tristesse passionnée, et comme on devine le poète, dans ces expressions soudaines, le philosophe, dans ce profond regard jeté sur l'humanité, le politique, dans ces prédictions inattendues, qui embrassent à la fois le présent, le passé et l'avenir du monde!

Quand donc M. de Châteaubriand fut parvenu tout d'un coup à cette hauteur de la gloire poétique et de la fortune littéraire, si grande qu'il lui était impossible de ne pas tenir de près ou de loin à cet autre parvenu de la gloire, qu'on appelait Bonaparte, Bonaparte nomma M. de Châteaubriand le secrétaire de l'ambassade qu'il envoyait à Rome. L'ambassadeur était l'oncle lui-même de Bonaparte, monseigneur le cardinal Fesch, homme indulgent, probe, affable, grand connaisseur des chefs-d'œuvre antiques, peu étonné de sa fortune, tant il s'était habitué, et de bonne heure, à compter sur la fortune de son neveu; un de ces hommes qui se font pardonner leur bonheur, sinon à force de génie et d'esprit, du moins à force de grace, de bonté, de sagesse et de modestie.

N'importe, c'était là un singulier compagnon à donner à l'auteur du *Génie du Christianisme*. Quel secrétaire pour quel ambassadeur! quel ambassadeur pour quel secrétaire! Aussi, dans tout ce voyage de Paris à Rome, qui fut comme une course triomphale, l'auteur d'*Atala* eut tous les honneurs, tout l'enthousiasme, tous les applaudissements, tous les éloges. On eût dit, à entendre ce murmure flatteur qui l'accueillait à son passage, que c'était là en effet le proche parent du souverain de la France, et que le prince de l'église romaine ne venait qu'à sa suite, et pour être son Mentor. Chose bien douce et bien rare! déjà son nom était populaire, sa gloire naissante s'était fait jour dans les hameaux les plus reculés ; *Atala*, l'enfant de son génie, était déjà la compagne bien-aimée de tous les enfants de la France : elle avait sa place marquée au foyer domestique, les petits enfants recevaient le nom d'*Atala* comme le nom d'une sœur qu'ils auraient perdue et retrouvée. M. de Châteaubriand a fait là un beau voyage, d'autant plus beau qu'il ne s'occupait guère de son ambassade, et que cette fois encore, comme aux plus beaux jours de ses courses errantes dans le fond de l'Amérique, il était tout entier à sa fantaisie poétique. C'était à peu près le même voyageur, mais avec beaucoup plus de gloire, mais avec la conscience sûre d'avoir entrepris dignement une œuvre immense, avec la croyance que cette œuvre, il saura l'achever un jour. Ce moment de la vie poétique, quand l'homme de génie, non content de s'être révélé à lui-même, comprend enfin qu'il s'est aussi révélé aux autres, et qu'enfin le monde aura désormais des yeux pour le voir, des oreilles pour l'entendre, un cœur pour l'aimer, est à vrai dire une heure d'extase infinie et d'enchantement suprême, à laquelle rien ne peut se comparer ici-bas. Ce voyage à Rome lui rappela tout d'abord, en passant à Lyon, son premier voyage dans ces vieilles murailles des Romains, à l'époque affreuse où les bombes des conventionnels obligeaient son ami Fontanes à changer de place le berceau de sa fille. Maintenant la ville

entière sort de ses ruines, la vie et le mouvement
sont revenus dans ces murs. Voici encore l'abbaye *des deux amants*, la grotte de J.-J.-Rous-
seau ; les riants et pittoresques côteaux de la
Saône ; les barques légères traversent comme autrefois la douce rivière, conduites par de jeunes
femmes, éclairées par la tremblante clarté du
fanal attaché à leur proue. L'Académie de Lyon
se hâte de recevoir dans son sein ce poète qui
passe, et c'est ainsi que M. de Châteaubriand
paye à la ville son droit de passage. Dans les au-
berges, il rencontre des enfants que les mères
poussent jusqu'à lui, et qui le remercient en leurs
noms et au nom de leurs mères, de la divine pâ-
ture qu'il a mise à la portée de leur jeune intelligence.

Bientôt il quitte Lyon. Après avoir marché
quelque temps, il découvre les montagnes de la
Savoie, verdoyantes et moussues ; il entre dans le
chaos de la Grande-Chartreuse, habitée par les
petits oiseaux des montagnes. A Chambéry, il se
souvient de Jean-Jacques, et il ramasse dans les
Confessions la mémoire de madame de Warens, la
pauvre femme, pour essuyer la boue dont l'ingrat
Rousseau l'a couverte. Il traverse ainsi Montmé-
liand, et les fraîches vallées qui s'appuient contre
les Alpes, comme autant d'enfants calins sur le
sein de leur mère. Devant lui les Alpes se dressent ;
dans ces bois touffus, il entend le cri de l'aigle et
le chant du rossignol, duo charmant à la fois et

terrible. Il recherche dans ces passages les traces d'Annibal, renouvelées par Bonaparte : il rencontre un paysan qui battait un aigle, et il se rappelle en soupirant le *petit Louis XVII!*

Vainement il gravit le mont Cenis ; arrivé au sommet, il pense qu'enfin il va découvrir l'Italie, il ne voit qu'un gouffre noir et profond. Les montagnes de l'Amérique septentrionale lui avaient offert un spectacle plus imposant.

Enfin, enfin le voilà en Italie, et cette fois son enthousiasme le reprend, aussi complet, aussi passionné que dans les forêts vierges du Nouveau-Monde. Il juge toutes ces villes qui passent devant lui, avec une netteté, une précision, vraiment incroyables. Turin, ville nouvelle, se sent encore des Gaules. La Lombardie, belle tout d'abord, mais admirable tout à fait aussitôt que vous avez pénétré quelque peu dans cet horizon sans bornes de terres, de canaux, de verdure et de fleurs. Tous ces beaux villages passent devant lui dans leur coquetterie un peu apprêtée, aussi bien que dans leur agriculture élégante. Le 23 juin (1804) il est reçu à bras ouvert par le général Murat, et par cette charmante madame Bacchiochi, l'aimable femme qui a tant contribué par ses vœux, par ses prières, par ses larmes, aux plus touchantes actions de son terrible frère. Les officiers de notre armée, avec ce merveilleux instinct qui est une partie de leur courage, accueillent l'auteur d'*Atala* et lui font les honneurs de cette Italie qu'ils ont conquise. Mais cependant Milan, la ville de marbre, l'arrête à peine. Il est appelé par Florence... et par Rome! Laissez-le courir.

A Rome, il tombe dans une extase indicible. Est-il éveillé? N'est-il pas le jouet d'un songe? S'il rêve, ah! du moins ne le réveillez pas. A l'aspect de tous ces monumens qu'il n'a vus encore *qu'avec l'œil de son esprit*, comme dit Hamlet, le Colisée, le Panthéon, la colonne trajanne, le château Saint-Ange, Saint-Pierre, que sais-je? il reste ébahi et confondu et même la voix lui manque. Il n'a pas assez de ses deux yeux, il n'a pas assez de toute son ame, il n'a pas assez de tout son cœur. Il va sans fin du connu à l'inconnu, des temps antiques à l'époque chrétienne, des bains aux amphithéâtres, des spectacles aux bibliothèques, de la ville à la campagne, du Capitole à Tibur. Il entend toutes à la fois, toutes ces voix joyeuses ou plaintives qui sortent de ces ruines amoncelées et qui l'appellent. Il voudrait emporter dans son sein toute cette ville afin de l'admirer tout à son aise, et cependant il remplit ses poches de petits fragments de porphyre, d'albâtre, de marbre antique, et quand ses poches sont pleines, il les vide pour les remplir de nouveau plus tard. Au Vatican il recherche Raphael, et il combat avec Raphael corps à corps. Dans le musée des antiques, il reconnaît la mère des Gracques, *Cornelia mater*, et en même temps il salue d'un sourire presque tendre Lalagée, la maîtresse d'Horace ; il rencontre un vase étrusque, et il se demande *qui a bu à cette coupe ?* Et il se répond, *un mort !*

Il traverse aussi le musée Capitolin, et il se détourne devant la statue de Virgile; la galerie Doria, où Claude Lorrain donne la main au Poussin, notre grand peintre; le soir il va se promener dans Rome au clair de la lune, à toutes les ombres que projettent les grands monumens, l'obélisque, la colonne Antonine, le Panthéon, le Colisée grave et silencieux. Une femme lui demande l'aumône, il remplit les mains de la *poverina*. Il marche ainsi pendant que Rome sommeille, au milieu de ses ruines. Il traverse ces rues sans habitans, ces arcades vides, ces places silencieuses, ces jardins déserts, ces monastères où personne ne prie, ces cloîtres sans voix, ces portiques sans foule. Il voudrait ranimer l'Italie comme elle était seulement il y a dix-huit siècles. Ainsi il rêve déjà confusément à son poème des *Martyrs*.

C'est seulement à Naples que se montre la vie italienne. Les routes sont parcourues en tout sens par toutes sortes de voyageurs. Russes, Anglais, Français, et même par des Italiens. Les laboureurs conduisent leurs charrettes que traînent de grands bœufs, les paysannes voilées, les jupons courts et les cheveux bizarrement tracés, offrent leurs vœux à la madone, c'est un pêle mêle animé de rues, de ponts, de moulins, de chars, de moutons, de voituriers, d'enfans tout nus, de pélerins, de mendians, de pénitens blancs et noirs, de soldats et de gendarmes, de jeunes gens et de vieillards, et au bout de tout ce bruit, la mer!

A Fondi, le 1ᵉʳ janvier 1805, il se repose sous un bel oranger en fleurs. Là est mort Cicéron, pleurant sur cette patrie qu'il avait deux fois sauvée. A Naples il retrouve l'Italie du moyen-âge et toutes ces créations poétiques, Françoise de Rimini, Roméo, Juliette, Othello et la blanche Vénitienne, et tous ces héros et tous ces poètes, Doria, Spinola, Christophe Colomb, le Dante, Pétrarque, Arioste, Raphael, Titien, le Corrège. En présence de tant de merveilles, il regrette de n'avoir pas vu l'Italie quand il écrivait le *Génie du Christianisme.*

Au sommet du Vésuve il est accueilli par l'ermite :

« L'ermite est sorti pour me recevoir. Il a pris la bride de ma mule, et j'ai mis pied à terre. Cet ermite est un grand homme de bonne mine et d'une physionomie ouverte. Il m'a fait entrer dans sa cellule; il a dressé le couvert, et m'a servi un pain, des pommes et des œufs. Il s'est assis devant moi, les deux coudes appuyés sur la table, et a causé tranquillement tandis que je déjeunais. Les nuages s'étaient formés de toutes part autour de nous; on ne pouvait distinguer aucun objet par la fenêtre de l'ermitage, on n'oyait dans ce gouffre de vapeurs que le sifflement du vent et le bruit lointain de la mer sur les côtes d'Herculanum, scène paisible de l'hospitalité chrétienne, placée dans une petite cellule au pied d'un volcan et au milieu d'une tempête!

L'ermite m'a présenté le livre où les étrangers ont coutume de noter quelque chose. Dans ce livre je n'ai pas trouvé une pensée qui méritât d'être retenue; les Français, avec ce bon goût naturel à leur nation, se sont contentés de mettre la date de leur passage, ou de faire l'éloge de l'ermite. Ce volcan n'a donc inspiré rien de remarquable aux voyageurs; cela me confirme dans une idée que j'ai depuis long-temps: les très grands objets, sont peu propres à faire naître les grandes pensés; leur grandeur étant pour ainsi dire en évidence, tout ce qu'on ajoute au-delà du fait ne sert qu'à le rapetisser. Le *nascitur ridiculus mus* est vrai de toutes les montagnes. »

Quand il a quitté l'ermite, l'idée lui prend de visiter le cratère, et même de descendre dans le cratère:

« Je propose à mon guide de descendre dans le cratère; il fait quelque difficulté pour obtenir un peu plus d'argent. Nous convenons d'une somme qu'il veut avoir sur-le-champ. Je la lui donne. Il dépouille son habit; nous marchons quelque temps sur les bords de l'abîme, pour trouver une ligne moins perpendiculaire et plus facile à descendre. Le guide s'arrête et m'avertit de me préparer. Nous allons nous précipiter.

Nous voilà au fond du gouffre.

« Je désespère de pouvoir peindre ce chaos. Qu'on se figure un bassin d'un mille de tour et là dans cet abîme entendez-le qui déjà résume sa vie et qui s'écrie :

Quelle providence m'a conduit dans ce lieu? Par quel hasard les tempêtes de l'Océan Américain m'ont-elles jeté aux champs de Lavinie; *Lavinaque venit littora ?* Je ne puis m'empêcher de faire un retour sur les agitations de cette vie, où les choses, dit saint Augustin, sont pleines de misères, et l'espérance vide de bonheur : *Rem plenam miseriæ spem beatitudinis inanem.* Né sur les rochers de l'Armorique, le premier bruit qui a frappé mon oreille en venant au monde est celui de la mer; et sur combien de rivages n'ai-je pas vu depuis se briser ces mêmes flots que je retrouve ici ?

Qui m'eût dit, il y a quelques années, que j'entendrais gémir aux tombeaux de Scipion et de Virgile ces vagues qui se déroulaient à mes pieds sur les côtes de l'Angleterre, ou sur les grèves du Maryland? Mon nom est dans la cabane du sauvage de la Floride; le voilà sur le livre de l'ermite du Vésuve. Quand déposerai-je à la porte de mes pères le bâton et le manteau du voyageur? »

Mais grace au ciel, il n'était pas au bout de son chemin.

Je vous avais bien prévenu que si à chaque pas de ce voyage en Italie vous étiez sûr de retrouver le grand écrivain et le grand poète, il ne fallait guère vous attendre à trouver l'homme politique. Chez M. de Châteaubriand l'homme politique viendra plus tard, quand enfin il aura ramené cette royauté dont il est le sujet hardi et fidèle. En vain Napoléon entasse les merveilles sur les merveilles, les victoires sur les victoires, il y a toujours entre Napoléon et M. de Châteaubriand comme un mur d'airain qui les sépare l'un de l'autre. M. de Châteaubriand, tout en rendant à ce grand génie l'admiration qui lui est due, s'arrête immobile et froid devant cet homme qui s'impose à lui comme il s'impose au monde. Et certes, cela se fit bien voir le jour, jour fatal, où fut assassiné, dans les fossés de Vincennes, le noble et malheureux duc d'Enghien, dont le sang tachera à jamais le velours du manteau impérial. A peine ce grand crime politique fut-il accompli, que le grand coupable se sentit ému au fond de l'ame ; malgré lui, le rouge monta à son front, le remords lui vint au cœur. Il venait de comprendre qu'il avait fait une insulte à la gloire, qu'il avait porté un défi insensé à sa fortune. En même temps l'effroi général, le grand silence qui se faisait autour de lui, et même parmi ses plus acharnés flatteurs, le sentiment de la réprobation universelle pour ce crime inutile, misérable, honteux, lâche! c'étaient là déjà autant de supplices atroces pour cette ame superbe. Mais dans cette France asservie et tremblante, quel homme osera donc déclarer à cet homme qu'il a fait un crime ? Cet homme courageux, intrépide comme le remords, à sa gloire et à la gloire de son époque, ce sera M. de Châteaubriand. Laissez-le faire, donnez-lui seulement à accomplir l'action d'un grand courage, et il n'y manquera pas, à coup sûr. Déjà même à Rome, il avait heurté Son Excellence monseigneur le cardinal Fesch, et il avait donné sa démission de secrétaire d'ambassade, puis il était revenu à Paris bien heureux de se croire en disgrace, et de rentrer dans la poésie au sortir de son ambassade.

Vain espoir! M. de Châteaubriand n'était pas disgracié. Cela ne convenait pas au maître de se brouiller tout à fait avec de pareils hommes, dont il avait deviné la portée. Avant d'en venir à une rupture ouverte, il y mettait toute la prudence, toute la grace, disons mieux toute la coquetterie d'une belle femme, qui tient à ne pas perdre ses conquêtes. L'auteur du *Génie du Christianisme* était un homme trop important pour l'envelopper dans une disgrace qu'il ne redoutait guère, et d'ailleurs c'était à tout prendre hasarder beaucoup que de s'exposer à être brouillé en même temps avec madame de Staël et avec M. de Châteaubriand. M. de Châteaubriand, qui se croyait dégagé de tout service politique, fut donc bien étonné quand à son retour de Rome, il se vit nommer ministre plénipotentiaire dans le Valais, et encore à cette faveur imprévue, le maître ajoutait toutes sortes de précautions pour empêcher que cette faveur ne ressemblât à un exil. Cette fois donc il fallait accepter, il fallait partir. M. de Châteaubriand, ainsi comblé de toutes ces bonnes graces, n'avait plus aucun prétexte à donner pour ne pas s'en laisser accabler, quand tout à coup, la veille même de son départ, la fatale nouvelle se répand que le duc d'Enghien a été mis à mort. La tristesse publique s'expliquait hautement sur ce grand crime. Aussitôt M. de Châteaubriand n'hésite plus; non, il ne servira pas cette gloire souillée du sang d'un Bourbon; non, il ne servira pas ce grand homme qui, pur de tous les crimes de 93, revient lui-même sur ses pas, comme s'il eût été poussé par Danton ou par Robespierre pour prendre sa part dans ces crimes inutiles. En vain les amis de M. de Châteaubriand l'entourent de leurs représentations, de leurs prières, de leurs larmes, le suppliant, les mains jointes, de ne pas affronter la colère de cet homme, le priant d'attendre au moins quelques mois, quelques jours, que la première stupeur de ce grand crime soit passée : rien n'y fait, ni les larmes, ni les prières, il faut absolument que le poète se sépare violemment de cet homme sanglant. Et ainsi fait-il ; il donne hautement sa démission de chargé des affaires du Valais. Il est le premier, il est le seul qui ose déjà protester, à la face du monde, contre le crime des fossés de Vincennes. Vous pensez quel fut l'étonnement, quelle fut la colère de Bonaparte, quand il apprit que seul en France, un émigré, un gentilhomme, un écrivain, osait lui donner cette leçon méritée! Mais cependant, cette fois encore Bonaparte se contint, l'heure approchait où le premier consul allait devenir l'empereur Napoléon. Pour fonder dignement cette dynastie qu'il voulait faire éternelle, Bonaparte avait besoin de l'assentiment universel, aussi pas une voix ne devait manquer à ce concert immense de toutes les voix de l'Europe. Seul, M. de Chateaubriand garda le silence : mais en 1804 M. de Chateaubriand n'avait plus de démission à donner.

Ainsi retranché par sa propre volonté et par sa conscience du mouvement des affaires, maintenant tout entier à sa poésie dans cette Europe agitée de toutes les guerres, de toutes les passions, de toutes les ambitions dévorantes, savez-vous à quoi il se mit à rêver? Il se mit à rêver à un grand poème où seraient démontrées victorieusement par la poésie, les mêmes vérités chrétiennes qu'il avait victorieusement démontrées par le raisonnement, par l'éloquence et par l'histoire, dans le *Génie du Christianisme*. La poésie le reprit de plus belle, et avec la poésie la fantaisie, et quand la fantaisie le prend, vous savez qu'il s'en va tout de suite au hasard, tout droit devant lui, s'inspirant de tous les souvenirs, de toutes les découvertes, de toutes les espérances de la route. Que lui font à lui ces armées qui se heurtent contre ces armées, ces villes prises et reprises, ces fleuves passés à la nage, ces victoires remportées et perdues, cette immense, perpétuelle et redoutable agitation de tous les rois, de tous les peuples, de toutes les libertés du monde? Il sait très bien que tout ce bruit aura une fin, que tout ce mouvement cessera, que tous ces champs de bataille, cachés un instant sous un monceau de mourants et de morts, se chargeront de nouveau de troupeaux et de pâturages; il sait très bien qu'alors viendra son tour, en même temps que le tour de la maison de Bourbon, qui attend à Hartwell le temps de se mettre en route, son sceptre à la main, pendant que l'empereur poursuit le chemin qu'il s'est frayé avec son épée. Hélas! de ces deux pélerins à travers les révolutions de l'Europe, ce n'est pas le pélerin armé qui ira le plus loin.

Son voyage en Auvergne, est comme son voyage en Italie, tout rempli de ces merveilleuses invocations au temps passé. Le voici donc au berceau de Pascal, au tombeau de Massillon! l'instant d'après il est en Suisse, il traverse le village de Chamouni, il gravit le Mont-Blanc, et les pâtres des montagnes s'étonnent de ce pas ferme et hardi. Que de belles pages il a écrites à ce sujet au courant de la plume, et quelle guerre il fait aux montagnes ! Les chalets, enchantés par l'imagination de Rousseau, ne sont plus que de méchantes cabanes remplies du fumier des troupeaux, de l'odeur des fromages et du lait fermenté. Les bêtes sauvages ont été remplacées sur les sommets des Alpes par des troupeaux de vaches qui regrettent la plaine. Les marmottes même deviennent rares, et le petit Savoyard est menacé de perdre son trésor. Le montagnard appelle la plaine le *bon pays*, la solitude des montagnes est pénible: La promenade y devient une fatigue…. Ainsi à chaque instant se révèle le voyageur minutieux et attentif, le poète qui commande en maître à sa propre poésie. Après l'avoir vu ainsi juger le Mont-Blanc, qui est à notre portée, qui est une espèce de diorama à l'usage de tous les oisifs de la France et de l'Angleterre, vous pouvez maintenant être sûr de la vérité des descriptions que vous lirez, plus tard, quand des hauteurs du Mont-Blanc l'illustre voyageur ira visiter les montagnes de la Grèce et de la Judée, quand il ira chercher sur le Thabor et le Taygète d'autres couleurs et d'autres harmonies, après avoir peint les montagnes renommées de l'Europe et les vallées inconnues du Nouveau-Monde.

Cette fois donc, M. de Châteaubriand se rendait à Jérusalem; il allait recommencer, lui tout seul, et le premier depuis tant de siècles, le long pélerinage des croisades. Il allait s'agenouiller au tombeau de Jésus-Christ, il allait chercher dans le pays de la *Jérusalem délivrée*, un poème comme le poème que vit le Tasse, quand du haut de cette montagne immense, le Tasse découvrit Renaud, Tancrède, Armide, tous ses héros, toutes leurs passions, tous leurs amours. Adieu donc en même temps cette fois au chrétien qui s'en va au tombeau du Christ, en même temps adieu au poète qui veut, avant de les décrire, visiter ces villes, traverser ces fleuves, gravir ces montagnes, s'asseoir sur ces ruines, prier dans ces temples, parcourir dans toutes sortes de fortunes et d'appareils tous les lieux où doit se passer son poème. Ce poème auquel il rêvait depuis longtemps, et dont vous pouvez déjà découvrir les premières inspirations dans son *Voyage à Rome*, c'est le poème des *Martyrs*. M. de Châteaubriand raconte ainsi lui-même pourquoi et comment il a entrepris ce beau voyage qui devait lui fournir le texte de ces deux grands livres, l'*Itinéraire* et les *Martyrs*.

« Lorsqu'en 1806 j'entrepris le voyage d'outre mer, Jérusalem était presque oubliée; un siècle irréligieux avait perdu mémoire du berceau de la religion : comme il n'y avait plus de chevaliers, il semblait qu'il n'y eût plus de Palestine.

» J'avais arrêté le plan des *Martyrs* : la plupart des livres de cet ouvrage étaient ébauchés; je ne crus pas devoir y mettre la dernière main avant d'avoir vu le pays où ma scène était placée: d'autres ont leurs ressources en eux-mêmes, moi j'ai besoin de suppléer à ce qui me manque par toutes sortes de travaux.

» En quittant de nouveau ma patrie le 13 juillet 1806, je ne craignis point de tourner la tête comme le sénéchal de Champagne; presque étranger dans mon pays, je ne laissais après moi ni château ni chaumière. »

Donc, le 3 juillet 1806, le poète se mit en route pour accomplir son admirable pélerinage. N'oubliez pas qu'au bout de ce pélerinage était le poème des *Martyrs!* De Paris à Milan M. de Châteaubriand connaissait la route; Vérone, Vicence et Padoue le peuvent à peine retenir un instant. Venise l'arrête cinq jours, non pas seulement Venise, mais encore le Tintoret et Paul Véronèse, et puis il ne voulait pas partir sans s'être agenouillé au tombeau du Tasse. Enfin à Trieste il dit adieu à la belle Italie et il entra dans la Méditerranée aux charmants rivages plantés de myrtes et d'oliviers.

Quel voyage! toute l'antiquité a vécu, a aimé, a souffert, a chanté, a combattu sur ces ondes; Scipion, César, Pompée, Cicéron, Auguste, Horace, Virgile, ont passé sur ces flots harmonieux. Bientôt voici la Grèce, cette noble terre que M. de Châteaubriand a décrite, ou pour mieux dire qu'il a découverte le premier, et dont il a écrit l'histoire à la façon d'un homme de génie qui devine, qui fait revivre à sa voix les villes détruites, les temples renversés; les lois, les mœurs, les usages, les plaisirs, les croyances d'autrefois. Rien n'est plus touchant à voir que M. de Châteaubriand au milieu de ces ruines de villes et de peuples, cherchant à les reconnaître les uns et les autres; la moindre pierre le rend attentif, le moindre ruisseau l'occupe, car ce mince filet d'eau a été peut-être un grand fleuve. D'où vient cette pierre? Quel est le nom, ou plutôt quel était le nom de ce fleuve dans l'histoire ancienne et dans les vers d'Homère? L'homme qui sert de guide à notre voyageur, Grec dégénéré, ou plutôt un pauvre esclave des Turcs, ne comprend rien à ces ravissements empressés, à ce respect, à cet interrogatoire passionné:

— « Voilà Misitra, disais-je au cicérone : c'est Ladémone, n'est-ce pas?

» Il me répondait : « Signor, Lacédémone? Comment?

— » Je vous dis, Lacédémone ou Sparte?

— » Sparte? Quoi?

— » Je vous demande si Misitra est Sparte?

— » Je n'entends pas.

— » Comment! vous, Grec, vous, Lacédémonien, vous ne connaissez pas le nom de Sparte?...

» Le cicérone fit de grands gestes, et étendit le bras à droite du côté d'Amyclée. »

Il fallut donc qu'il découvrît tout seul les champs où fut Sparte; et à peine a-t-il jeté sur ces ruines son regard d'aigle, qu'il s'écrie à coup sûr, et nul voyageur ne l'a démenti : Là s'élevait la citadelle ! Voici l'emplacement du temple de Minerve où mourut Pausanias ! Voici le temple de Vénus armée ! et le temple de Lycurgue et le palais du roi Démocrate ! Là le temple d'Hélène et la maison de Ménélas ! Ce ruisseau qui se cache entre les roseaux, c'est l'Eurotas ! Dans son enthousiasme inspiré, notre voyageur s'écrie, Léonidas ! Léonidas ! et il prête l'oreille comme si le grand écho des Thermopyles allait lui répondre : Léonidas ! Léonidas !

Son émotion quand il entra dans les ruines d'Athènes ne fut pas moins grande. A peine oserait-il fouler du pied la voie sacrée ; cette fois encore il reconnut la noble et intelligente cité qu'il n'avait vue que dans les historiens et dans les poètes. La citadelle d'Athènes éclairée du soleil levant semblait s'appuyer sur le mont Hymette. Elle présentait dans un assemblage confus les chapiteaux des Propylées, les colonnes du Parthénon et du temple d'Erecthée. Athènes entre deux collines et au pied même de l'Acropolis ressemblait à un monceau informe de minarets, de ruines, de colonnes isolées, de cyprès, et comme Sparte elle conservait dans ses ruines le caractère qui lui était propre ; autant les ruines de Lacédémone étaient tristes, graves et solitaires, autant les ruines d'Athènes étaient riantes, légères, habitées. L'élégance attique de cette belle cité renversée se manifeste encore dans toute cette misère et dans tout cet esclavage. Que cette promenade de M. de Châteaubriand à travers ces nobles débris fut douce, poétique, solennelle! avec quel merveilleux instinct il retrouve dans cette poussière la trace des siècles évanouis! avec quelle grace touchante il vous raconte ses impressions diverses! Par exemple entendez-le vous parler du Céphise, un autre fleuve qu'il a retrouvé.

« Nous distinguâmes bientôt le lit du Céphise entre les troncs des oliviers qui le bordaient comme de vieux saules : je mis pied à terre pour saluer le fleuve et pour boire de son eau ; j'en trouvai tout juste ce qu'il m'en fallait dans un creux sous la rive ; le reste avait été détourné plus haut pour arroser les plantations d'oliviers. Je me suis toujours fait un plaisir de boire de l'eau des rivières célèbres que j'ai passées dans ma vie : ainsi j'ai bu des eaux du Mississipi, de la Tamise, du Rhin, du Pô, du Tibre, de l'Eurotas, du Céphise, de l'Hermus, du Granique, du Jourdain, du Nil, du Tage et de l'Ebre. Que d'hommes au bord de ces fleuves peuvent dire comme les Israélites : *sedimus et flevimus!* »

Et quelle émotion touchante quand il vient à se souvenir qu'à cette place se tenait l'aréopage, à cette place le tombeau de Thucydide et d'Hérodote, à cette place enfin la tribune du haut de laquelle Périclès, Alcibiade et Démosthènes, Socrate et Phocion ont parlé au peuple le plus léger et le plus spirituel de l'univers. Mais, hélas!

où donc est-il ce peuple athénien, l'honneur du monde?.

M. de Châteaubriand n'eût-il rapporté de son voyage que son admirable description du Parthénon, ce voyage resterait encore comme un des plus illustres parmi les voyages poétiques. Mais pour bien comprendre tout ce qu'il y a de graces, de fraîcheur et de respect dans ces belles pages, relisez s'il vous plaît les stériles imprécations de lord Byron adressées à ces mêmes ruines, sur lesquelles M. de Châteaubriand répandait de si douces larmes.

Cependant au milieu de ces enchantements notre voyageur se rappelle qu'il n'est pas au bout de sa course, qu'il est parti pour un plus saint pélerinage. Athènes, dans la pensée de ce voyage, ne doit pas prévaloir un instant contre Jérusalem. Voici donc que M. de Châteaubriand se remet en route ; il traverse ces groupes d'îles de l'Archipel, qui dans l'antiquité réunissaient la Grèce d'Asie à la véritable Grèce, Smyrne, les Cyclades, Scyros qui se souvient d'Achille, Chio, *fortunée patrie d'Homère*, comme dit Fénélon, jusqu'à ce qu'enfin et tout à coup, Constantinople, cette ville aux trois étages lui apparût comme le plus beau point de vue de l'univers.

Cependant Constantinople l'arrête à peine, vous savez que Jérusalem l'attire! Il quitte cette fois et tout à fait l'antiquité grecque, pour passer dans l'antiquité latine. Rhodes, Chypre, et tout là-bas dans le ciel les pointes du mont Carmel, la Judée, Jérusalem, la terre des prophètes et de l'Évangile.

« Je restai les yeux fixés sur Jérusalem, mesurant la hauteur de ses murs, recevant à la fois tous les souvenirs de l'histoire, depuis Abraham jusqu'à Godefroy de Bouillon, pensant au monde entier changé par la mission du Fils de l'Homme, et cherchant vainement ce temple dont *il ne reste pas pierre sur pierre*. Quand je vivrais trois mille ans, jamais je n'oublierai ce désert qui semble respirer encore la grandeur de Jéhovah, et les épouvantements de la mort. »

Mais que faisons-nous là, et pourquoi le suivre, et comment le suivre ? Et n'êtes-vous pas encore, vous qui me lisez, sous l'impression terrible, douloureuse, mélancolique, de la passion poétique de M. de Châteaubriand dans les saints lieux ?

Quand il eut ainsi promené son double enthousiasme poétique et chrétien dans cette terre des croisades où il venait pour rappeler à ces déserts les monuments, les passions et les croyances de la vieille Europe, il fit ses adieux à l'Egypte et il partit pour Alexandrie. Son retour en France fut mêlé de calme et de tempête, de beau ciel et d'orage. Près de l'île de Malte il fut assailli d'une tempête si terrible, que regardant le naufrage comme inévitable, il écrivit un billet ainsi conçu:
« F. B. de Châteaubriand, naufragé sur l'île de
» Lampedouze, le 28 décembre 1806, en reve-

» nant de la Terre-Sainte. » Mais nous l'avons bien vu, la mort n'avait pas de prise sur un pareil homme. La tempête s'apaisa, et M. de Châteaubriand entra dans Tunis comme on célébrait les fêtes du carnaval.

Vous pensez bien que M. de Châteaubriand ne passe pas à Carthage sans se rappeler les héros de la terre d'Afrique : Didon, Scipion, Annibal, Justinien, saint Louis ; M. de Châteaubriand est le plus grand invocateur des temps antiques, qui soit au monde. Il parcourt ces rivages l'*Enéide* à la main, il suit Virgile et Joinville à la trace comme il a suivi Homère, comme il a suivi le roi David, puis enfin il débarque à Bayonne le 5 mai 1807, après avoir fait le tour entier de la Méditerranée.

« Quand les anciens pélerins avaient accompli le voyage de la Terre-Sainte, ils déposaient leur bourdon à Jérusalem, et prenaient pour le retour un bâton de palmier : je n'ai point rapporté dans mon pays un pareil symbole de gloire, et je n'ai point attaché à mes derniers travaux une importance qu'ils ne méritent pas. Il y a vingt ans que je me consacre à l'étude au milieu de tous les hasards et de tous les chagrins, *diversa exilia et desertas quœrere terras*, un grand nombre de feuilles de mes livres ont été tracées sous la tente, dans les déserts, au milieu des flots ; j'ai souvent tenu la plume sans savoir comment je prolongerais de quelques instants mon existence : ce sont là des droits à l'indulgence, et non des titres à la gloire. J'ai fait mes adieux aux Muses dans les *Martyrs*, et je les renouvelle dans ces Mémoires, qui ne sont que la suite ou le commentaire de l'autre ouvrage. Si le ciel m'accorde un repos que je n'ai jamais goûté, je tâcherai d'élever en silence un monument à ma patrie ; si la Providence me refuse ce repos, je ne dois songer qu'à mettre mes derniers jours à l'abri des soucis qui ont empoisonné les premiers. Je ne suis plus jeune ; je n'ai plus l'amour du bruit ; je sais que les lettres, dont le commerce est si doux quand il est secret, ne nous attirent au dehors que des orages : dans tous les cas, j'ai assez écrit, si mon nom doit vivre ; beaucoup trop, s'il doit mourir. »

A son arrivée à Paris, M. de Châteaubriand, qui venait de travailler si fort à sa gloire, trouva que l'empereur de son côté n'avait pas négligé la sienne. La bataille d'Eylau retentissait dans le monde comme un dernier coup de canon qui achève une grande conquête. C'était en Europe une terreur profonde, c'était en France un enthousiasme universel, c'était à Paris une admiration pour l'empereur qui allait jusqu'à la bassesse. Revenir de si loin pour retrouver l'assassin du duc d'Enghien dans cette gloire sans égale parmi les gloires historiques, ce n'était guère la peine. Et comment donc maintenant se heurter contre ce diadème d'or, contre cette épée de diamant, contre cette volonté de fer ?

Ne pensez pas cependant que M. de Chateaubriand, le pélerin de Jérusalem, soit vaincu par la bataille d'Eylau, il n'y a que Waterloo qui ait pu le vaincre. Le même poète qui venait et de si loin de contempler la vanité de la gloire humaine, à coup sûr ne pouvait pas être ébloui par la gloire de l'empereur. Au contraire, il ose la regarder en face, comme l'aigle regarde le soleil, et alors voyant l'empereur Napoléon si haut placé, il consent à livrer de son côté une nouvelle bataille poétique. Cette bataille de M. de Chateaubriand, dans laquelle son immense renommée allait être remise en question, c'était son poème des *Martyrs*. Depuis six ans M. de Chateaubriand rêvait à cette œuvre immense. Il avait poursuivi cette grande pensée avec un acharnement sans égal, dans les ruines de Rome, dans les ruines de la Grèce, au fond de l'Orient, dans tous les lieux de ce monde où l'évangile s'était rencontré avec le paganisme. Il voulait prouver en outre par un poème ce qu'il avait démontré dans le *Génie du Christianisme*, à savoir, que le christianisme est pour le moins aussi rempli de poésie que les religions antiques. Il voulait mettre en présence les deux muses, la muse de David qui se cache dans les nuages mêlés d'éclairs du mont Thabor, la muse d'Homère qui règne en souveraine sous les ombrages du Pinde. Pour accomplir cette œuvre immense dans laquelle deux croyances, deux religions, deux sociétés se trouvent en présence, M. de Châteaubriand s'en va chercher dans l'Iliade une des plus chastes nymphes, sortie toute parée de grace et d'innocence du cerveau du vieil Homère. Il nous montre d'abord la famille antique dans tout son aspect honnête et tranquille. Dans le chant suivant, il célèbre toutes les espérances mélancoliques, et toutes les douces joies innocentes de la famille chrétienne. Et quand ces deux tableaux, d'une exquise simplicité, sont accomplis, le poète nous transporte de la terre dans le ciel, dans le ciel mythologique et dans le ciel catholique. Puis, comme pour unir par un intérêt mêlé de douleur ces deux familles, ces deux croyances, le poète choisit la Rome des Césars; cette vieille Rome, maîtresse du monde qui succombe sous le pesant fardeau de son scepticisme, de ses grandeurs et de ses ennuis. Ici se montre Tacite, mais Tacite plus triste encore et dépouillé de toute cette amère ironie qui corrompt quelque peu les plus sévères leçons de l'histoire. Après Tacite arrivent les poètes profanes. Même dans les vers d'Ovide, dans ce livre charmant et licencieux qu'il appelle *le livre de ses amours*, vous ne retrouverez pas une peinture plus exquise des voluptés sensuelles de l'Italie. Mais, silence! quel est dans le lointain ce bruit d'armes et de pas pesants qui se fait entendre? Le Capitole est ébranlé jusqu'en ses fondements, il a reconnu la voix des soldats de Brennus. Cette fois ce n'est pas Brennus qui enseigne aux barbares les chemins épouvantés de la ville éternelle, c'est un poète puissant et fort qui précipite les Francs contre les Romains à la façon de ces héros d'Homère qui avaient douze coudées. Après les Francs viennent les Germains, barbares de la même race. Et maintenant, de ces sombres forêts nous passons dans l'enfer de Milton et du Dante, et de là où sommes-nous? Nous voilà dans les Gaules, sur les bords d'une rivière inconnue, qui sera plus tard la Seine, la rivière française, ici Velléda commence, délirante histoire de l'amour! Qu'elle est belle cette femme! comme elle laisse loin derrière elle toutes les femmes qui ne sont pas la Didon du quatrième livre! Puis, bientôt ce grand bruit d'hommes armés qui se battent, de femmes qui sanglottent et qui meurent, fait place à l'histoire des catacombes chrétiennes. Sous cette Rome maîtresse du monde qui adore encore Jupiter et Vénus la mère du premier empereur de Rome, est creusée par l'Evangile une Rome souterraine, une autre Rome dont la victoire nouvelle sera éternelle; dans cette enceinte obscure, glisse et serpente, cachée à tous les yeux, la croyance de l'évangile; l'église primitive languit dans cette nuit profonde qui doit répandre un si grand éclat sur l'humanité tout entière; la blanche Cymmodocée, la profane enfant d'Homère, par amour pour Eudore, va s'écrier : Je suis chrétienne! mais l'église chrétienne ne veut pas d'une conversion faite en vue d'un amour profane, même le plus chaste et plus naïf amour. Eudore, excommunié, abandonne la jeune fille qu'il aime, et il va à Jérusalem chercher le pardon de son âme. La même route que tout à l'heure M. de Châteaubriand a suivie, son héros la parcourt comme lui. Il passe par Athènes avant d'entrer dans le christianisme oriental, et alors il étale devant vous, sans confusion, tous les dogmes de l'église primitive, devant vous aussi se dresse la Judée tout imprégnée de la croyance nouvelle. Sur les bords du Jourdain, Cymmodocée, chrétienne non plus par l'amour profane, mais par la conviction, est baptisée par saint Jérôme : le vieil Homère a perdu sa blanche colombe, c'en est fait, il est vaincu.

Vous dirai-je les derniers chants du poème ? La persécution religieuse qui envahit la vieille république romaine, elle qui dans son Capitole avait jadis une place pour tous les dieux ? Et Cymmodocée, la chaste épouse, livrée au tyran Hiéroclès ? Et enfin le martyr des deux jeunes chrétiens jetés aux bêtes de l'amphithéâtre ; et cette voix qui vient du ciel et qui crie : *Les dieux s'en vont !* C'étaient plus que les dieux de Rome qui s'en allaient, c'était la vieille Rome tout entière qui retombait dans le néant !

Et voilà comment, par ce chef-d'œuvre d'un prix inestimable, M. de Châteaubriand se plaça entre *la Jérusalem* et *le Paradis perdu*, entre le Tasse et Milton qu'il devait traduire un jour ; et voilà comment il répondit victorieusement à la bataille d'Eylau et à la paix de Tilsitt!

A la nouvelle de ce chef-d'œuvre du poète, l'empereur fut ému comme il l'avait été par le *Génie du Christianisme*. Il voulut une troisième fois se faire un ami de l'homme qui rendait ainsi le monde attentif et qui sauvait la gloire épique de la France. Il avait établi, dans les dernières années de la république, des prix décennaux réservés à l'auteur de « l'ouvrage littéraire qui réunira au plus haut degré la nouveauté des idées, la valeur de la composition et la nouveauté du style »; et comme il voulait revenir à M. de Chateaubriand par un détour, il demanda à l'académie son rapport sur les prix décennaux.

En ce temps là l'académie, pas plus que le sénat, pas plus que tout autre corps de l'État, ne se piquait de courage politique. Le courage politique est peut-être la vertu la plus rare, non pas dans les particuliers, mais dans les compagnies. Triste penchant! On dirait qu'aussitôt que les hommes sont réunis, ils ont peur de ne pas être assez lâches. L'académie fit donc une liste de présentation, et comme elle savait fort bien que M. de Chateaubriand était un royaliste avoué, et qu'il avait forcé l'empereur de supprimer le *Mercure de France*, et qu'il avait renoncé à son ambassade dans le Valais après l'assassinat du duc d'Enghien, et qu'en un mot l'auteur du *Génie du Christianisme* était fort mauvais courtisan (il l'a été dans tous les temps; excepté dans les temps où ses maîtres allaient en exil), elle ne songea pas à inscrire le *Génie du christianisme* sur cette liste littéraire. A cette liste innocente, l'empereur répondit que l'académie avait eu tort d'oublier le *Génie du Christianisme*, et en même temps il demanda à l'académie son rapport sur ce livre, comme le cardinal de Richelieu avait demandé à l'académie son opinion sur le *Cid* du grand Corneille. C'était donc la seconde fois que l'académie était appelée à servir la jalousie d'un maître souverain de la France.

Avec cette différence cependant que le cardinal de Richelieu était jaloux du poète Corneille, et tout simplement comme un faiseur de vers est jaloux d'un grand poète, pendant que l'empereur Napoléon était jaloux de la gloire de M. de Châteaubriand, parce que l'empereur ne voulait pas que, de son temps, il y eût une gloire à côté de sa propre gloire, qui ne s'humiliât pas devant lui et devant ses œuvres. Voilà pourquoi l'empereur voulut qu'on présentât à sa louange impériale le *Génie du Christianisme*; le cardinal de Richelieu n'avait offert le *Cid* qu'à la censure de l'académie.

Sur l'ordre de l'empereur, l'académie s'assemble; on nomme au scrutin cinq rapporteurs de cette grande affaire; les commissaires nommés travaillent chacun de son côté à ce rapport, chaque jour chacun apporte son travail. On parla pour le *Génie du Christianisme*, on parla contre. Un académicien soutenait que le livre était mal écrit, l'autre qu'il n'était pas nouveau; celui-ci que l'ouvrage péchait par les détails, celui-là que l'ouvrage péchait par le plan; enfin cependant au bout d'un mois de ce travail, de ces discours, de ces répliques, de ces apologies, l'illustre assemblée trouva, à la majorité de quelques voix, que le *Génie du Christianisme* était en effet un livre qui méritait d'être recommandé à l'empereur !

Trois ans plus tard, l'empereur, qui avait trouvé dans l'*Itinéraire* quelques lignes où il était question de sa gloire, s'avisa de demander pourquoi M. de Châteaubriand n'était pas encore membre de l'académie française? De pareilles questions étaient des ordres. Justement un membre de l'académie venait de mourir. Aussitôt l'académie, fière de l'assentiment de sa majesté l'empereur et roi, se hâta d'admettre dans son sein M. de Châteaubriand.

Or, l'académicien qui venait de mourir si à propos, celui que M. de Châteaubriand allait remplacer, celui même dont M. de Châteaubriand devait parler nécessairement, et avec les éloges obligés, dans son discours de réception, savez-vous qui c'était? c'était Chénier! Chénier, un des disciples les plus acharnés et les plus fidèles de Voltaire, élevé dans toutes les doctrines de la Convention, philosophe jusqu'au doute le plus absolu inclusivement, poète licencieux et railleur, qui n'avait appris à lire que dans *Candide*; ce même Chénier qui a fait cette satire d'*Atala*, dont l'indécence ne saurait être comparée à aucun pamphlet même politique, c'était Chénier qui était mort; c'était Chénier dont M. de Châteaubriand devait parler! Là-dessus voilà tout Paris qui fait silence et qui prête l'oreille. Comment l'auteur d'*Atala* et des *Martyrs* se va-t-il tirer de cette difficulté immense? Que va-t-il faire? Par les règlemens même de l'institut, le blâme lui est interdit, comme aussi le silence. Eh! soyez tranquilles, vous savez déjà depuis long-temps que ce n'est pas l'esprit, que ce n'est pas le style, que ce n'est pas le talent, que ce n'est pas le courage qui manquent à M. de Châteaubriand!

Non pas que M. de Châteaubriand, à propos de Chénier, se souvînt de quelques injurieuses épigrammes qui ne l'avaient pas atteint; non pas qu'il n'eût, très-volontiers, fait au défunt l'aumône de quelques louanges littéraires et académiques; mais cette fois M. de Châteaubriand, fatigué de ce silence politique qui pesait sur la France, le voulut rompre enfin à ses risques et périls. Quel ne fut donc pas l'étonnement de l'académie, et quelle ne fut pas son épouvante, quand, selon l'usage, M. de Châteaubriand vint soumettre au jugement de l'illustre corps le plus épouvantable discours politique qui se fût, je ne dis pas prononcé, mais seulement murmuré tout bas; mais seulement pensé sous l'empereur Napoléon le Grand?

Ce discours, qui est une des plus belles choses qu'il ait écrites, n'est pas imprimé dans les œuvres de M. de Châteaubriand, il ne paraîtra que dans ses *Mémoires*, pour tenir sa place à côté des chapitres les plus courageux de ce grand livre ; mais cependant telle est la puissance des belles actions plus encore que des beaux ouvrages, qu'elles entrent tout d'un coup, on ne sait comment, dans la mémoire des hommes en même temps que dans leur cœur. Celui qui a écrit ces lignes se rappelle fort bien qu'il a copié lui-même au collége, dans ses cahiers de rhétorique, ce discours inédit que M. de Châteaubriand n'a pas eu le droit de prononcer à l'académie française. Ce discours déjà dans ce temps-là, en 1819, était une tradition poétique ; on se le passait de main en main comme un modèle incontestable de la plus haute éloquence ; les jeunes têtes ardentes retenaient par cœur ces nobles paroles inédites, et justement parce qu'elles étaient inédites. Et l'on s'étonne que toute la Grèce ait su par cœur les vers d'Homère! c'est qu'il y a un secret instinct parmi les peuples, qui les pousse à garder précieusement leurs titres de gloire. Laissez-les courir dans la foule ces titres précieux, que la nation en soit la confidente et la dépositaire, vous n'aurez pas besoin de veiller sur leur conservation, non plus que sur leur durée, la mémoire et la reconnaissance publiques s'en chargeront. Mais au contraire imprimez ces chefs-d'œuvre, l'orgueil des peuples, sur un vélin impérissable; renfermez vos archives entre quatre murailles, écrivez si menu l'*Iliade* et l'*Odyssée* qu'ils puissent tenir dans une coquille de noix, vous verrez que la mémoire publique s'occupera moins de la gloire de tous!

Voici quelques passages de ce discours de M. de Châteaubriand que nous sommes heureux de retrouver parmi les souvenirs les plus vifs et les plus durables de nos premières études.

Après avoir parlé de Milton, l'Homère anglais pour lequel M. de Châteaubriand a professé toute sa vie une admiration passionnée et dont il a fini par traduire le chef-d'œuvre, M. de Châteaubriand aborde tout de suite la poésie de Chénier, en avouant toutefois qu'il *était curieux* de voir ce qu'un homme *dans sa position*, avec *ses opinions* et *ses principes*, pouvait dire à ce sujet. M. de Châteaubriand se tire d'affaire en prenant, comme il dit lui-même, *un juste milieu entre un silence absolu et un examen approfondi.*

Les écrits de Chénier *portent l'empreinte des jours désastreux qui les ont vus naître.* Dictés par les partis, *ils ont été applaudis par les factions*, cette fois *les intérêts de la société et les intérêts de la littérature sont mêlés ensemble,* et naturellement M. de Châteaubriand s'occupe des *intérêts de la société: Je ne puis*, dit-il, *assez oublier ces intérêts pour m'oc-*

cuper uniquement de vers ou de prose. Il en est arrivé déjà à ce moment solennel de sa vie : ou bien il faut qu'il se taise, ou bien il faut *qu'il s'occupe des intérêts politiques.*

Vous pensez si cette levée de boucliers dut épouvanter l'académie ! s'occuper des *intérêts politiques* en pleine académie, alors même que le sénat n'aurait pas osé, sans une autorisation préalable, s'occuper des intérêts politiques ! Mais cette fois M. de Châteaubriand ne ménage plus rien, il est las de cette réserve littéraire et de cette poésie qui va à son but par mille sentiers détournés, las de cette vie admirablement vagabonde parmi les ruines de l'Italie, à travers les décombres de la Grèce, dans les sables de l'Orient. Il ne veut plus de cet exil, loin du monde des faits et des idées politiques. « Quoi donc ! s'écrie-t-il, après une révolution qui nous a fait parcourir en quelques années les évènemens de plusieurs siècles, on interdirait à l'écrivain toute considération morale? on lui défendra d'examiner le côté sérieux des objets? Il passera une vie frivole à s'occuper de chicanes grammaticales, de règles de goût, de petites sentences littéraires ! Il vieillira enchaîné dans les langes de son berceau ! Il ne montrera point, sur la fin de ses jours, un front sillonné par ces longs travaux, ces graves pensées, et souvent par ces mâles douleurs qui ajoutent à la grandeur de l'homme? Quels soins importans auront donc blanchi ses cheveux? Les misérables peines de l'amour-propre et les jeux puérils de l'esprit ! »

Voyez-vous d'ici, à ces mots, bondir l'académie française sur ses trente-neuf fauteuils, le vieux Ducis s'agitant plein d'enthousiasme sur le fauteuil de Voltaire, Regnault de Saint-Jean-d'Angeli pâlissant à la seule idée d'aller rendre compte de cette séance à l'empereur! Mais rien ne peut intimider le poète; c'en est fait maintenant, il a passé le Rubicon qui le séparait de la politique; il se fâche tout-de bon, il réclame ses droits, il s'indigne tout seul *qu'on veuille le réduire à l'état d'enfance dans la force de l'âge et de la raison !*

Il ne veut pas consentir à ce qu'il y ait quelque part des écrivains qui ne soient que des faiseurs de prose ou de vers; même à propos de M. de Boufflers il se révolte, et il prétend que s'il faisait l'éloge de M. de Boufflers, *il citerait le duc de Boufflers qui fit lever aux Autrichiens le siège de Gênes, et le maréchal de Boufflers qui disputa aux ennemis de la France les remparts de Lille*; il ne s'arrêterait qu'à Louis de Boufflers, dit le *Robuste*, après quoi il parlerait, s'il en avait le temps, des poésies badines de M. de Boufflers.

Que s'il avait à parler de M. Delille, à cette séance que M. de Boufflers présidait, il n'irait pas dire, à Dieu ne plaise! que l'abbé Delille a dignement traduit le *Paradis perdu* de Milton; mais il parlerait de la constance du poète à souffrir les maux de l'exil, *illustre banni au milieu de cette foule d'exilés dont j'augmente le nombre!* et voilà comme il loue ses plus courageux confrères, l'abbé Sicard, esprit fin, délicat et sage, Ducis, Raynouard, l'abbé Maury.

Il revient ainsi par un détour habile et courageux au texte de son discours, Marie Chénier. « Ah! qu'il eût été heureux pour M. Chénier de
» n'avoir pas participé à ces calamités publiques
» qui retombèrent enfin sur sa tête! il eût su
» comme moi ce que c'est que de perdre un frère
» dans les orages populaires, un frère tendre-
» ment aimé! »

Puis tout d'un coup se souvenant que les auteurs de ce drame terrible sont presque tous vivans, écoutez comme il se plaît, sinon à les excuser, du moins à les plaindre :

« Nous tous, qui vécûmes dans les troubles et les révolutions, nous n'échapperons pas aux regards de l'histoire. Qui peut se flatter d'être resté sans tache dans un temps de délire où personne n'avait l'usage de sa raison! Soyons donc pleins d'indulgence les uns pour les autres! Excusons ce que nous ne pouvons approuver. Telle est la faiblesse humaine, que le talent, le génie, la vertu même font quelquefois franchir les bornes du devoir. M. Chénier adora la liberté, peut-on lui en faire un crime? Nos chevaliers eux-mêmes, s'ils sortaient de leurs tombeaux, suivraient la lumière du siècle; on verrait se former cette illustre alliance entre l'honneur et la liberté, comme sous le règne des Valois les créneaux gothiques couronnaient avec une grâce infinie, dans nos monumens, les ordres empruntés de la Grèce. La liberté n'est-elle pas le premier des biens et le premier des besoins de l'homme? Elle enflamme le génie, elle élève le cœur, elle est nécessaire à l'ami des muses comme l'air qu'il respire; les arts peuvent jusqu'à un certain point vivre dans la dépendance, parce qu'ils se servent d'une langue à part qui n'est point entendue de la foule; mais les lettres, qui parlent une langue universelle, languissent et meurent dans les fers. Comment tracera-t-on des pages dignes de l'avenir, s'il faut s'interdire, en écrivant, tout sentiment magnanime, toute pensée forte et grande? La liberté est si naturellement l'amie des sciences et des lettres, qu'elle se réfugie auprès d'elles lorsqu'elle est bannie du milieu des peuples; c'est vous, messieurs, qu'elle charge d'écrire ses annales, de la venger de ses ennemis, et de transmettre son nom et son culte à la postérité. »

Tels sont les passages, mais tronqués, affaiblis par la mémoire, recueillis à l'improviste, de ce noble et courageux discours, dans lequel se révèle tout d'un coup et avec tant d'éclat, chez M. de Châteaubriand, l'homme politique; aussi vous jugez de l'étonnement de l'empereur. Quoi donc! attaquer ainsi les régicides, porter aux nues les exilés, discuter les principes du nouveau gouvernement, affirmer que tout Français vient au monde citoyen ! c'était intolérable ! L'empereur biffa ce discours, il défendit que de telles paroles fussent prononcées dans son empire ; M. de Châteaubriand conserve l'exemplaire de son discours que l'empereur a traité si brutalement ; le manuscrit porte encore des preuves non équivoques du désappointement impérial.

Que fit M. de Châteaubrand ? il se tut, il ne parut pas à l'académie, il s'enveloppa dans sa dignité, il laissa faire au temps et à sa gloire, il avait de quoi être patient. Alors il se vit attaqué de toutes parts, tantôt au nom de l'empereur, tantôt au nom de la république, tantôt au nom de Voltaire et de la philosophie du dix-huitième siècle. Toutes sortes de plumes se mirent à outrager cette gloire si pure et si belle, on alla même jusqu'à chercher dans l'*Essai* quelques unes des pages qui pouvaient donner un démenti au *Génie du Christianisme* et aux *Martyrs*. A toutes ces injures M. de Châteaubriand répondit par le dédain et le silence. Aux citations tronquées de l'*Essai* il répondit en demandant à la police l'autorisation de le publier en entier, et naturellement la police la refusa.

CHAPITRE XII

ENFIN, à force de pousser à bout la gloire humaine, par son exemple, l'empereur Napoléon était tombé du haut de sa gloire. Un instant l'Europe, épouvantée elle-même de sa victoire, contempla dans la plus profonde stupeur, les vastes débris de tant de grandeurs. Comment faire pour combler tout d'un coup ce vide immense dans les destinées du monde? Alors dans le silence général une voix se fit entendre; cette voix, c'était la voix du royaliste fidèle, du politique courageux, de l'historien qui se souvient, du poète qui porte des paroles d'espérance, c'était la voix de M. de Châteaubriand.

La France n'oubliera jamais le titre de cette

brochure qui valut une bataille gagnée à la maison de Bourbon, et que Louis XVIII, c'étaient ses propres paroles, n'eût *pas changé contre une armée.*

« *Non, je ne croirai jamais que j'écris sur le tombeau de la France.* » Ainsi il entre en matière. Et tout d'un coup le voilà qui annonce à cette France républicaine, impériale, que tout un passé royaliste se dresse derrière elle, comme il lui avait appris déjà que derrière elle, pour la protéger, pour la défendre, pour la sauver, se dressait tout un passé chrétien! L'antique patrimoine des rois très chrétiens ne peut être divisé. La France ne mourra pas faute d'un homme. Il n'y a pas quinze mois qu'il était à Moscou, et les Russes sont à Paris! Et après cette véhémente philippique qui rappelle les plus terribles imprécations des Catilinaires, l'orateur s'arrête, et il entend la France qui s'écrie : — Mais qui donc remplacera l'empereur ? M. de Châteaubriand répond : — Le roi.

Alors il se met à expliquer la royauté ; il fait à la France l'histoire de cette royale maison de Bourbon qui s'était perdue dans la tempête. Louis XVIII, le comte d'Artois, le duc de Berry, tous ces Français de plus qui vont venir, il dit leurs noms, leur histoire, il les explique tous les uns et les autres, et il explique comment seuls ils sont la sauvegarde du présent, la réconciliation du passé, l'espérance de l'avenir. Comment aussi cette monarchie tient à toutes les monarchies ses sœurs.... Mais qu'avons-nous besoin d'expliquer nous-même cet appel tout-puissant en faveur des descendans de Louis XIV, quand M. de Châteaubiand lui-même se donne la peine de nous l'expliquer ?

« Buonaparte, dit M. de Châteaubriand, est jugé avec rigueur dans cet opuscule approprié aux besoins de l'époque. A cette époque de troubles et de passion les paroles ne pouvaient être rigoureusement pesées ; il s'agissait moins d'écrire que d'agir ; c'était une bataille qu'il fallait gagner ou perdre dans l'opinion ; et, perdue, elle dispersait pour toujours les débris du trône légitime. La France ne savait que penser ; l'Europe, stupéfaite de sa victoire, hésitait ; Buonaparte était à Fontainebleau tout puissant encore, et environné de quarante mille vétérans ; les négociations avec lui n'étaient pas rompues : le moment était décisif ; force était donc de s'occuper seulement de l'homme à craindre, sans rechercher ce qu'il avait d'éminent ; l'admiration mise imprudemment dans la balance l'aurait fait pencher du côté de l'oppresseur de nos libertés. La patrie était écrasée sous le despotisme, et livrée par l'ambition insensée de ce despotisme à l'invasion de l'étranger ; nos blessures saignaient ; le donjon de Vincennes, les exils, les fusillades à la plaine de Grenelle, l'anéantissement de notre indépendance, la conscription, les banqueroutes répétées, l'iniquité de la politique napoléonienne, l'ingrate persécution suscitée au souverain pontife, l'enlèvement du roi d'Espagne, les désastres de la campagne de Russie, enfin tous les abus de l'arbitraire, toutes les vexations du gouvernement de l'empire, ne laissaient à personne le sang-froid nécessaire pour prononcer un jugement impartial. On ne voyait que la moitié du tableau : les défauts étaient en saillie dans la lumière, le reste était plongé dans l'ombre.

« Le temps a marché ; Napoléon a disparu : le soldat devant lequel tant de rois fléchirent le genou, le conquérant qui fit tant de bruit occupe à peine, dans un silence sans fin, quelques pieds de terre sur un roc au milieu de l'Océan. Usurpateur du trône de saint Louis et des droits de la nation, tel se montrait Buonaparte quand j'esquissai ses traits pour la première fois. Je le jugeai d'abord avec les générations souffrantes, moi-même une de ses victimes ; depuis j'ai dû parler d'un sceptre perdu, d'une épée brisée, en historien consciencieux, en citoyen qui voit l'indépendance de son pays assurée. La liberté m'a permis d'admirer la gloire : assise, désormais sur un tombeau solitaire, cette gloire ne se lèvera point pour enchaîner ma patrie. »

Mais cette première restauration ainsi faite à la hâte et dans un premier entraînement d'éloquence, n'était guère fondée sur des bases solides. A peine sur ce trône où M. de Châteaubriand l'avait appelé, et sur lequel prirent place toutes les petites et mesquines passions de la royauté, Louis XVIII se hâta d'éloigner par une ambassade le royaliste le plus intelligent de l'Europe. Le roi envoya M. de Châteaubriand ambassadeur, devinez dans quel royaume ? ambassadeur en Suède ! Mais l'empereur Napoléon ne le permit pas.

Quand donc la France revit *le petit chapeau* et la *redingote grise*, elle ressentit quelque chose qui ressemblait à un tremblement de terre. Mais heureusement ceci ne rentre pas dans le sujet de ce livre, le courage nous manquerait pour raconter ce coup de foudre qui devait produire Waterloo.

Alors recommence l'invasion, alors revient une seconde fois le roi Louis XVIII encore tout ému de cette violente secousse, et commençant à se douter que la royauté légitime n'était pas tellement enracinée dans ce bon pays de France, qu'elle ne pût être facilement renversée. En même temps Louis XVIII comprit qu'il avait grand besoin de quelques royalistes intelligents au milieu de tous les exilés qui l'entouraient. Cette fois donc le roi eut moins grande peur de M. de Châteaubriand, il le nomma pair de France et conseiller d'état. C'est alors que M. de Châteaubriand se mit à expliquer à la France, non pas seulement les Bourbons que la France s'était déjà expliqués à elle-même, mais *la Monarchie selon la Charte*, ce qui était bien différent. M. de Châteaubriand parle lui-même de ce livre en ces termes :

« La publication de *la Monarchie selon la Charte* a été une des grandes époques de ma vie : elle m'a fait prendre rang parmi les publicistes, et elle a servi à fixer l'opinion sur la nature de notre gouvernement. Je ne cesserai de le répéter : hors la Charte point de salut. C'est le seul abri qui nous reste contre la république et contre le despotisme militaire : qui ne voit pas cela est aveugle-né.

» Comme ce qui m'arrive ne ressemble jamais à rien, *la Monarchie selon la Charte* me fit ôter une place obtenue à Gand, et réputée jusqu'alors inamovible. Ce que je regrettai, ce ne fut pas cette place; ce fut la vente de mes livres, forcée par ma nouvelle situation, et surtout de la petite retraite que j'avais plantée de mes mains, et acquise du fruit des succès du *Génie du Christianisme*. L'homme de vertu qui a depuis habité cette retraite m'en a rendu la perte moins pénible. Mais il n'est pas bon de se mêler, même accidentellement, à ma fortune : cet homme de vertu n'est plus.

» J'ai eu l'honneur d'être dépouillé trois fois pour la légitimité : la première, pour avoir suivi les fils de saint Louis dans leur exil; la seconde, pour avoir écrit en faveur des principes de la monarchie que le roi nous avait octroyée; la troisième, pour m'être tu sur une loi funeste, et pour avoir contribué à maintenir l'Europe en paix pendant cette campagne si glorieuse pour un fils de France, et qui a rendu une armée au drapeau blanc.

» Les bourreaux qui avaient tué mon frère ne

m'ont pas laissé mon patrimoine : c'est dans l'ordre ; mais je ne puis m'empêcher d'engager les ministres futurs à se défendre de ces mesures précipitées, sujettes à de graves inconvénients. En me frappant, on n'a frappé qu'un dévoué serviteur du roi, et l'ingratitude est à l'aise avec la fidélité ; toutefois il peut y avoir tels hommes moins soumis et telles circonstances dont il ne serait pas bon d'abuser : l'histoire le prouve. Je ne suis ni le prince Eugène, ni Voltaire, ni Mirabeau, et quand je posséderais leur puissance, j'aurais horreur de les imiter dans leur ressentiment. »

Au reste, et quelle que soit la soumission de M. de Châteaubriand, l'histoire conservera cette ordonnance de Louis XVIII :

« Le vicomte de Châteaubriand ayant, dans un écrit imprimé, élevé des doutes sur notre volonté personnelle, manifestée par notre ordonnance du 5 septembre, nous avons ordonné ce qui suit :

« Le vicomte de Châteaubriand cesse de ce jour d'être compté au nombre de nos ministres d'état. »

Singulier caprice du roi Louis XVIII, de n'avoir jamais pu supporter à ses côtés cette immense gloire poétique dont le glorieux reflet eût protégé son trône ! Cette volonté royale, si absolue et si superbe, ne pouvait pas traiter d'égale à égale avec la volonté du poète. Ainsi disgracié, M. de Châteaubriand se trouva encore une fois dans cette position précaire de l'homme de génie qui la veille ne pense guère au lendemain. Aussitôt son parti fut pris bien vite. Il vendit, comme il le dit lui-même, l'heureuse retraite qu'il s'était faite dans le beau vallon qu'il avait le premier découvert. Sa maison vendue, il vendit ses livres, puis, toujours fidèle, et comprenant qu'il ne pouvait pas ainsi abandonner cette royauté qui s'abandonnait elle-même, il entreprit de faire à la France un cours de politique dont la France avait grand besoin ; à ces causes il fonda *le Conservateur*.

Cette fois encore la popularité ne manqua pas à M. de Châteaubriand, il défendait une si belle opinion ! Presque seul il tenait tête à cette phalange d'écrivains que la république avait laissés derrière elle pour la défendre, que l'empire avait formés pour le protéger. En même temps M. de Châteaubriand attaquait avec la plus éloquente véhémence le favori du roi, cet homme d'un esprit si élégant et si flexible. Cela dura jusqu'à cette nuit funeste où M. le duc de Berry tomba sous le poignard d'un horrible assassin au sortir de l'Opéra.

A cette nouvelle que le duc de Berry était mort et que la monarchie des Bourbons allait être remise en question, M. de Châteaubriand ne contient pas sa douleur. Déjà il voit à l'avance tous les malheurs qui vont venir. Sur cette tombe que l'assassinat avait creusée d'une façon si lamentable, cette grande voix s'élève inspirée et prophétique, elle prédit à l'avance tous les désastres qui menacent le trône. A défaut de Bossuet, ce grand louangeur de toutes les grandeurs éteintes, quelle autre voix pouvait mieux faire l'oraison funèbre du duc de Berry? Autour de ce deuil universel, M. de Châteaubriand évoque toute la maison de Bourbon comme pour lui dire que son dernier jour est venu. Bientôt de ces hauteurs il arrive au récit de l'assassinat, admirables pages qu'on ne peut comparer qu'à ce mouvement sublime de l'oraison funèbre de Henriette d'Angleterre : — *Madame se meurt! Madame est morte!*

Arrivé à cet instant de la vie de M. de Châteaubriand, je sens plus que jamais l'importance de mon sujet et la difficulté d'accomplir dignement cette tâche illustre. Il y a dans M. de Châteaubriand deux hommes supérieurs, éminents, qui demandent des juges bien divers: il y a le poète, l'historien, le philosophe ; il y a le pair de France, le conseiller du roi, l'ambassadeur, le secrétaire d'état. Dans cet *Essai* si imcomplet, quoi que nous fassions, sur cette vie si remplie, nous n'avons pas eu un seul instant l'ambition de raconter tant de travaux politiques qui occuperont une si grande place dans l'histoire, dans les idées, dans les libertés et dans l'avenir du dix-neuvième siècle. A Dieu ne plaise que nous suivions M. de Châteaubriand dans les phases si diverses de cette restauration dont lui seul il devinait confusément les destinées ; et qui n'a jamais voulu entendre qu'à divers intervalles cette voix éloquente et convaincue qui proclamait des vérités si rudes. Dans ce parti royaliste dont il était l'ame, le chef, l'esprit, le cœur, l'honneur et l'orgueil, en dépit du roi lui-même, et surtout en dépit des royalistes eux-mêmes, M. de Châteaubriand s'est trouvé dans des fortunes bien diverses, mais cependant il a toujours été plus haut que sa fortune. Pourtant, même dans les plus grandes affaires, jamais le poète ne s'est complètement effacé, au contraire, il a toujours percé avec plus d'éclat que jamais, sous le manteau fleurdelisé de l'homme politique. Ambassadeur à Rome, M. de Châteaubriand élève une tombe au Poussin dont il compose l'inscription funèbre; ambassadeur à Berlin, M. de Châteaubriand écrit des vers touchants sur le tombeau de cette aimable et courageuse reine de Prusse, qui mérita tous les respects de l'empereur Napoléon !

LE VOYAGEUR.

Sous les hauts pins qui protègent ces sources,
Gardien, quel est ce monument nouveau?

LE GARDIEN.

Un jour il deviendra le terme de tes courses :
O voyageur ! c'est un tombeau, etc.

Et notez bien que, de près ou de loin, il veillait toujours au maintien des deux passions de sa vie, la royauté et la liberté. A chaque nouvelle tentative du pouvoir pour empiéter sur la charte jurée à Saint-Ouen, M. de Châteaubriand quittait son ambassade, et le ministère troublé le voyait rentrer dans l'arène, plus fort, plus dévoué, plus convaincu que jamais. Cet admirable désintéressement politique, ce dévouement simple, net, entier à ses convictions politiques, ne saurait trop se louer dans un pareil homme. C'est que M. de Châteaubriand était l'homme des jours difficiles, la lutte lui convenait, il n'était jamais si éloquent que lorsqu'il ramenait dans la voie véritable cette royauté qui s'égarait à plaisir. Puis dans ses moments de repos, quand il n'était ni ambassadeur, ni ministre d'état, ni journaliste de l'opposition dans *le Journal des Débats*, son noble organe, savez-vous quel était son repos? Il étudiait l'histoire de l'avenir dans l'histoire du passé, il écrivait les *Quatre Stuarts*.

Cette histoire des *Quatre Stuarts*, si la France avait su la lire et si les rois l'avaient su comprendre (*et nunc reges, intelligite*), était toute remplie d'enseignements salutaires; elle pouvait, elle devait sauver la maison de Bourbon. Ce livre, *qui est de mon âge et de mon style actuels*, dit M. de Châteaubriand, est un de ces chefs-d'œuvre auxquels on ne peut rien comparer dans la littérature antique, pas même ces admirables petits livres de Tacite sur la *Vie d'Agricola* ou de Salluste faisant l'histoire de Catilina l'agitateur. Dans ce livre, à tout le mérite de l'histoire la plus animée et la plus éloquente, se réunissait tout le mérite d'une politique pleine de précision et de sagesse. Plus d'une fois, en relisant ces pages admirables, vous vous demandez à vous-mêmes si vous n'assistez pas aux plus terribles drames de la révolution française? Strafford, Charles Ier, Cromwell, Richard Warton, lord Pembroke, Montgommeri, ils sont là tous, les grands et les petits acteurs de cette révolution mémorable, et leur portrait est tracé de main de maître. Ainsi vous voyez disparaître tour à tour le roi, puis Cromwell, puis vous voyez revenir Charles II, puis enfin toute cette royauté des Stuarts retombe dans un dernier abîme dont elle ne se relèvera pas !

Pendant qu'il écrivait ainsi l'histoire de la révolution d'Angleterre, une révolution se préparait en Espagne, où là aussi le vieux trône s'en allait tomber sous les premiers cris de liberté. Alors l'Europe monarchique, inquiète de voir de nouveau ses destinées mises en question, se réunit au congrès de Vérone. M. de Châteaubriand et M. de Montmorency représentaient la France au congrès de Vérone, dont M. de Châteaubriand a écrit l'histoire. Cependant, tout préoccupé qu'il était de ces grands intérêts, M. de Châteaubriand trouve encore, chemin faisant, le temps d'obéir à ses inspirations poétiques :

> Alpes, vous n'avez point subi mes destinées !
> Le temps ne vous peut rien :
> Vos fronts légèrement ont porté les années
> Qui pèsent sur le mien.

> Pour la première fois, quand, rempli d'espérance,
> Je franchis vos remparts,
> Ainsi que l'horizon, un avenir immense
> S'ouvrait à mes regards.

Et il termine par cette charmante strophe :

> L'histoire et le roman font deux parts de la vie,
> Qui sitôt se ternit :
> Le roman la commence; et, lorsqu'elle est flétrie,
> L'histoire la finit.

Ce fut à son retour du congrès de Vienne que M. de Châteaubriand entra au ministère, vous savez comme il en sortit. Il avait eu l'audace, lui ministre du roi, dans le conseil des ministres, de prendre en main la défense de la liberté des colonies espagnoles, noble rêve de sa politique comme la liberté de la Grèce; à la chambre des pairs il avait assez peu défendu la loi sur la conversion des rentes, mais aussi comme il revenait un matin des Tuileries à l'hôtel du ministre des affaires étrangères, on lui remit l'ordonnance suivante :

Louis, etc.

« Le sieur comte de Villèle, président de notre
» conseil des ministres, et ministre secrétaire
» d'état au département des finances, est chargé
» *par interim* du portefeuille des affaires étran-
» gères, en remplacement de M. le vicomte de
» Châteaubriand. »

De son côté M. de Villèle écrivait à M. de Châteaubriand :

Monsieur le Vicomte,

J'obéis aux ordres du roi, et je vous transmets l'ordonnance ci-jointe.

J. DE VILLÈLE.

M. de Châteaubriand répondit au ministre.

Monsieur le Comte,

J'ai quitté l'hôtel des affaires étrangères ; le département est à vos ordres.

F. DE CHATEAUBRIAND.

Et du même pas, il dit adieu à toutes ces grandeurs, et il revint à pied dans sa silencieuse et tranquille maison de la rue d'Enfer, et il dit à ses amis étonnés, avec cette aimable gaîté qui n'appartient qu'à lui : « Ils m'ont chassé comme un laquais ! »

Ah ! la royauté qui traitait ainsi son plus puissant défenseur était sans doute sur le penchant de sa ruine. C'était bien le cas de dire alors ce qui fut dit plus tard avec tant de vérité et de justesse : « Malheureuse France, malheureux roi ! » Malheureuse monarchie qui marchait ainsi de faute en faute sans vouloir rien entendre ! De jour en jour la restauration insensée, imprévoyante, se précipitait à cette révolution subite de 1830.

Pour éloigner M. de Châteaubriand, encore plus que pour lui faire oublier tant d'insultes, le roi lui donna l'ambassade de Rome, et pour la troisième fois le voilà redevenu l'antiquaire passionné, enthousiaste de ces nobles ruines. Il arrive à Rome assez à temps pour voir mourir Léon XII et pour assister à l'ouverture du conclave. En France cependant toutes choses se préparaient pour une conclusion définitive: Il était impossible que cette lutte de tous les pouvoirs épars, que toutes ces résistances opiniâtres ne produisissent pas une catastrophe. A peine M. de Châteaubriand était-il de retour de son ambassade à Rome, que tout à coup la révolution de juillet éclate comme un volcan. Trois jours après cette éruption politique, c'en était fait de la maison de Bourbon.

Vous jugez alors de la douleur de M. de Châteaubriand. Voilà donc ses tristes prévisions accomplies ! Voilà donc cette ruine qu'il avait prédite ! La voilà donc jetée encore une fois dans l'exil, cette monarchie qu'il avait saluée le premier en France, qu'il avait tant aimée, qu'il avait si admirablement défendue ! Aussitôt il accourt (il était à Dieppe), il veut se jeter dans cette mêlée politique, il veut tenter un dernier effort pour ce roi malheureux, si simple et si calme dans son malheur ; il entre dans cette foule tout émue comme sonnait la dernière heure des trois jours ; celui qui écrit ces lignes s'en souviendra toute sa vie, car il a été le témoin de cette *heure illustre.* C'était près du Pont-Neuf, non loin de la statue d'Henri IV que protégeait déjà le drapeau tricolore de ses couleurs triomphales ; le peuple venait de prendre les Tuileries, et déjà même on creusait au pied de la colonnade du Louvre, une fosse pour enterrer les morts. Déjà aussi ce peuple tout à l'heure furieux, et qui revenait du Louvre, se mettait en quête d'un prêtre, oui, d'un prêtre, pour bénir ses morts, quand tout à coup, sous un éclatant rayon du soleil de juillet, parmi ces pavés renversés, ce peuple, dites-moi son instinct ? reconnaît M. de Châteaubriand qui regardait d'un regard passif, passer devant lui toute cette révolution qu'il avait prédite. A peine est-il reconnu par les vainqueurs du Louvre, que voilà, chose étrange ! les vainqueurs qui saluent le vaincu comme ils n'auraient pas salué le général Lafayette en personne qui triomphait là-bas à l'Hôtel-de-Ville. Il faut donc que quelque chose ait parlé tout bas à ce peuple à peine remis de ces trois jours de combats, et lui ait dit : « Vois-tu ce royaliste qui passe, il était peut-être le plus fidèle ami du roi que tu viens de chasser de son royaume, mais c'était un royaliste qui défendait les libertés que tu as sauvées ! » Il y avait donc entre M. de Châteaubriand et ce peuple armé, je ne sais quel lien sympathique que rien n'avait pu briser, pas même une révolution. Aussi fallait-il voir cette foule victorieuse s'approcher avec respect de ce royaliste sans reproche et sans peur, crier *vivat* sur son passage, lui demander pardon, pour ainsi dire, de cette victoire subite, puis enfin, dans un transport d'enthousiasme, le porter en triomphe, comme s'il était le roi nouveau de cette France nouvelle. Je ne crois pas qu'il y ait jamais eu sous un soleil plus ardent, un plus grand triomphe que celui-là.

Ici s'arrête cette noble histoire; quand une fois M. de Châteaubriand a refusé de reconnaître la révolution de juillet que l'Europe a reconnue, quand une fois il a pris congé de la Chambre des Pairs dont il était l'éloquence et l'orgueil, quand une fois ses derniers vœux et ses dernières espérances ont accompagné dans son dernier exil, cette maison de Bourbon dont il était l'ami le plus dévoué et le plus loyal, que nous reste-t-il à dire de M. de Châteaubriand? Et comment oserions-nous donc le suivre dans cette noble retraite, où même son silence couvre encore les plus grands bruits de la foule? Heureusement il y a déjà dans l'histoire un homme qui a jugé M. de Châteaubriand, c'est M. de Châteaubriand lui-même. C'est seulement dans ses *Mémoires* que vous retrouverez tel qu'il a été en effet, l'homme politique, le poète, le voyageur. L'homme politique a été sans peur et sans reproche, il a été fidèle, il a été intelligent, il a su prévoir et se souvenir, il a eu tous les courages, il est sorti pauvre du maniement des plus grandes affaires. Il a été à la fois orateur, homme d'état, publiciste, il a élevé le journal à la dignité de la tribune politique; il a défendu envers et contre tous toutes les libertés, il a fondé la liberté de la presse. Je vous ai dit quel a été le voyageur. A le voir s'emparer du monde entier et le couvrir des chastes fleurs de sa poésie, on dirait que l'univers est son domaine. Il s'est emparé du Nouveau-Monde dans *Atala*, de l'Espagne dans *le Dernier des Abencérages*, de la Grèce dans l'*Itinéraire*, de l'Italie et de l'Orient dans les *Martyrs*. Vous savez quel est le poète, le monde entier sait son nom, ses livres sont l'orgueil, la consolation et l'espérance du foyer domestique. Vous savez quels sont ses travaux. Hier encore il traduisait *le Paradis perdu* de Milton, insigne honneur que ni l'Angleterre dans son orgueil, ni Milton dans sa glorieuse misère, ne pouvaient pas rêver!

Et à ce propos j'ai grande envie de comparer l'un à l'autre ces deux hommes qui se ressemblent si peu, Milton et M. de Châteaubriand; que d'analogies, cependant, on pourrait trouver encore entre le poète anglais et son illustre traducteur! Tous les deux grands poètes, tous les deux poètes chrétiens, tous les deux hommes politiques, enfants d'une révolution tous les deux; enfin pauvres l'un et l'autre, après avoir eu leur grande part de puissance dans les affaires de ce monde. Voyageurs aussi tous les deux; M. de Châteaubriand, voyageur dans les forêts vierges du Nouveau-Monde, prête l'oreille aux mille bruits tout nouveaux, aux murmures infinis, à la prière éternelle de cette nature qui se réveille. Milton, voyageur en Italie, va saluer Galilée dans sa prison, il se perd avec délices dans cette patrie des arts toute retentissante encore de la gloire du Tasse. L'un et l'autre ils sont rappelés brusquement de leur voyage, par cette voix qui criait d'un bout du monde à l'autre, en 1640 comme en 1789 : *La royauté se meurt!* Mais ils arrivent avec des sentiments bien différents : Milton, à ce bruit de trône qui croule, a senti fermenter dans son ame le vieux levain du républicain d'Angleterre; M. de Châteaubriand, à la même nouvelle, a senti les émotions du gentilhomme royaliste. Milton accourt pour porter, lui aussi, son coup de poignard à la royauté expirante; M. de Châteaubriand sort tout à coup de son extase poétique, il dit adieu à la paix des rivages américains, et il accourt, pour périr, s'il le faut, sous les débris du trône menacé. Suivons Milton dans sa longue carrière. Il est l'homme de la révolution; il y pousse de toutes ses forces et de tout son génie. Un jour il se trouve face à face avec Cromwell, et ces deux hommes s'étonnent l'un de l'autre ; sur le champ Milton devient le protégé de Cromwell. Plus malheureux en ceci, Milton, que M. de Châteaubriand, qui n'a été le protégé de personne, qui n'a voulu être le protégé de personne, pas même de l'empereur, *le protecteur de la confédération du Rhin* !

L'un et l'autre ils ont été fidèles à leurs premiers engagements. Le gentilhomme français, ne pouvant sauver son roi et le voyant monter sur l'échafaud, prit les armes et alla se battre pour une cause désespérée. Le fanatisme de Milton fut inflexible comme le royalisme de M. de Châteaubriand fut inébranlable. Milton prit la plume pour accuser Charles Ier, il parla avec toute la véhémence d'un homme qui avait lu la Bible avec Cromwell et qui s'en servait comme Cromwell. Il fut un fanatique, mais un fanatique de bonne foi; il eut ses jours de triomphe et de politique, mais il resta honnête homme dans son triomphe. En un mot, le grand poète se tenait derrière le serviteur de Cromwell pour le faire absoudre par la postérité. L'Evangile, qui dit: *Paix aux hommes de bonne volonté*, nous permet bien de dire à notre tour : *Respect aux hommes de bonne foi qui ont du génie !*

Tout au rebours de Milton, qui a commencé par la politique pour finir par la poésie, M. de Châteaubriand a commencé par la poésie pour finir par la politique. Malheureux a été Milton, doublement malheureux, car il a dépensé dans les affaires sa veine poétique et sa jeunesse; il a perdu cette inspiration toute-puissante qui fait les grandes œuvres du génie des hommes; mais en revanche, sa vieillesse, cet âge des calmes passions, des méditations profondes, du sang-froid qui sait prévenir et prévoir, l'âge du gouvernement, en un mot, Milton l'a passée à redevenir un grand poète, si bien que sa vie poétique n'est pas venue à temps plus que sa vie politique. Pardonnez donc à l'ami de Cromwell les erreurs de sa jeunesse, pardonnez donc au vieux Milton du *Paradis perdu*, ses instants de sommeil.

Mais M. de Châteaubriand ! Il a été heureux toute sa vie comme poète et comme politique; il a été poète tant qu'il a été un jeune homme. A vingt ans il a vu les affaires humaines sous leur côté poétique, et cependant quelle était la France quand M. de Châteaubriand avait vingt ans? A vingt ans M. de Châteaubriand a parlé au monde, étonné et charmé, de religion, de poésie, de liberté, d'amour. Quelle était cette voix qui s'élevait ainsi dans les ruines pour parler d'espérance et de charité? Quelles étaient ces deux mains suppliantes tendues vers le ciel, dans ce profond désespoir de l'humanité jetée loin de sa route? Quel était ce poète qui croyait à l'avenir et qui se souvenait avec respect des temps passés? Quel était ce gentilhomme qui osait être royaliste? Bien plus, quel était ce chrétien, qui osait être encore un chrétien à la face des hommes? Sublime effet de la poésie! c'est la poésie qui a donné à M. de Châteaubriand tous les genres de courage, le courage du soldat et le courage civil, le plus difficile de tous les courages. C'est la poésie qui a dévoilé à M. de Châteaubriand les plaies saignantes de l'Europe, et c'est parce qu'il était un poète que la France, cette noble crucifiée des révolutions, lui a dit:

Regarde mes mains et mes pieds, et plonge ta main dans mon flanc entr'ouvert, ô mon fils, afin que tu puisses y porter remède quand tu connaîtras la profondeur de la blessure! Voilà comme il est beau d'être poète; on vole alors sur les ailes de la foi, escorté par la charité et par l'espérance, ces deux blanches colombes filles du ciel. On remet dans son chemin l'humanité qui a perdu sa voie; on rend sa lumière au soleil, sa transparence aux nuages, son encens au temple à demi détruit, son autel renversé au Dieu exilé, son trône au roi, son espoir au cœur de l'homme. Le poète isolé, sans appui, sans fortune, n'ayant pas d'autre compagnon que la foule, marche ainsi entouré de gloire et de force. Lui seul il avance pendant que tout recule devant lui; lui seul il parle tout haut, pendant que tout se tait autour de lui; lui seul il sait être libre, pendant que les nations restent enchaînées; lui seul il se souvient de ses prières pendant que les peuples ont oublié même le blasphème, cette prière des peuples qui sont sur le point de ne plus croire. Enfin, voyez la puissance du poète! Un grand bruit se fait entendre du midi au nord, des Pyramides au Kremlin, du levant au couchant; ce bruit s'avance comme un lion entouré de poussière, précédé par la terreur et suivi par la rage; à mesure que le bruit s'approche, les armées expirent le front dans la poudre; les villes sont renversées, déracinées de fond en comble; les montagnes se fendent comme le voile du temple à Jérusalem. Prenez garde! prenez garde! Et en effet voilà que tous les peuples se couchent dans la poudre pour le laisser passer ce vainqueur, jusqu'à ce qu'il aille se perdre et se briser là-bas contre ce méchant rocher qui est au milieu de la mer! Or, dans cette foule éperdue, un seul homme reste debout sans trembler, un seul homme l'attend de pied ferme le hardi conquérant, un seul homme fixe sans peur son paisible regard, sur ce regard de feu qui brûle. Cet homme plus puissant à lui seul qu'une révolution, plus grand à lui seul que tous les rois du monde, plus courageux que toutes les armées qui sont mortes de fatigue, rien qu'à suivre le hardi conquérant dans la mêlée, c'est le jeune poète de tout à l'heure, le poète du dix-neuvième siècle, c'est lui-même, M. de Châteaubriand!

Comparez M. de Châteaubriand, si vous pouvez, à cet autre poète qui est un des plus étranges, un des plus grands esprits du dix-neuvième siècle, à lord Byron, venu après la bataille de Waterloo, quand l'empereur et M. de Châteaubriand eurent achevé, celui-ci toute l'histoire et celui-là tout le poème de sa vie, et dites-nous si lord Byron peut aller de pair avec notre poète de France? Byron arrive quand tous les faits que M. de Châteaubriand avait prédits sont accomplis. Byron arrive pour chanter le désespoir et le doute, quand M. de Châteaubriand avait enseigné aux peuples qu'il fallait croire et espérer et que dans l'espérance et la foi était tout le salut des peuples. Byron arriva pair d'Angleterre, et il quitta ses droits et ses devoirs politiques pour la satire d'imagination, à l'instant même où M. de Châteaubriand consentait à être pair de France et à mettre la main aux destinées de cette France qu'il avait rêvée si glorieuse et si libre sous ses maîtres légitimes. Byron, avec tout le génie de Milton et tout le sarcasme de Voltaire, et toute la fatuité du maréchal de Richelieu, parvient à faire un grand bruit en Europe suivi tout à coup d'un grand silence de mort; M. de Châteaubriand, soutenu seulement par sa croyance, sauve la France deux fois; une fois il l'arrache au despotisme militaire, une fois il l'arrache au despotisme royal; hélas! il n'a pas tenu qu'à lui, le noble pair, qu'il n'arrachât une troisième fois la France au despotisme d'une révolution.

Milton a eu cela encore de commun avec M. de Châteaubriand, c'est que même sous Cromwell, il n'a pas cessé un seul instant de proclamer la liberté de la presse, et de la défendre comme le bien le plus précieux de l'Angleterre. A Milton, en Angleterre, comme en France à M. de Châteaubriand, commence véritablement la liberté de la parole écrite. Quel Anglais n'a pas lu l'*Areopagetica* de Milton? Quel Français ne sait pas par cœur *la Défense* de M. de Châteaubriand? L'un et l'autre, ils ont compris à deux siècles de distance, que là liberté de la presse est l'ame et la vie d'un pays libre ; c'est la presse qui élève peu à peu l'ignorant au niveau du savant, le pauvre au niveau du riche ; la presse est la gardienne des libertés et des lumières de l'Europe. Milton a deviné en Angleterre, sous Cromwell, les vérités proclamées plus tard par le père de Pitt, le grand Chatam. Milton a précédé dans son pays tous les défenseurs de ce nouveau pouvoir tant calomnié, Chatam, Junius, Erskine, Fox, Curran, Mackintosh, et de son premier bond il a été aussi loin que ces grands orateurs venus après lui. M. de Châteaubriand, défenseur de la presse, a joué en France, dans des circonstances non moins difficiles, avec autant de courage, mais avec plus d'éloquence et de logique, le rôle de Milton ; voilà encore une immense sympathie entre ces deux nobles esprits.

Et puis ne peut-on pas dire pour la défense du poète anglais, que Cromwell avait comprimé le génie de Milton ? car si M. de Châteaubriand a regardé l'empereur en face, Milton n'a jamais osé envisager Cromwell : ses pauvres yeux étaient trop faibles. Quand donc son maître s'est endormi dans cette bière préparée pour Charles Stuart, et que Cromwell vole à son roi comme il lui a volé son trône, Milton redevient le républicain et le poète de sa jeunesse. Il proclame qu'il a trouvé *un moyen prompt et facile d'établir une société libre*, malheureusement la société anglaise voulait être tranquille avant que d'être libre; les nations comme les particuliers ont besoin de repos; un peu de bruit leur convient par intervalle, après quoi elles s'enveloppent dans leur silence; elles veulent bien commander un jour, après quoi elles sont trop heureuses d'obéir. Donc lorsque la royauté anglaise fut revenue de cet exil où elle devait retourner si tôt pour ne plus reparaître, la vengeance de cette royauté d'un jour fut terrible, comme toutes les vengeances qui n'ont qu'un jour. Le républicain Milton fut incarcéré des premiers par la royauté, comme le royaliste Châteaubriand avait été *suspect* des premiers à la révolution. Ils ont appris tous deux à connaître la prison et la menace, mais chacun d'eux a conservé sa force d'ame dans des périls où il y allait de la vie et de la mort. Enfin, à cinquante-deux ans, à l'âge où M. de Châteaubriand devenait une puissance politique très influente dans les destinées de l'Europe, Milton, pauvre, malade, aveugle, redevenait un grand poète. Quelle misère et quel isolement, grand Dieu! c'était bien le cas de dire en le regardant, accablé sous l'indignation publique, pleurant tout bas ses illusions perdues, et peut-être saisi par le remords politique, le plus rare, mais aussi le plus acéré des remords : « *Malheur aux vaincus!* »

En 1830, quand la maison de Bourbon fut encore exilée pour la troisième fois, le peuple vainqueur, qui revenait du Louvre profané, rencontrait M. de Châteaubriand dans la rue; aussitôt le peuple de Paris mettait bas les armes, il prenait M. de Châteaubriand sur ses épaules, il portait ainsi son noble fardeau jusqu'à la Chambre des Pairs. O contraste! ce même peuple qui venait de briser la monarchie, il portait en triomphe le plus ferme et le plus fidèle soutien de la monarchie, en s'écriant: « *Honneur aux vaincus.* » Quelle différence dans ces destinées de deux grands poètes mêlées à toutes les révolutions de leur temps!

Je n'ai pas besoin sans doute de vous faire remarquer que Milton, comme M. de Châteaubriand, a été un poète chrétien. Milton est un enfant de Dante Aligieri, M. de Châteaubriand est l'inspiré de l'Evangile. L'un et l'autre ils ont écrit leur poème après une révolution qui avait tout brisé; seulement, dans leur poème comme dans tout le reste de leur vie, chacun de ces grands hommes a conservé son opinion et son caractère. Evidemment M. de Châteaubriand, dans les *Martyrs*, est un poète qui pleure sur la vieille Rome qui s'en va; évidemment Milton, dans le *Paradis perdu*, est un poète vindicatif qui se lamente sur la royauté qui revient. Son terrible archange qui menace le ciel, qu'est-ce autre chose qu'un révolutionnaire acharné, une espèce de Cromwell avant son triomphe? Lisez avec soin le *Paradis perdu*, vous y retrouverez une à une toutes les vieilles passions du républicain vaincu mais non pas abattu. Le fanatisme, la révolte, la victoire, la défaite, le bruit des guerres civiles, les réactions, les vengeances, les cris de guerre, les désespoirs sans fin, les espérances sans but, tout le bruit des nations pendant l'émeute, voilà ce livre. En même temps, sur ce fond terrible de révolte et de désespoir, vous retrouvez l'élégante broderie de Virgile, la couleur séduisante d'Homère, les tendres plaintes d'Euripide, l'abattement d'Isaïe, l'imagination de Platon, ce philosophe que nourrissent les abeilles de leur miel. La Bible domine toutes les grandeurs littéraires de Milton; comme aussi après Virgile, après Homère, après Bossuet, après tous les grands maîtres dans l'art d'écrire dont M. de Chateaubriand a fait sa substance, toujours vous trouverez la Bible, dominant de toute sa hauteur les grandeurs poétiques de M. de Chateaubriand.

Pauvre Milton; tous les malheurs lui arrivent! Son poème, son chef-d'œuvre, l'orgueil de l'Angleterre, cette grande œuvre qui passe après l'Iliade, et qui marche bien avant la *Henriade*, il l'apporte à Londres pendant la peste, et il trouve à peine un libraire qui en donne *trente livres payables dans un an*. Le censeur à qui ce livre est remis avant l'impression pèse impitoyablement sur cette noble poésie, et veut en retrancher les plus beaux passages. Le livre paraît, et le public d'Angleterre daigne à peine y jeter un coup d'œil. Où donc étaient-ils pour soutenir leur ancien camarade, les républicains de Cromwell? Apparemment qu'ils étaient morts. Et puis les consciences de ces temps là reculèrent d'horreur devant le poème d'un défenseur du régicide. Et puis, quel pouvait être le sort d'une composition poétique où le ciel et la terre sont confondus dans un si terrible embrasement, au milieu de cette frivole cour de Charles II, pâle et licencieux reflet de la cour de Louis XIV? Non, non, ces jeunes et frivoles courtisans d'une révolution éphémère ne pouvaient pas, de bonne foi, prêter une oreille bien attentive aux événemens de ce grand drame où se débattent les intérêts de l'humanité tout entière. A Charles II et à ses courtisans il fallait les satires de Rochester, les vers galants de Waller, les comédies toutes nues de Wicherley; le *Paradis perdu* était une trop forte nourriture pour ces estomacs délabrés; que sait-on? peut-être même c'eût été d'une trop difficile digestion pour Cromwell.

M. de Châteaubriand, lui aussi, n'a-t-il pas commencé à écrire dans un temps où ce fut à peine si la France voulait l'entendre? En ce temps-là le chef du gouvernement ne comprenait que les vers de ses poètes patentés, que les tragédies de ses poètes lauréats. En ce temps-là, la langue était perdue; elle était plus que perdue, elle était oubliée. Comment fut reçue *Atala*, mon

Dieu! et *René*, ce poème de l'homme qui souffre et qui se meurt! Quelle critique et quelle misérable critique accueillit ces deux grands poèmes ! mais enfin M. de Châteaubriand triompha comme Milton : la louange lui vint enfin quand la gloire fut venue. La gloire est venue plus tard pour l'un que pour l'autre, mais qu'importe, pourvu que vienne la gloire ?

Enfin, chose singulière, et pour passer d'une comparaison à une autre, voilà une immense époque de 1789 à 1830 dont M. de Châteaubriand, par la force même des choses, s'est constitué l'historien ; si bien que cette fois encore on pourrait, sans craindre aucun reproche d'entasser les parallèles sur les parallèles, comparer l'auteur des *Études historiques*, et surtout l'auteur des *Mémoires d'outre-tombe* à l'intelligence politique la plus avancée de ce même siècle, dont M. de Châteaubriand est l'historien le plus écouté. Siècle sans analogie avec aucun siècle de l'histoire passée, qui renferme à lui seul plus de révolutions, plus de changements, plus de désastres, plus de gloire et plus de revers, que trois siècles tout entiers à choisir dans notre histoire. De 89, en effet, à 1830, la France a usé plus d'hommes illustres, plus de noms propres et plus de renommées puissantes, que tous les peuples réunis de l'Europe n'en ont usé depuis cent ans. En présence de tant de faits à expliquer, de tant de révolutions à raconter, de tant d'hommes à juger, il n'est personne qui ne convienne que jamais historien n'a entrepris une tâche plus haute, plus imposante et plus difficile.

Jamais, en effet, les annales du monde n'ont offert sur un seul point une confusion si grande de faits et de principes ; jamais on n'a vu en si peu de temps tant de grands hommes naître et mourir ; jamais la fatalité antique, jamais la providence chrétienne, jamais Tacite, jamais Bossuet, jamais le doute, jamais la croyance, jamais Voltaire, jamais Montesquieu, n'ont été appelés à mettre en ordre des matériaux plus imposants ; à raconter les clameurs de plus de voix diverses, à prendre note de plus d'opinions opposées, à raconter plus de prospérités inouïes et plus de malheurs incroyables. Autrefois, quand les masses d'hommes venaient se poser tout inertes et toutes nues devant l'historien, imposant piédestal de quelques intelligences éparses çà et là, autrefois, quand les populations passaient devant l'historien, poussées par le destin du berceau à la tombe, la tâche de l'historien était facile ; quand les peuples étaient en repos, l'historien s'arrêtait à contempler les intelligences éparses qui pesaient sur ces foules d'hommes, sous prétexte de les gouverner ; quand les masses étaient en mouvement, l'historien se contentait de juger le fait principal et de voir si l'humanité remplissait bien sa tâche, si elle allait d'un pas ferme du berceau à la tombe. Voilà ce qui a merveilleusement facilité les historiens passés, chrétiens ou gentils, civilisés ou barbares ; mais aujourd'hui que dans le peuple chacun a sa voix ; aujourd'hui que chacun a son individualité dans la foule ; aujourd'hui que chaque opinion est une opinion, que chaque volonté est une volonté ; aujourd'hui que le peuple n'est plus une bête à mille têtes [1], mais un homme à mille intelligences, qui osera le regarder en face ce nouvel habitant du monde de l'histoire ? Qui osera le décrire ce nouveau phénomène du monde politique ? Qui osera la juger cette puissance née d'hier dont l'historien fait partie, lui tout le premier, et qu'il ne peut juger sans se juger lui-même, et dont il ne peut parler sans parler de lui-même ? Vous voyez bien que du jour où le peuple est entré sérieusement sur la scène du monde, l'histoire proprement dite est morte à jamais. Les héros sont changés ; l'histoire reste. Plus d'invocations à la divinité et aux muses, comme dans les histoires d'Hérodote ; plus de beaux discours calqués sur l'école athénienne, comme dans les livres de Tite-Live ; plus de chronique de monastère ou de château féodal, comme dans notre vieille histoire ; plus de biographies des rois de France, comme dans l'histoire moderne. L'histoire a pris toutes les formes de tous les peuples du monde : ce fut un poème chez les Grecs, ce fut un discours chez les Romains, ce fut une légende de sacristie ou un pro-

[1] *Bellua multorum capitum.*

logue d'opéra chez nos aïeux; aujourd'hui qu'il n'y a plus ni poésie, ni éloquence, ni croyances, ni royauté, aujourd'hui que toutes choses sont dans le vague, que tous les principes sont remis en question, et qu'on en est à se demander comme un des problèmes les plus importants de la vie, ce qui peut rapporter le plus de renommée et d'argent, de fonder une religion nouvelle ou de bâtir des chemins de fer, il n'y a plus vraiment qu'une manière d'écrire l'histoire, c'est d'avoir été un homme, d'avoir beaucoup fait et beaucoup vu, d'avoir aussi beaucoup vécu, et vite et bien; c'est d'être remarqué, d'être redouté, d'être aimé, d'être estimé par quelque qualité ou mieux encore par quelque défaut à part, éclatant; c'est d'avoir été comme l'histoire, tantôt haut, tantôt bas; de pouvoir parler à fond de toutes les fortunes, bonnes ou mauvaises, plus souvent de la mauvaise fortune, si l'on veut être plutôt estimé qu'aimé; plus souvent de la bonne fortune, si l'on tient plus à la sympathie qu'au respect de ses lecteurs. Un homme ainsi placé, qui sait écrire, qui n'estime ni ne hait les hommes, qui les voit tels qu'ils sont, médiocres et vaniteux, mais peu méchants, est alors le maître d'écrire, non pas l'histoire de son temps, car son temps n'est représenté par rien de ce qui fait l'histoire, ni par un principe, ni par un Dieu, ni par un homme, mais d'écrire l'histoire de sa vie, qui a été la vie de tous les hommes de son temps.

Voilà comment M. de Châteaubriand, en ne croyant écrire que ses Mémoires, aura écrit en effet l'histoire du dix-neuvième siècle, ni plus ni moins.

D'où l'on peut prédire que si jamais une époque n'a été plus inabordable pour un historien, jamais aussi une époque n'aura eu une histoire plus complète et plus admirablement écrite que la nôtre. Puisque maintenant il ne s'agit plus d'histoire, mais de biographie; puisque des Mémoires politiques ont remplacé la grande et sainte histoire, songez donc que pendant que M. de Châteaubriand écrit ses Mémoires, M. de Talleyrand écrit aussi ses Mémoires. M. de Châteaubriand et M. de Talleyrand attelés l'un et l'autre à la même époque! l'un qui en représente le sens poétique et royaliste, l'autre qui en est l'expression politique et utilitaire; l'un l'héritier de Bossuet, le conservateur du principe religieux; l'autre l'héritier de Voltaire, et qui ne s'est jamais prosterné que devant le doute, cette grande certitude de l'histoire; l'un qui regarde le passé du point de vue de l'avenir; l'autre qui se tient dans le présent comme le seul maître de l'avenir; l'un enthousiaste et convaincu; l'autre ironique et toujours prêt à être persuadé; l'un éloquent à la tribune et dans ses livres, et partout; l'autre qui n'est éloquent nulle part, qui est éloquent tête à tête, dans son fauteuil, au coin de son feu; l'un homme de génie, et qui le prouve; l'autre qui a

bien voulu laisser croire qu'il était un homme
d'esprit; celui-ci plein de l'amour de l'humanité,
celui-là qui est moins égoïste qu'on ne le croit;
celui-ci bon, celui-là moins méchant qu'il ne veut
le paraître; celui-ci allant par sauts et par bonds,
impétueux comme un tonnerre ou comme une
phrase de l'Ecriture; celui-là qui boite et qui arrive
toujours le premier, il ne sait comment, par hasard; celui-ci qui se montre toujours quand l'autre
se cache, qui parle quand l'autre se tait; l'autre
qui arrive toujours quand il faut arriver, qu'on
ne voit guère, qu'on n'entend guère, qui est partout, qui voit tout, qui sait presque tout; l'un intelligent par le cœur, l'autre intelligent par la
tête; l'un gentilhomme parmi le peuple, l'autre
gentilhomme parmi les gentilshommes, qui n'a
jamais été qu'un gentilhomme, le dernier gentilhomme de la France, et qui mourra gentilhomme;
l'un qui a des partisans, des enthousiastes, des
admirateurs; l'autre qui n'a pas de confidents, qui
n'a que des flatteurs, des parents et des valets; l'un
aimé, adoré, chanté; l'autre à peine redouté; l'un
toujours jeune, l'autre toujours vieux; l'un toujours battu, l'autre toujours vainqueur; l'un qui
est nécessairement la noble et glorieuse victime
des causes perdues, l'autre qui est à coup sûr le
héros goguenard et railleur des causes gagnées;
l'un qui mourra pauvre, seul, exilé peut-être, il
ne sait où, et qui n'a pris qu'un souci dans sa vie,
le soin de se préparer un tombeau; l'autre qui

mourra prince et dans sa maison, avec un archevêque à son chevet; l'un que le peuple a porté en triomphe dans tous les temps, l'autre que le peuple a supporté dans tous les temps; l'un qui ne s'est jamais passé de la foule, l'autre qui ne sait pas ce que c'est que la foule; l'un grand écrivain à coup sûr, l'autre qui est un grand écrivain sans qu'on s'en doute; l'un qui a écrit ses Mémoires pour les lire à ses amis, l'autre qui a écrit ses Mémoires pour les cacher à ses amis; l'un qui ne les publie pas par caprice, l'autre qui ne les publie pas parce qu'ils ne seront terminés que huit jours après sa mort; l'un qui a vu de haut et de loin, l'autre qui a vu d'en bas et de près; l'un qui a été le premier gentilhomme de l'histoire contemporaine, qui l'a vue en habit et toute parée; l'autre qui en a été le valet de chambre, et qui en sait toutes les plaies cachées; l'un qui a vécu toujours dix ans à l'avance, l'autre qui est toujours de dix ans en retard; l'un qu'on appelle Châteaubriand, l'autre qui s'appelle le prince de Bénévent. Tels sont les deux hommes que le dix-neuvième siècle désigne à l'avance comme ses deux juges les plus redoutables, comme ses deux appréciateurs les plus dangereux, comme les deux historiens opposés, sur lesquels la postérité le jugera.

FIN.

www.ingramcontent.com/pod-product-compliance
Lightning Source LLC
Chambersburg PA
CBHW060631170426
43199CB00012B/1515